JN260575

静岡大学人文学部研究叢書 11

静岡大学考古学研究報告第 1 冊

有度山麓における後期古墳の研究 I

2007 年 3 月

静岡大学人文学部考古学研究室

六一書房

金山1号墳出土須恵器（B群）

はしがき

　静岡大学考古学研究室では、その母胎となる史学研究室が1955年に創設されて以来、静岡県内を中心に数多くの遺跡の発掘調査を行ってきました。古墳の調査だけをみても、墳丘の全面発掘をいち早く実施した掛川市春林院古墳の調査、遠江地方最大の中期古墳、磐田市堂山古墳の調査など、その成果は、全国的な研究の発展にも大きく貢献してきました。しかし、それらの成果報告にあたっては、調査を機に結成された調査団や地元の教育委員会の名のもとに報告書がまとめられ、今日にいたるまで研究室の名を冠した独自の調査研究報告書を世に送り出すことはありませんでした。

　ここに『有度山麓における後期古墳の研究I』としてお届けする本書は、考古学研究室としては第1冊目の研究報告書です。本書には、静岡市南部の有度山麓に位置する4基の後期古墳（金山1号墳、上中林古墳、下中林1号墳、下中林2号墳）の調査内容とそれにかかわる研究成果の一部を収録しました。古墳の調査自体は1958年と1962年に行われたものですが、残念ながら、その成果は長らく公表の機会に恵まれませんでした。しかしそこには、田辺昭三氏の大著『須恵器大成』に掲載された金山1号墳出土の須恵器をはじめとして、東海地方の古墳研究にとっては欠くことのできない基本的な資料が含まれています。当然、周囲の研究者からはその公表を望む声が折りにつけ届いていました。そうしたなか、今年度幸いにも静岡大学人文学部から刊行助成金が交付されることになり、念願の本書を刊行する運びとなりました。

　研究室があらたな半世紀を歩み出したいま、第1冊目の研究報告書を刊行できたことは喜ばしい限りですが、じつは本書の刊行に向けては、静岡大学生涯学習教育研究センター教授・柴垣勇夫先生の本年度限りでの定年退職がひとつの重要な契機となりました。柴垣先生には、1997年の着任以来、大学院では考古学関係の授業を、学部においては博物館学関係の授業をご担当いただきました。その間、私を含めた若輩の教員、学生は、歴史考古学の分野を中心に多くの有益な助言をいただきました。それに加えて、今回報告するうちの3基は、静岡大学の卒業生でもある柴垣先生が、学部生時代に直接調査に参加された古墳です。そこで、先生にもその一部をご執筆いただける想い出深い調査の報告書をもって退職の記念とすることを計画した次第です。先生の意に沿うものとなったかは心許ない限りですが、ささやかな本書をもって先生の学恩に多少なりとも報いることができれば幸いです。

　本書の刊行にあたっては、松田純・静岡大学人文学部長に刊行助成のご高配を賜り、六一書房・八木環一社長には出版を快諾していただきました。あらためて篤く感謝の意を表したいと思います。

　2007年3月

静岡大学人文学部　滝　沢　　　誠

例　言

1. 本書は、静岡市駿河区谷田に所在する谷田古墳群の中の4基の古墳（金山1号墳、上中林古墳、下中林1号墳、下中林2号墳）について、静岡大学史学研究室（当時）が行った発掘調査の内容とその研究成果をまとめた調査研究報告書である。
2. 本書の刊行にあたっては、2006年度・静岡大学人文学部学部長裁量経費の交付を受けた。
3. 発掘調査は、1958年（金山1号墳）と1962年（下中林1号墳、下中林2号墳、上中林古墳）に内藤　晃教授（当時）の指導のもとに実施された。調査参加者については、第I章第1節に記した。
4. 本書にかかわる資料の整理は、2006年度に静岡大学人文学部考古学研究室が実施した。資料整理は、滝沢　誠（静岡大学人文学部・助教授）、篠原和大（同・助教授）が中心となり、当時の調査参加者である柴垣勇夫（静岡大学生涯学習教育研究センター・教授）の協力を得ながら、「考古学実習II」の授業の一環として行った。資料整理に従事した学生は以下のとおりである。
    前田　健（静岡大学人文社会科学研究科・大学院生）、飯田祐輔、岡野珠美、久保幸一、小林豊尚、鷹野宏輝、中島　彬、中原弥代、日高つばさ、渡邊綾香（静岡大学人文学部・学部生）
5. 今回の資料整理に際しては、当時の調査にかかわった市原壽文氏（静岡大学名誉教授）、杉山　満氏（静岡大学文理学部卒業生）から、調査内容に関する多くの情報を提供していただいた。また、調査協力者である服部　清氏（服部衣料店）からは、当時の調査の様子を撮影した写真資料などを提供していただいた。
6. 出土遺物のX線撮影は、財団法人静岡県埋蔵文化財調査研究所の協力を得て実施した。実施に際しては、同研究所の西尾太加二氏、大森信宏氏にご高配をいただいた。
7. 出土植物種子の鑑定については、国立歴史民俗博物館の西本豊弘氏、住田雅和氏、名古屋大学の新美倫子氏にご協力をいただいた。
8. 出土玉類の石材については、静岡大学理学部・和田秀樹氏にご教示をいただいた。
9. 上記以外に、今回の資料整理に際しては、下記の方々にご協力をいただいた（敬称略）。
    澤田典子、首藤久士、新田展也、表野友暁、向山直見、五味奈々子、小須田英子
10. 本書で使用した方位は、座標北（磁北は西偏6°10'）である。
11. 本書の執筆は、滝沢　誠、柴垣勇夫、篠原和大、前田　健のほか、静岡大学人文学部の卒業生である、菊池吉修（財団法人静岡県埋蔵文化財調査研究所）、福島志野（同左）、村田　淳（財団法人岩手県文化振興事業団・埋蔵文化財センター）が担当した。
12. 本書の編集は、滝沢　誠が行った。
13. 発掘調査にかかわる出土遺物、記録類は、静岡大学人文学部考古学研究室が保管している。

有度山麓における後期古墳の研究 I

目　次

口　絵
はしがき
例　言

第 I 章　序　説 ……………………………………………………………………………………… 1
　第 1 節　調査研究の概要 …………………………………………………………………………… 1
　第 2 節　遺跡の環境 ………………………………………………………………………………… 8
第 II 章　金山 1 号墳の調査 ………………………………………………………………………… 13
　第 1 節　墳　丘 …………………………………………………………………………………… 13
　第 2 節　石　室 …………………………………………………………………………………… 13
　第 3 節　出土遺物 ………………………………………………………………………………… 20
第 III 章　上中林古墳の調査 ………………………………………………………………………… 40
　第 1 節　墳　丘 …………………………………………………………………………………… 40
　第 2 節　石　室 …………………………………………………………………………………… 40
　第 3 節　出土遺物 ………………………………………………………………………………… 45
第 IV 章　下中林 1 号墳の調査 ……………………………………………………………………… 55
　第 1 節　墳　丘 …………………………………………………………………………………… 55
　第 2 節　石　室 …………………………………………………………………………………… 56
　第 3 節　出土遺物 ………………………………………………………………………………… 60
第 V 章　下中林 2 号墳の調査 ……………………………………………………………………… 65
　第 1 節　墳　丘 …………………………………………………………………………………… 65
　第 2 節　石　室 …………………………………………………………………………………… 66
　第 3 節　出土遺物 ………………………………………………………………………………… 69
第 VI 章　論　考 …………………………………………………………………………………… 82
　第 1 節　有度山北麓古墳群出土の須恵器について …………………………………………… 82
　第 2 節　横穴式石室からみた有度山北麓の古墳 ……………………………………………… 90
第 VII 章　総　括 …………………………………………………………………………………… 102

付　篇 ………………………………………………………………………………………………… 105

参考文献…………………………………………………………………………………………………106
図　版
報告書抄録

挿図目次

第1図	谷田古墳群の位置	1
第2図	静岡・清水地域における古墳の分布	3
第3図	谷田古墳群	5
第4図	有度山北西麓周辺の遺跡	9
第5図	金山1号墳　立地	14
第6図	金山1号墳　墳丘	14
第7図	金山1号墳　墳丘検出状況	15
第8図	金山1号墳　石室	17・18
第9図	金山1号墳　遺物出土状態	19
第10図	金山1号墳　鉄刀・刀装具	22
第11図	金山1号墳　鉄鏃	23
第12図	金山1号墳　両頭金具・馬具	25
第13図	金山1号墳　鍬鋤先・刀子・鉇・釘	26
第14図	金山1号墳　須恵器(1)：A群・B群	27
第15図	金山1号墳　須恵器(2)：B群	28
第16図	金山1号墳　須恵器(3)：B群	29
第17図	金山1号墳　須恵器(4)：C群	31
第18図	金山1号墳　須恵器(5)：前庭部	32
第19図	金山1号墳　須恵器(6)：前庭部	33
第20図	金山1号墳　須恵器(7)：前庭部	34
第21図	金山1号墳　須恵器(8)：玄室内・その他	35
第22図	上中林古墳　墳丘	40
第23図	上中林古墳　石室	41・42
第24図	上中林古墳　遺物出土状態	44
第25図	上中林古墳　耳環・玉類	46
第26図	上中林古墳　鉄刀・刀装具・鉄鏃・両頭金具	48
第27図	上中林古墳　馬具	51
第28図	上中林古墳　刀子	52
第29図	上中林古墳　須恵器・土師器	53
第30図	下中林1・2号墳　立地	55
第31図	下中林1号墳　石室	57・58

第32図	下中林1号墳	遺物出土状態	59
第33図	下中林1号墳	耳環・玉類	60
第34図	下中林1号墳	鉄鏃・馬具・刀子	61
第35図	下中林1号墳	須恵器	63
第36図	下中林2号墳	墳丘	65
第37図	下中林2号墳	周溝	66
第38図	下中林2号墳	石室	67
第39図	下中林2号墳	石室開口部	68
第40図	下中林2号墳	遺物出土状態	69
第41図	下中林2号墳	鏡・装身具・玉類	71
第42図	下中林2号墳	鉄刀	73
第43図	下中林2号墳	鉄鏃・両頭金具	74
第44図	下中林2号墳	馬具	76
第45図	下中林2号墳	刀子	77
第46図	下中林2号墳	須恵器(1)	79
第47図	下中林2号墳	須恵器(2)	80
第48図	フラスコ形長頸瓶変遷図		88
第49図	静清地域の後期古墳分布図		90
第50図	石室形態分類		91
第51図	特徴的な分布を示す石室形態		91
第52図	静清地域の階層構造モデル		92
第53図	三河・遠江・駿河西部における複室系の石室		93
第54図	静清地域における複室系擬似両袖式石室		94
第55図	梱石をもつ石室		95
第56図	立柱石間に溝をもつ石室		96
第57図	奥壁分類		96
第58図	静清地域における奥壁形態の分布		97
第59図	静清地域の横穴式石室奥壁		98

表目次

第1表	有度山北西麓周辺の遺跡一覧	10
第2表	金山1号墳出土鉄鏃観察表	24
第3表	金山1号墳出土両頭金具観察表	24
第4表	金山1号墳出土須恵器観察表	36~39
第5表	上中林古墳出土耳環観察表	47
第6表	上中林古墳出土玉類観察表	47

第 7 表	上中林古墳出土鉄鏃観察表	49
第 8 表	上中林古墳出土両頭金具観察表	50
第 9 表	上中林古墳出土須恵器・土師器観察表	54
第 10 表	下中林 1 号墳出土耳環観察表	60
第 11 表	下中林 1 号墳出土鉄鏃観察表	62
第 12 表	下中林 1 号墳出土須恵器観察表	64
第 13 表	下中林 2 号墳出土玉類観察表	72
第 14 表	下中林 2 号墳出土鉄鏃観察表	75
第 15 表	下中林 2 号墳出土両頭金具観察表	75
第 16 表	下中林 2 号墳出土須恵器観察表	81
第 17 表	湖西編年と他窯編年対比表	87
第 18 表	奥壁分類	97

図　版

図版 1　金山 1 号墳
　1　遠景
　2　墳丘調査風景
図版 2　金山 1 号墳
　1　墳丘：北東部
　2　墳丘：北西部
図版 3　金山 1 号墳
　　横穴式石室：崩落石除去後
図版 4　金山 1 号墳
　1　横穴式石室：崩落石除去前
　2　羨道部：須恵器出土状態（B 群）
　3　羨道部：須恵器出土状態（A 群）
　4　羨道部：須恵器出土状態（C 群）
図版 5　金山 1 号墳
　1　鉄刀・鐔
　2　鉄鏃
図版 6　金山 1 号墳
　1　鉄鏃
　2　両頭金具
　3　環状鏡板付轡
図版 7　金山 1 号墳
　1　鍬・鋤先

　2　刀子・鏨・釘
図版 8　金山 1 号墳
　　須恵器（1）A 群・B 群
図版 9　金山 1 号墳
　　須恵器（2）B 群
図版 10　金山 1 号墳
　　須恵器（3）B 群
図版 11　金山 1 号墳
　　須恵器（4）B 群
図版 12　金山 1 号墳
　　須恵器（5）C 群
図版 13　金山 1 号墳
　　須恵器（6）C 群
図版 14　金山 1 号墳
　　須恵器（7）C 群・前庭部
図版 15　金山 1 号墳
　　須恵器（8）前庭部
図版 16　金山 1 号墳
　　須恵器（9）前庭部
図版 17　金山 1 号墳
　　須恵器（10）前庭部・その他
図版 18　上中林古墳

  1　横穴式石室
  2　横穴式石室：奥壁

図版 19　上中林古墳
  1　横穴式石室：閉塞石（南から）
  2　横穴式石室：閉塞石（北から）
  3　鉄刀出土状態

図版 20　上中林古墳
  1　須恵器出土状態
  2　轡出土状態

図版 21　上中林古墳
  1　耳環・勾玉
  2　管玉・丸玉
  3　ガラス小玉・ガラス粟玉

図版 22　上中林古墳
  1　鉄刀・鐔・鞘尻金具
  2　鉄鏃

図版 23　上中林古墳
  1　両頭金具
  2　環状鏡板付轡

図版 24　上中林古墳
  鞍・鉸具

図版 25　上中林古墳
  1　貝製品（表・裏）
  2　刀子

図版 26　上中林古墳
  須恵器・土師器

図版 27　下中林 1 号墳
  1　遠景
  2　墳丘断面

図版 28　下中林 1 号墳
  1　横穴式石室（北から）
  2　横穴式石室：閉塞石
  3　須恵器出土状態

図版 29　下中林 1 号墳
  1　耳環・勾玉
  2　鉄鏃

図版 30　下中林 1 号墳
  1　鉄鏃・飾鋲
  2　刀子
  3　須恵器

図版 31　下中林 2 号墳
  1　墳丘断面：石室部分
  2　横穴式石室（北から）
  3　横穴式石室：閉塞石

図版 32　下中林 2 号墳
  1　横穴式石室：奥壁
  2　横穴式石室：床面

図版 33　下中林 2 号墳
  1　遺物出土状態：奥壁際
  2　須恵器出土状態

図版 34　下中林 2 号墳
  1　鏡・勾玉・切子玉
  2　管玉・丸玉・ガラス小玉

図版 35　下中林 2 号墳
  1　ガラス製勾玉
  2　鉄刀
  3　鉄鏃

図版 36　下中林 2 号墳
  1　鉄鏃
  2　両頭金具
  3　刀子

図版 37　下中林 2 号墳
  1　環状鏡板付轡
  2　鞍・鉸具・飾金具

図版 38　下中林 2 号墳
  須恵器（1）

図版 39　下中林 2 号墳
  須恵器（2）

図版 40　下中林 2 号墳
  須恵器（3）

第Ⅰ章　序　説

第1節　調査研究の概要

1　有度山麓の古墳

有度山　静岡県のほぼ中央部に位置する静岡市は、人口約72万人（2006年12月現在）を抱える静岡県の県庁所在地である。その総面積は約1,388 km²と広大で、駿河湾に面した海岸から標高3,000 m級の山々が連なる南アルプスまでを含んでいる。この南北に長い市域の中で人口の大半は南側の平野部に集中しており、先人たちの足跡を伝える遺跡もまたそこで数多く確認されている。

この平野部を地形的にみた場合、安倍川によって形成された西側の静岡平野と、巴川によって形成された東側の清水平野に大きく二分することができる。そして、この東西二つの平野にはさまれた位置に、南東側を底辺とする略三角形の範囲を占めるかたちで有度山の丘陵地帯がひろがっている。その最高地点の標高は307.2 mで、山頂付近の平坦部は、富士山と駿河湾をのぞむ景勝地、日本平として知られている。

有度丘陵は、およそ10万年前からの隆起によって形成された洪積台地である。その南側は、駿河湾の強い沿岸流によって浸食され、著しい急斜面をなしている。また、浸食によって運ばれた大量の砂礫は、有度丘陵の東側に砂嘴としての三保半島を形成している。一方、丘陵の内陸側は、緩やかな傾斜面をなして平野部へとつづいている。この緩斜面は、丘陵の東側と北側においては、大沢川、草薙川、吉田川などの巴川の支流により、また、丘陵の西側においては大慈悲院川、長沢川などの大谷川の支流によって開析され、いくつもの尾根を形成している。有度山麓にはそうした尾根を単位として営まれた数多くの古墳群が認められ、今回報告の対象とした4基の古墳（金山1号墳、上中林古墳、下中林1号墳、下中林2号墳）は、その中でも最大の規模を誇る谷田古墳群の中に築かれた後期古墳である。

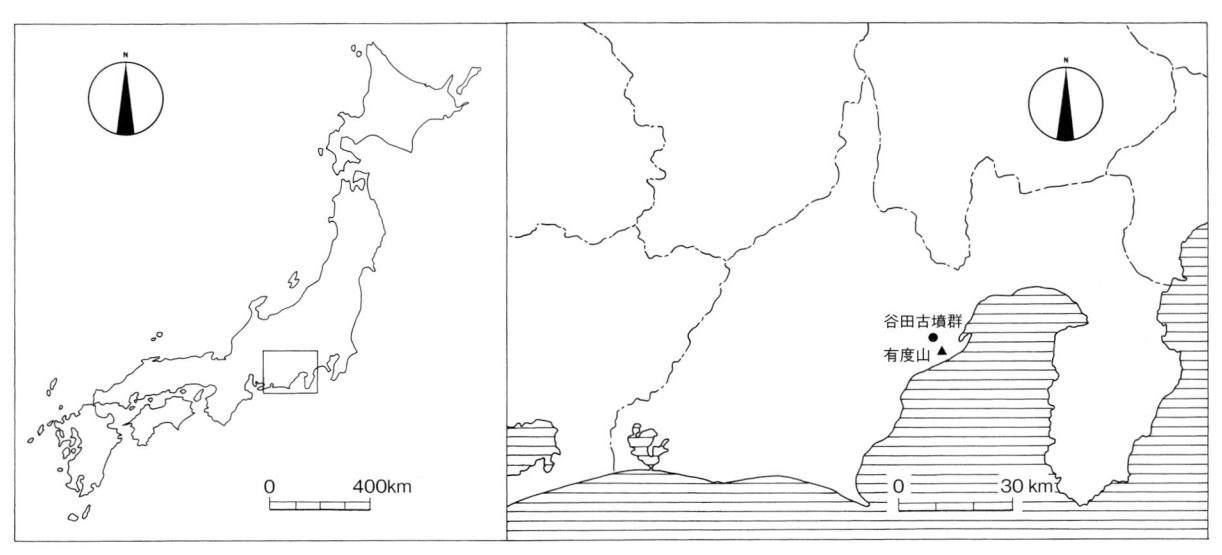

第1図　谷田古墳群の位置

静岡・清水地域の古墳 近年の調査研究により、静岡・清水地域における古墳の出現は、古墳時代前期前半にさかのぼる可能性が高くなった。清水平野側の庵原川流域に築かれた神明山1号墳（前方後円墳・墳丘長約69m）は、当地域最古の前方後円墳とみられ、撥形の前方部を有する墳丘の周囲からは廻間III式初頭併行期の土器が出土している。庵原川流域では、つづく前期後半に午王堂山3号墳（前方後方墳・墳丘長約78m）、前期末葉に三池平古墳（前方後円墳・墳丘長約67m）が築かれ、この一帯では古墳時代前期をつうじて継続的な首長墳の造営を認めることができる。一方、静岡平野側では、前期後半に地域最大の前方後円墳である柚木山神古墳（墳丘長約108m）が造営されたとみられる。同古墳は独立丘陵をなす谷津山の山頂に立地し、庵原川流域の一群とは首長系譜を異にすると考えられるが、いまのところその前後に築かれた大型古墳の存在は確認されていない。

静岡・清水地域では、古墳時代前期に以上のような前方後円（方）墳の造営が認められるものの、それにつづく古墳時代中期前葉から中葉に位置づけられる明確な前方後円墳は知られていない。この時期の古墳としては、静岡平野北側の瀬名丘陵上にマルセッコウ古墳、賤機山丘陵上に一本松古墳などが知られているが、いずれも中規模以下の円墳である。なお、瀬名丘陵上にはこの時期の前方後円墳が存在する可能性もあるが、現状ではその実態は不明といわざるをえない。

こうした中期前葉から中葉の段階をへて、再び前方後円墳の造営が顕著になるのは古墳時代中期後葉から後期中葉にかけてのことである。有度山の北麓に築かれた瓢箪塚古墳（前方後円墳・墳丘長約45m）は、その墳形などから中期後葉の造営と推定され、また、安倍川西岸の丘陵上には、後期に入って、徳願寺山1号墳（前方後円墳・墳丘長約36m）、猿郷古墳（前方後円墳・墳丘長約55m）、宗小路1号墳（前方後円墳・墳丘長約39m）が築かれたとみられる。つづく後期後葉になると、前方後円墳の造営は認められなくなるものの、静岡平野北側の賤機山丘陵には畿内型の横穴式石室をもつ賤機山古墳（円墳・径約30m）が築かれる。また、それにやや遅れて、大型横穴式石室をもつ有力な古墳として、有度山西麓には宮川1号墳（駿河丸山古墳、方墳・一辺約18m）、安倍川西岸域には宗小路19号墳（方墳・一辺15〜18m）が築かれる。そしてこの頃から、平野を取り巻く丘陵上には数多くの小型墳が築かれはじめ、いわゆる群集墳の形成が本格化していく。

静岡・清水地域の中でそうした小型墳が数多く分布している場所としては、庵原川流域、有度山北麓、有度山西麓、安部川西岸域をあげることができる。第2図からも明らかなように、有度山麓は当地域有数の古墳分布地帯であり、その実態解明は当地域の古墳時代を理解する上で重要な役割を担っている。

有度山麓の古墳分布 有度山麓における古墳の分布を大きくとらえると、東麓では、南部に殿沢古墳群、天神山古墳群が認められるものの、北麓や西麓に比べて古墳の数は少ない。

一方、有度山の西麓では、南部に集中して数多くの古墳が認められる。その集中地帯は、北端の小鹿古墳群から南端の東大谷古墳群まで南北約2kmの範囲におよび、平野部に面した各尾根には、静岡大学構内古墳群、宮川古墳群、井庄段古墳群、上ノ山古墳群が認められる。また、尾根を奥へと進んだ位置には、石原窪古墳群、奥大谷古墳群が認められるとともに、当地域の中では数少ない横穴群として、伊庄谷横穴群、片山横穴群が存在する。以上の古墳群の中には、諏訪神社古墳（造出付？円墳・約32m）、井庄段古墳（円墳、円筒埴輪出土）、宮川1号墳（前出）といった有力な古墳が含まれていることも注目される。

このほか、有度山西麓の北部には池田山古墳群などが知られているが、古墳分布のひろがりは南部のそれにはおよばない。古墳の分布密度やその内容から判断して、有度山西麓南部に古墳を営んだ集団は、古

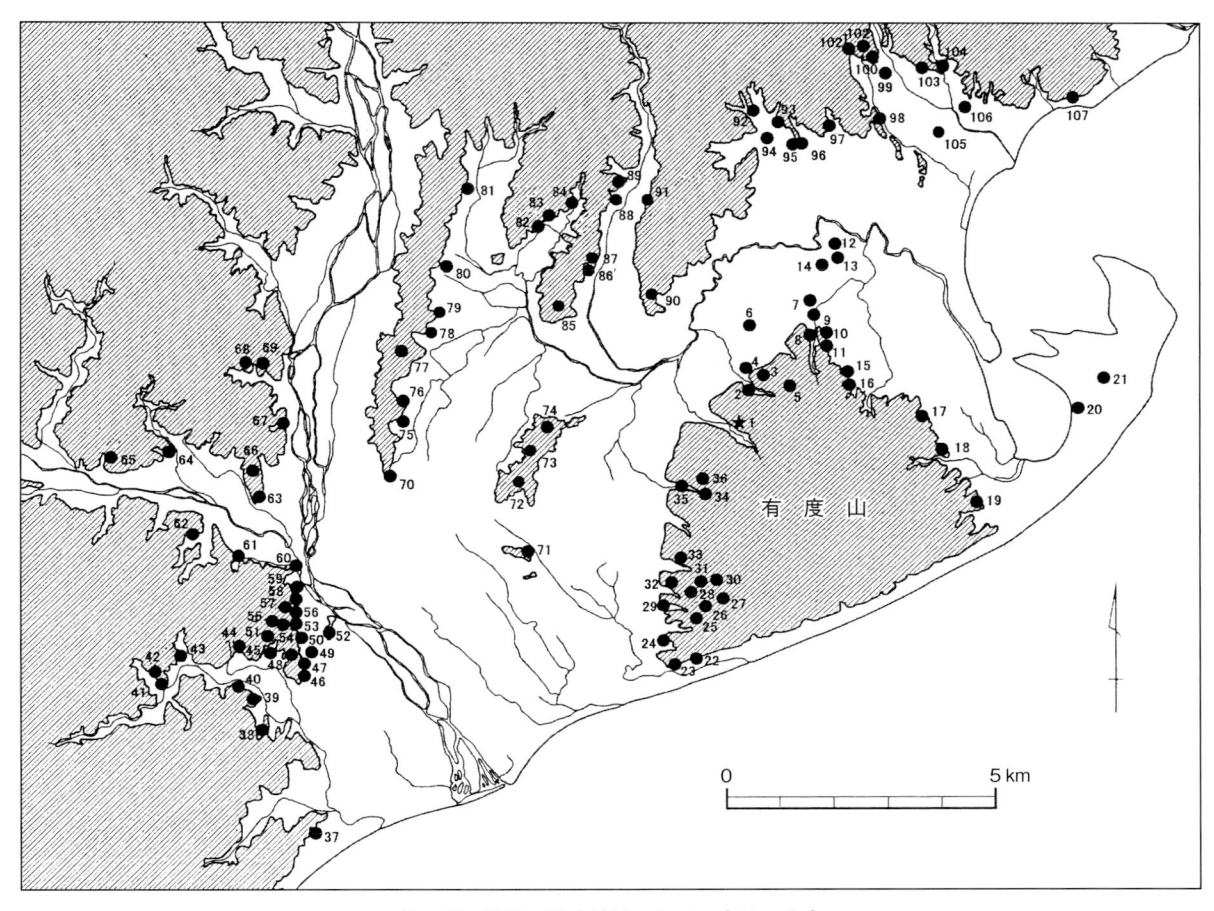

第2図　静岡・清水地域における古墳の分布

1	谷田古墳群	28	白山神社古墳	55	平城古墳群	82	惣ヶ谷古墳群
2	西の原古墳群	29	宮川古墳群	56	坂上通古墳	83	小渕ヶ谷古墳群
3	東護古墳群	30	奥大谷古墳群	57	楠ヶ沢古墳群	84	三滝ヶ谷古墳群
4	権現前古墳	31	さそく段古墳	58	山ノ上古墳	85	南沼上古墳
5	首塚稲荷古墳	32	静岡大学構内古墳群	59	向ヶ谷古墳群	86	利倉神社上古墳
6	禅門塚古墳	33	小鹿古墳群	60	猿郷古墳群	87	水梨古墳群
7	上原古墳群	34	門前坪古墳	61	川原平古墳群	88	上坂古墳群
8	堂ノ山古墳	35	池田丸山古墳群	62	牧ヶ谷古墳	89	井戸ヶ谷古墳
9	京塚古墳	36	池田山古墳群	63	千代古墳群	90	瀬名古墳群
10	馬走横穴	37	浅間坂上古墳群	64	羽鳥古墳	91	権現谷古墳群
11	馬走古墳	38	マトウ山古墳	65	楠ヶ谷古墳	92	中山古墳群
12	沢渡古墳群	39	芹が谷古墳	66	祢宜山古墳	93	鹿島古墳
13	どんどん塚古墳群	40	谷津神社古墳	67	樹木園古墳	94	イセヤ塚古墳
14	二つぼた古墳群	41	大鈩古墳群	68	田ヶ谷古墳	95	蜂ヶ谷第1号墳
15	大日山古墳群	42	ミカド古墳	69	牛房ヶ谷古墳	96	蜂ヶ谷第2号墳
16	十八祖人神古墳	43	稲荷山神社古墳群	70	賤機山古墳群	97	山原古墳
17	杉原山古墳群	44	斗々前古墳	71	八幡山古墳群	98	午王堂山古墳群
18	天神山古墳群	45	宗小路古墳群	72	谷津山古墳群	99	大門古墳
19	殿沢古墳群	46	佐渡山古墳群	73	茶臼山古墳	100	寺山古墳
20	緑生坊古墳	47	向山古墳群	74	井上邸古墳	101	薬師平古墳群
21	浅間山古墳	48	小豆川古墳群	75	池ヶ谷古墳	102	丸山古墳
22	東大谷古墳群	49	境松古墳	76	唐瀬古墳群	103	三池平古墳
23	上ノ山古墳	50	西山古墳群	77	マルヅッコウ古墳	104	東久佐奈岐古墳群
24	井庄段古墳群	51	丸山古墳	78	谷久保古墳	105	秋葉山古墳群
25	伊庄谷横穴群	52	金山古墳群	79	八津口古墳	106	神明山古墳群
26	片山横穴群	53	松雲寺古墳群	80	平山古墳	107	前山横穴群
27	石原窪古墳群	54	徳願寺古墳群	81	羽高古墳		

墳時代後期の当地域における有力な地域集団であったと考えることができる。

　有度山北麓では、以上の有度山西麓南部と同様に数多くの古墳が認められる。北側にのびる各尾根には、西から、谷田古墳群、西の原古墳群、東護古墳群、上原古墳群が認められ、その東端には馬走横穴が存在する。また、北方に突き出した馬走丘陵の末端部には、二つぼた古墳群、沢渡古墳群の存在が知られている。有度山麓唯一の前方後円墳である瓢箪塚古墳（前出）が西の原古墳群の一角に築かれている点もあわせて考えると、有度山北麓に墓域を営んだ集団もまた、当地域における有力な地域集団であったとみることができる。

2　谷田古墳群をめぐる調査研究

　古墳群の概要　今回報告する4基の古墳が含まれる谷田古墳群は、有度山北麓の北西方向にのびる尾根に立地している（第3図）。現在の静岡市駿河区谷田から清水区草薙にかけてひろがるこの尾根は谷田丘陵とも称され、東側を草薙川、西側を吉田川によって画されている。この両河川によって形成された開析谷は著しい急傾斜をなしているが、丘陵の上面は300～700mの幅広い緩斜面を形成している。谷田古墳群は、こうした谷田丘陵の西縁部沿いにひろがりをもつ古墳群である。その範囲は、北西から南東にかけておよそ800mにおよび、その一部は丘陵の中央部近くにもおよんでいる。このような範囲の中で現在把握されている古墳の総数は60基であるが（静岡市教育委員会2006）、かつては約80基が存在したものと考えられている（辰巳1975）。

　谷田古墳群が立地する同じ丘陵の東縁部には、西の原古墳群が存在する。同古墳群では、墳丘長約45mの前方後円墳である瓢箪塚古墳を中心に計7基の古墳が確認されており、開発にともなって発掘調査が実施された2号墳では、6世紀初頭に位置づけられる須恵器が出土している（清水市教育委員会2001）。現在までの知見によるかぎり、西の原古墳群は谷田古墳群に先行して営まれたものとみてよく、前方後円墳を含む古墳群の存在形態も谷田古墳群のそれとは明らかに異なっている。

　江戸時代の文献記録　谷田古墳群についてはこれまでにも多くの調査研究が行われている。その存在は、地元では古くから知られており、江戸時代末期の文久元年（1861）に編纂された『駿河志料』巻之十八に「谷田」の「有度山」として以下の記述が認められる。

　　此山中の森或は古木の邊など穿ち石を取る、里人石矢倉、人穴など云石構の所あり、見し人の云へるは、幅八九尺、長二間許、或は幅四五尺許なるものあり、穴の三方大石を以て石垣を築き、敷石上石も大石を以て造り、口は長七八尺、幅五六尺許なるを建つ、内に片石を以て四方を覆ふ、内に白骨の残れるものあり、其前に太刀の朽腐たる長四五尺、刃幅二寸許、そりなし稀には鍔縁など金焼附又金銀めつき鐶、勾玉もあり、陶器は甕忌む瓶の類を収めてあり、中には瓶に金銀めつきの作花を立たるものありしとぞ、こは上にも云へる、上古別稲置國造など、やごとなき人々のおくつきなり、何れの地も數多く並びありと云

　以上の記録から、この一帯には横穴式石室を埋葬施設とする多数の古墳があり、耳環や鉄刀、須恵器などの副葬品が出土したこと、また、それらの古墳は石材獲得の目的で古くから破壊にさらされていたことを知ることができる。

　大林の古墳　1930年（昭和5）に編纂された『靜岡縣史』第1巻、1931年（昭和6）に編纂された『静岡市史』第1巻には、それぞれ、「大林の古墳群」「大林の群集小古墳」として、現在の谷田古墳群に関する

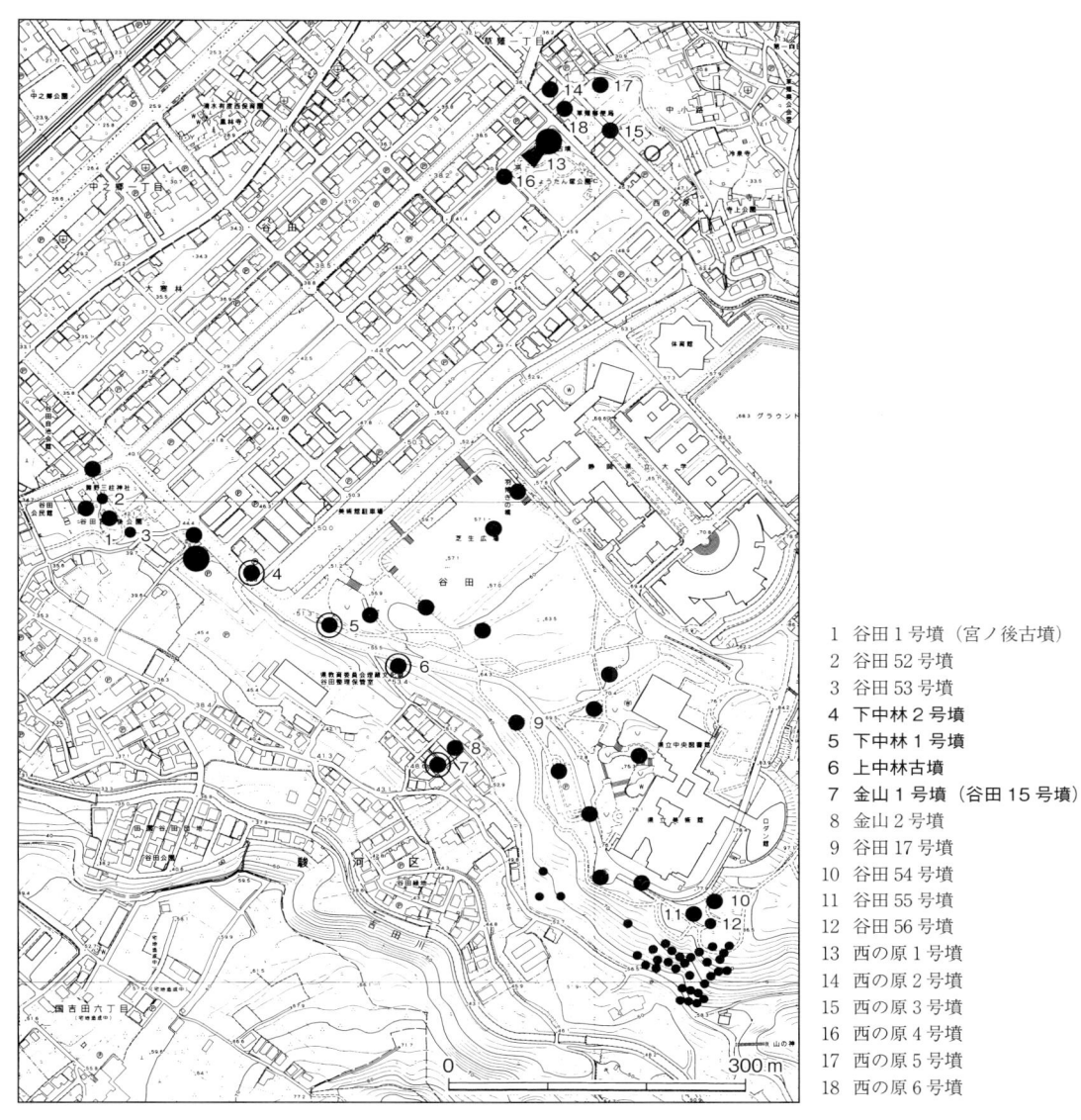

第 3 図　谷田古墳群（1/7,500）

1　谷田 1 号墳（宮ノ後古墳）
2　谷田 52 号墳
3　谷田 53 号墳
4　下中林 2 号墳
5　下中林 1 号墳
6　上中林古墳
7　金山 1 号墳（谷田 15 号墳）
8　金山 2 号墳
9　谷田 17 号墳
10　谷田 54 号墳
11　谷田 55 号墳
12　谷田 56 号墳
13　西の原 1 号墳
14　西の原 2 号墳
15　西の原 3 号墳
16　西の原 4 号墳
17　西の原 5 号墳
18　西の原 6 号墳

記述が認められる。そこには、字大林地内に小古墳が密集して存在し、それらは河原石を用いた簡単な石室をもつことが述べられている。また、傾斜地を掘り込んで築かれた石室は横穴にも似たもので、多くは天井石をともなわないことが指摘されている。

「有度山塊の考古学的調査」　以上の地方史編纂をふまえ、考古学的立場からいち早く谷田古墳群について取り上げたのは大澤和夫である。戦前の静岡中学校で教壇にあった大澤は、有度山麓に分布する縄文時代から歴史時代にかけての遺跡を総合的に調査し、1935 年（昭和 10）、その成果を「有度山塊の考古学的調査」として『静岡県郷土研究』第 5 輯に発表した（大澤 1935）。

その中で現在の谷田古墳群は、丘陵の下方に位置する「宮の後及び中林古墳群」と丘陵上方の急傾斜地に位置する「下中林古墳群（大林古墳）」にわけて記述されており、それぞれ 50 基程度の古墳が存在したものとされている。そして、それらの古墳群では羨道をもたない石室が認められること、須恵器を多く出土し埴輪は認められないことなどが述べられている。とくに「下中林古墳群」については、急傾斜地にあってほとんど墳丘が認められないことから、「古墳の退化期」に営まれたものとしており、この点はその

6　第Ⅰ章　序説

後の研究にもつうじる重要な指摘であったといえる。

　『有度山北麓の古墳』　戦前に大澤和夫による調査研究が行われたものの、その後につづく取り組みは戦後しばらくは認められなかった。そうした中で、1958年（昭和33）と1962年（昭和37）に静岡大学史学研究室による4基の古墳の調査が行われることになる。この調査は、古墳の破壊にともなう発掘調査であったことや、その成果が詳しく公表されなかったこともあり、谷田古墳群の実態解明を進める十分な契機とはならなかった。こうした状況をさらに前進させることになったのは、瓢箪塚古墳の測量調査を中心とした焼津中央高等学校郷土研究部による研究である。その成果は、『有度山北麓の古墳』として1975年（昭和50）に発表された。

　同書の中で辰巳和弘は、あらたな分布調査の知見を加えながら、谷田古墳群を第1支群と第2支群に分類している。前者を丘陵上にひろがりをもつ支群、後者を丘陵南東の急斜面に立地する支群とし、前者から後者への変遷を指摘するとともに、単葬用の小型横穴式石室を主体とする後者への変遷は、被葬者集団内の大きな社会的変化に起因するものと述べている。そしてその背景には、律令制的支配の波及に伴う氏姓制秩序の崩壊があり、第1支群から第2支群への変化は、地方における律令制施行の一過程を示すものと評価している。こうした理解は、辰巳氏によるその後の論考の中でも示され、谷田古墳群第2支群（第3支群）は「密集型群集墳」の典型的な事例として、全国的な群集墳研究の中に位置づけられることになる（辰巳1983）。

　近年の調査　谷田古墳群に属する古墳の多くはすでに消滅しているが、一部の古墳については保存整備が進められ、1988年（昭和63）には谷田1・52・53号墳、1992年（平成4）には谷田54・55・56号墳についての発掘調査が行われている。現在、谷田古墳群の北西端にあたる宮後公園内には谷田1号墳をはじめとする3基の古墳が、また、県立美術館の裏手には谷田54号墳をはじめとする3基の古墳が保存、公開されている。

3　調査研究の経過と本書の目的

　発掘調査の経緯　今回報告の対象とした4基の古墳のうち、金山1号墳は1958年（昭和33）に、上中林古墳、下中林1号墳、下中林2号墳は1962年（昭和37）にそれぞれ発掘調査が実施された。当時の調査は、静岡大学史学研究室を創設した内藤晃の主導のもとに行われたが、内藤が故人となり、また、調査の経緯を記した記録類も散逸しているため、発掘調査を実施するにいたった詳しい経緯については不明な点が多い。ただし、当時の調査関係者の証言によれば、いずれの調査も茶畑の開墾や道路拡幅にともなって偶然に古墳（石室）が発見され、その通報を受けた内藤が研究活動の一環として実施したものだという。とくに金山1号墳については、竹林を茶畑とする過程で石室の一部が露出し、それが発掘調査の契機になったとのことである。

　金山1号墳の調査　金山1号墳の発掘調査は、1958年（昭和33）に実施された。調査は二次におよび、第1次調査は7月25日から8月1日にかけて、第2次調査は9月20日から10月11日にかけて行われた。第1次調査では主に墳丘の調査、第2次調査では主に横穴式石室の調査が行われ、その結果、全長12mにおよぶ横穴式石室から、武器（鉄刀、鉄鏃）、馬具（轡）農工具（鍬鋤先、刀子）、釘・鎹、須恵器が出土した。とくに、羨道部から3群にわかれて出土した多量の須恵器は、須恵器副葬行為の詳細をうかがわせるものであり、当地域における古墳出土須恵器の基準資料となり得るものである。

当時の調査日誌には、静岡大学関係者のほか、地元の中学生、高校生などが数多く調査に参加していたことが記されている。しかし、調査から50年近くが経過したいま、参加者全員の氏名を把握することはきわめて困難である。以下、すべての調査参加者に敬意を表しつつ、史学研究室関係の参加者については氏名を記し、その他の参加者については所属を示すにとどめたい。

　　　調査担当者　内藤　晃、市原壽文
　　　調査参加者　原秀三郎、杉山　満、鈴木倭子、美濃部利一、山本博勝、静岡大学教育学部、静岡県立清水東高等学校、静岡県立清水商業高等学校、星美学園高等学校、静岡市立有度中学校、清水市立第一中学校

　下中林1・2号墳の調査　下中林1・2号墳の発掘調査は、1962年（昭和37）2月3日から2月13日にかけて実施された。いずれも石室部分の調査が中心であったが、下中林2号墳では、周溝を確認するための部分的なトレンチ調査が実施された。調査の結果、両古墳で無袖の横穴式石室が確認され、下中林1号墳からは、装身具（耳環、勾玉）、武器（鉄鏃）、馬具（飾鋲）、須恵器が、また、下中林2号墳からは、鏡、装身具（耳環、玉類）、武器（鉄刀、鉄鏃、両頭金具）、馬具（轡、飾金具ほか）、工具（刀子）、須恵器が出土した。

　当時の調査関係者は次のとおりである。

　　　調査担当者　内藤　晃、市原壽文
　　　調査参加者　杉山　満、亀井明徳、柴垣勇夫、竹林　智、錦織静恵、鶴田ひろ子

　上中林古墳の調査　上中林古墳の発掘調査は、1962年（昭和37）6月30日から7月14日にかけて実施された。石室部分に限って調査が行われ、無袖の横穴式石室内から、装身具（耳環、玉類）、武器（鉄刀、刀装具、鉄鏃、両頭金具）、馬具（轡、鞍ほか）、工具（刀子）須恵器、土師器が出土した。

　当時の調査関係者は次のとおりである。

　　　調査担当者　内藤　晃、市原壽文
　　　調査参加者　杉山　満、梅林一彦、亀井明徳、柴垣勇夫、染野美那子

　資料整理　以上の調査にかかわる記録類（図面、写真）および出土遺物の整理作業は、2006年（平成18）4月から12月にかけて、静岡大学人文学部考古学研究室の構成員が行った。この資料整理は、滝沢　誠（静岡大学人文学部・助教授）、篠原和大（同・助教授）が中心となり、当時の調査参加者である柴垣勇夫（生涯学習教育研究センター・教授）の協力を得ながら、「考古学実習Ⅱ」の授業の一環として行った。またその過程で、調査研究の中間的な成果を「第34回考古展」（2006年11月18・19日）において展示、発表した。

　本書の目的　これまで述べてきたように、今回報告する4基の古墳は、静岡・清水地域の中にあってとりわけ多くの古墳が分布する有度山北麓に位置しており、それらが所属する谷田古墳群は、有度山麓一帯では最大規模の古墳群である。また、谷田古墳群は「密集型群集墳」の典型例として、群集墳研究の中で一定の考古学的評価が与えられてきた古墳群でもある。ところが、古墳の多くはすでに消滅し、その実態を把握できる資料は意外に少ないのが現状である。

　こうした谷田古墳群の実態解明、ひいては有度山麓における古墳群の歴史的理解を進める上で、かつて静岡大学史学研究室が実施した4基の古墳の調査内容はきわめて重要なものである。しかし、その出土遺物の中には注目すべきものがあるにもかかわらず、これまで金山1号墳出土の須恵器が田辺昭三の大著『須恵器大成』（1981年）の中でわずかに取り上げられてきたにすぎない。

以上をふまえ、本書ではまず、金山1号墳をはじめとする4基の古墳の調査内容を明らかにすることを第一の目的とする。また、近年の研究動向をふまえながら、4基の古墳の調査内容に考古学的検討を加え、当地域における後期古墳研究の前進を図ることを第二の目的としたい。

(滝沢　誠)

第2節　遺跡の環境

有度山周辺の地理的環境　有度山は最下位に更新世初期と考えられる根古屋累層が堆積し、その上位に久能山礫層、草薙泥層、小鹿礫層、国吉田泥層が順次重なって形成されている。こうした洪積層は更新世の地殻変動によって隆起したと考えられており、海側の有度山山頂部で海抜307mを測り、北側に向かって傾斜している。一方、平野北縁の静岡層群を基盤とする丘陵部は長尾川などによって開析され、急峻なやせ尾根が南に向かって張り出している。この平野北縁の丘陵部と有度丘陵との間には沖積地が発達しているが、西側の麻機低地から巴川が東に向かって流れ、清水方面に抜けて折戸湾に注いでいる。また、安倍川東岸に長く張り出した賤機丘陵の先端を扇央とする扇状地が静岡平野の西側に発達しており、有度丘陵の西側はこの扇状地との間で低湿地となっている。

有度山麓は、南側の海岸部が急崖をなす一方、緩やかな傾斜をなす西麓から北麓かけては小規模な谷が幾筋も発達しており、谷と谷の間には「段」と呼ばれる平坦面の広い台地状の傾斜面が残されている。古墳時代後期の群集墳の多くは、この「段」の縁辺部から谷部にかけて構築されている。

このような地理的環境のもと、遺跡は各時期に特徴的な展開を示している。

旧石器時代・縄文時代の遺跡　旧石器時代の遺跡は、更新世の大きな地形環境の変化が考えられるなかで実態は不明であるが、日本平遺跡(133)や宮川遺跡(84)の周辺でナイフ形石器などが採集されており、当時の人々の活動の足跡が示される。

縄文時代の遺跡は、静岡清水平野の中でも有度丘陵周辺に比較的多く、南側の海岸部を除いて、低地部に近い有度丘陵縁辺の台地部に点々と存在する。比較的遺跡が集中するのは有度山東麓の清水天王山遺跡周辺と有度丘陵が一部北に向かって延びる狐ヶ崎付近の上原遺跡(45)周辺、西麓の宮川遺跡(84)周辺などがあげられる。発掘調査によって実態のわかる遺跡は限られるが、東麓の天王山遺跡周辺では、冷川遺跡で早期および中期、後期の集石遺構、土坑などを検出しており、天王山遺跡では後期から晩期にかけての資料が層位的に調査され、貯蔵穴や墓坑、集石、晩期の礫堤をもつ平地式住居などが検出されている。有度山北麓では、上原遺跡(45)で前期の土器や石斧などが採集されている例があるが、実態は不明なものが多い。有度山西麓では、早期の押型文土器や前期の土器、石器が検出された宮川遺跡(84)、丘陵裾の低地部で後期末葉の堅果類の水晒場遺構が検出された蛭田遺跡(96)などがある。また、東麓東側の沖積低地に位置する元宮神明原(100)でも縄文時代の資料が見られ、晩期に相当すると考えられる丸木舟が出土するなど低地での活動も知られる。

弥生時代の遺跡　弥生時代の遺跡は、まず、有度山東麓の天王山遺跡や天神山下遺跡で前期の条痕文土器や遠賀川系土器の出土が知られる。中期初頭の丸子式土器とともに大型の打製石斧などを出す遺跡は、平野北西部丸子地区周辺の丘陵部の遺跡などが知られているが、低地部に位置する瀬名遺跡(14)でも土器や石斧の散在が確認されている。中期中葉になると沖積地に進出する遺跡が現れるが、瀬名遺跡ではこ

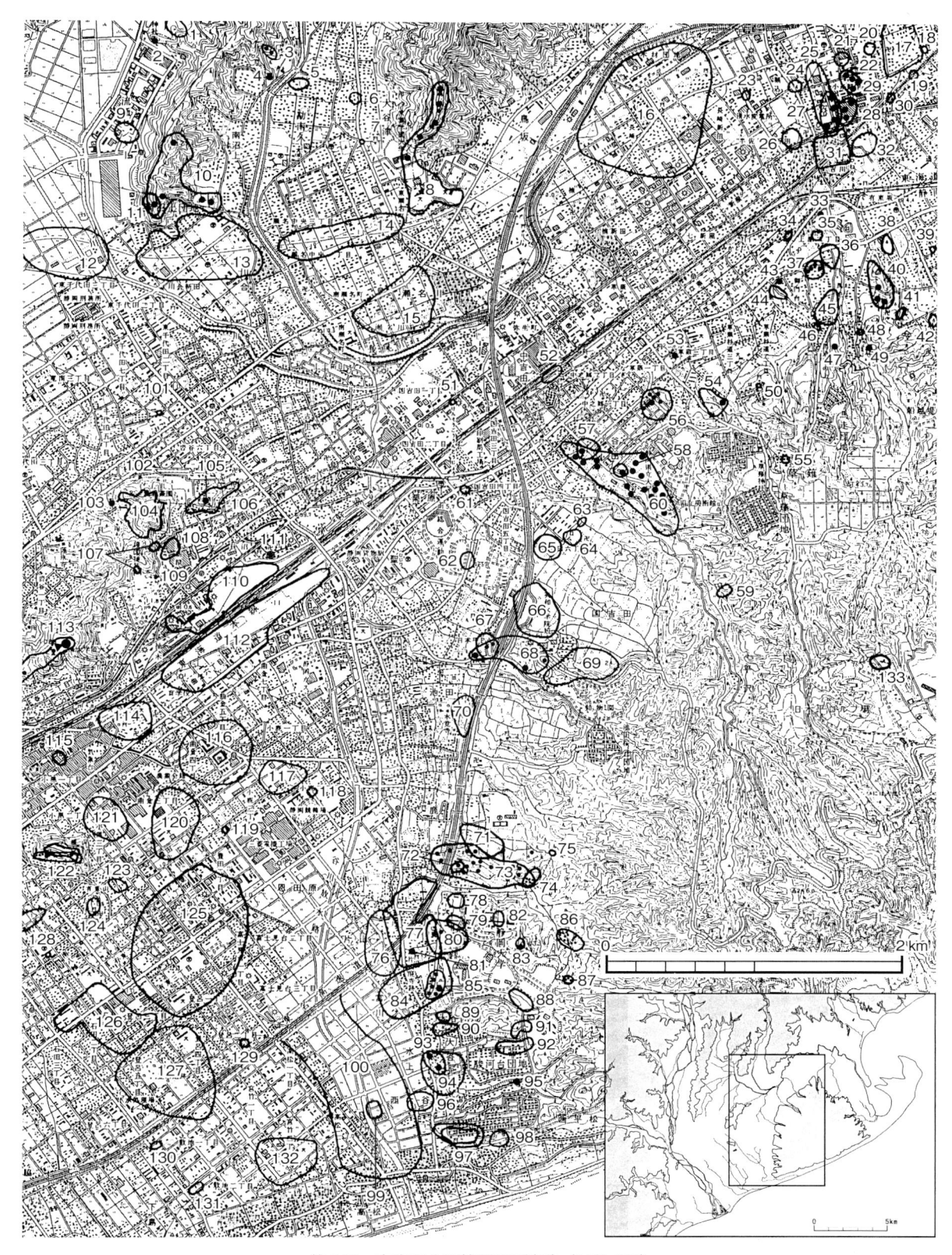

第4図　有度山北西麓周辺の遺跡（1/40,000）

第1表　有度山北西麓周辺の遺跡一覧

No.	遺跡名	時代	No.	遺跡名	時代	No.	遺跡名	時代
1	佐敷堂遺跡	縄文〜古代	47	堂ノ山古墳	古墳	91	伊庄谷横穴群 北谷支群	古墳
2	南沼上諏訪神社古墳	古墳	48	馬走横穴	古墳	92	伊庄谷横穴群 南谷支群	古墳
3	水梨古墳群	古墳	49	馬走古墳	古墳	93	井庄段古墳群	古墳
4	利倉神社上古墳	古墳	50	首塚稲荷遺跡	中世	94	井庄段遺跡	縄文・弥生
5	切石遺跡	古墳・古代	51	吉野口坪遺跡	弥生	95	日向山古墳	古墳
6	下夕村遺跡	古墳	52	大和製缶南遺跡	弥生	96	蛭田遺跡	縄文・古墳
7	東下遺跡	古墳	53	権現前古墳	古墳	97	上ノ山遺跡・上ノ山古墳群	縄文・弥生・古墳
8	瀬名古墳群	古墳	54	東護古墳群	古墳	98	東大谷古墳群	古墳
9	長崎鼻遺跡	縄文	55	柚木屋敷跡	屋敷	99	大谷構井之坪居館跡	中世
10	南沼上古墳群	古墳	56	西の原古墳群	古墳	100	元宮川神明原遺跡	縄文〜中世
11	川合仙石遺跡	弥生・古墳	57	宮ノ後遺跡	縄文	101	千代田遺跡	弥生
12	上土遺跡	弥生〜近世	58	上中林遺跡	縄文	102	沓谷四丁目遺跡	古墳
13	川合遺跡	弥生〜近世	59	谷田古窯跡	古墳・古代(奈良)	103	井上邸古墳	古墳
14	瀬名遺跡	弥生〜中世	60	谷田古墳群	古墳	104	愛宕山城跡	中世・近世
15	瀬名川遺跡	弥生・古墳	61	道下遺跡	弥生	105	茶臼山古墳	古墳
16	長崎遺跡	弥生	62	栗原遺跡	弥生〜古墳	106	長沼古城跡	中世
17	北脇館跡	戦国	63	東原ノ坪遺跡	弥生・古墳	107	柚木瓦窯跡群	古代
18	北脇遺跡	古墳	64	桃源寺前遺跡	弥生	108	本郷坪遺跡	古墳〜中世
19	原添Ⅲ遺跡	弥生〜古墳	65	大原坪遺跡	縄文	109	仕舞海道坪遺跡	弥生
20	上ノ段遺跡	弥生	66	寺ノ久保遺跡	弥生・古墳・中世	110	長沼遺跡	弥生〜中世
21	吉川Ⅱ遺跡	古墳	67	矢塚坪・門前坪遺跡	縄文・古墳・古代	111	棚田遺跡	中世
22	吉川Ⅰ遺跡	弥生〜鎌倉	68	池山古墳群	古墳	112	曲金北遺跡	弥生・古墳・古代
23	堀込Ⅱ遺跡	古墳	69	五輪平遺跡	縄文・弥生・古墳	113	谷津山古墳群	古墳
24	堀込Ⅰ遺跡	古墳	70	本覚寺裏遺跡	縄文	114	曲金B遺跡	古墳〜古代
25	原添Ⅰ遺跡	弥生	71	堀ノ内A遺跡	縄文	115	前ヶ崎遺跡	古墳
26	杉田遺跡	縄文？	72	堀ノ内B遺跡	弥生	116	曲金A遺跡	弥生・古墳
27	二つぼた古墳群	古墳	73	小鹿古墳群	古墳	117	小鹿杉本掘合坪遺跡	古代・中世
28	どんどん塚古墳群	古墳	74	堀ノ内山遺跡	弥生	118	小鹿蟹田掘合坪遺跡	古代〜近世
29	沢渡古墳群	古墳	75	堀ノ内山奥古墳	古墳	119	三菱工場内遺跡	古墳・古代
30	原添Ⅱ遺跡	弥生	76	片山遺跡	弥生・古墳	120	豊田遺跡	弥生・古墳
31	吉川館跡	鎌倉	77	片山廃寺跡	古代・中世	121	小黒遺跡	弥生・古墳
32	原添Ⅳ遺跡	弥生〜古墳	78	大段Ⅰ遺跡	旧石器	122	八幡山古墳群・八幡山城跡	古墳・中世
33	京塚古墳	古墳	79	大段Ⅱ遺跡	縄文	123	有明遺跡	弥生
34	荒古遺跡	弥生	80	静岡大学構内古墳群	古墳	124	有東砦跡	中世
35	千手寺遺跡・千手寺経塚	弥生・江戸	81	白山神社古墳	古墳	125	有東遺跡	弥生・古墳・中世
36	油木遺跡	縄文	82	大段Ⅲ遺跡	縄文	126	鷹ノ道遺跡	弥生・古墳・古代
37	上原古墳群	古墳	83	さそく段古墳・ささご段遺跡	古墳・縄文	127	登呂遺跡	弥生・古墳
38	山崎遺跡	縄文	84	宮川遺跡	旧石器・縄文・弥生・古墳・古代・近世	128	八幡五丁目遺跡	弥生〜近世
39	柿木田遺跡	古墳	85	宮川古墳群	古墳	129	天神森遺跡	古墳
40	片瀬山古墳群	古墳	86	奥大谷遺跡・奥大谷古墳群	縄文・古墳	130	水洗遺跡	古墳
41	瓦ヶ谷古窯跡	奈良	87	石原窪古墳群	古墳	131	下島遺跡	弥生・古墳
42	今泉Ⅰ遺跡	古墳	88	片山横穴群	古墳	132	汐入遺跡	弥生・古墳・中世
43	禅門塚古墳	古墳	89	清泉寺窪瓦窯跡	古代(奈良・平安)	133	日本平遺跡	旧石器・縄文
44	下原遺跡	縄文	90	清泉寺窪遺跡	縄文			
45	上原遺跡	縄文〜古墳						
46	四方沢遺跡	縄文						

の時期の水利関連遺構や方形周溝墓が検出されており、以降水田が確認されるようになる。隣接する川合遺跡（13）でもこの時期から遺構が見られ、平野中央部の有東遺跡（125）でも住居址や土坑、方形周溝墓などが構築される。有度山北麓では荒古遺跡（34）でこの時期の完形土器が知られる。中期後半には、有東遺跡周辺が大規模な集落になり、有東遺跡集落の周囲や鷹ノ道遺跡（125）では大規模な方形周溝墓群が知られる。同時期には川合遺跡（13）周辺や駿府城内遺跡など規模の大きい集落がいくつか存在する。有度山周辺では北麓の原添遺跡（19、25、30）で水路と井戸などが検出されているほか、宮川遺跡（84）では土坑墓が知られている。後期には有東遺跡は規模が小さくなり、登呂遺跡（127）や鷹ノ道遺跡（126）に集落が成立し、広大な水田域が周囲に展開する。川合遺跡や駿府城内遺跡にもこの時期の集落があり、瀬名遺跡では引き続き水田がみられる。後期後半には遺跡数が増加すると見られるが実態の明らかな遺跡

は少ない。長崎遺跡（16）や豊田遺跡（120）、飯田遺跡などでは低地部にこの時期の遺構がみられ、上ノ山遺跡（97）では丘陵上に竪穴住居を多く構築している。

古墳時代の遺跡　古墳時代前期初頭の遺跡として汐入遺跡（132）が知られ、溝や塀による方形の区画に囲まれた居住域や池状遺構が付属する独立棟持柱付掘立柱建物の祭殿などが検出されている。この時期、政治的な中心集落が形成されたことを示すと考えられるが、やや遅れる時期の同様の遺跡として方形の区画を連続させ土塁と塀に囲まれた3棟の祭殿が検出された小黒遺跡（121）がある。また、有度山北西麓の栗原遺跡（62）でも古墳前期初頭の方形の溝が知られており、首長居宅に準ずるものと考えられる。前期の大型古墳としては、平野北東部の庵原地区に撥形に開く前方部をもつ前方後円墳の神明山1号墳（約69m）と三角縁神獣鏡を出した午王堂山3号墳（前方後方墳約78m）が築造され、続いて前期後半に三池平古墳（約67m）、その後午王堂山1号墳の前方後円墳が築造されたと考えられる。また、静岡平野中央部には谷津山山頂にこの地域最大の柚木山神古墳（前方後円墳約108m）が築造される。一方、低地部の川合遺跡（13）や長崎遺跡（16）では前期および中期の墳丘墓と考えられるものがあり、有度山西麓では、上ノ山遺跡（97）で方形や円形の周溝をもつ小型墳が群集して存在し、宮川遺跡（84）でも同様の円形周溝2基が発見されているなど小型墳の展開もある。

古墳時代中期前半の大型前方後円墳は不明であるが、瀬名古墳群（8）では割竹形木棺を納めた粘土槨2基をもつマルセッコウ古墳（瀬名2号墳、円墳31m）が調査されている。瀬名古墳群は消滅した1号墳を含む前方後円墳3基を含んでいて詳細は不明であるが、その位置づけは問題となる。中期後半には有度山北麓に瓢箪塚古墳（西の原1号墳、前方後円墳約45m）が築造され、西の原古墳群（56）が形成される。有度山西麓では宮川古墳群（126）中の諏訪神社古墳がこの頃の築造と考えられ、井庄段古墳（133）では円筒埴輪列の出土が知られる。

古墳時代後期になると各地に横穴式石室を主体部とする古墳が群集して築造される。有度山北麓では北東にのびる丘陵先端部に二つぼた古墳群（27）、どんどん塚古墳群（28）、沢渡古墳群（29）が近接して存在している。その南の丘陵上には上原古墳（37）片瀬山古墳群（40）や禅門塚古墳（43）、馬走古墳（48）などの単独で知られる古墳が集中しており、この一角に馬走横穴（48）が知られる。さらに西側の有度丘陵縁辺部には東から東護古墳群（54）、谷田古墳群（60）、池田山古墳群（68）が形成されるが、それぞれ台地部の西側の縁から谷部に沿って長く展開する古墳群である。今回報告する古墳を含む谷田古墳群はこれら有度山北麓の群集墳のなかでも最大規模の群集墳であり、南端の谷部には小規模墳が群集しているとされる。池田山古墳群の西側には古墳時代の遺跡が確認されない地域があり、この西側から大谷の海岸部近くまで有度山西麓の古墳群が展開する。北西から南に向かって小鹿古墳群（73）、堀ノ内山奥古墳（75）、静岡大学構内古墳群（80）、宮川古墳群（85）、奥大谷古墳群（86）、石原窪古墳群（87）、上ノ山古墳群（97）、東大谷古墳群（98）の群集墳が形成されており、ここでは台地部の南縁から谷部に沿って展開するものが多い。これらのなかで宮川古墳群の丸山古墳、アサオサン古墳の2基と上ノ山古墳群の後期の古墳の多くは方墳として築かれることが知られている。また、宮川古墳群と上ノ山古墳群の間の谷奥部には片山横穴群（88）、伊庄谷横穴群北支群（91）、同南支群（92）といった横穴墓群が集中する地区が確認され、一部が調査されている。

古墳時代の集落遺跡は川合遺跡（13）で前期の掘立柱建物群や中期の周溝をもつ住居跡が検出され、長崎遺跡（16）でも前期の掘立柱建物群が検出されるなどの例が知られ、低地部の遺物散布地として知られ

る遺跡に集落が存在している可能性が考えられる。また、曲金北遺跡（112）や瀬名遺跡（14）などでは広い範囲に水田が確認されている。

古代以降の遺跡　古代の遺跡としては、有度山西麓裾に位置する片山廃寺跡（77）で大規模な寺院跡が検出されており駿河国分寺である可能性も指摘されている。また、その南方には瓦を供給したと考えられる清泉寺窪瓦窯（89）が知られる。これらの西方低地部に位置する元宮川神明原遺跡（100）では、古墳時代から古代に至る大量の祭祀遺物が検出されている。一方、平野北部の長尾川西岸の内荒遺跡（13の一部）では建物群が検出され、銅印の出土などから安倍郡衙の一部が推定されている。また、平野中央部の曲金北遺跡（112）では古代東海道の一部が検出されている。中世以降にも巴川沿いの低地部などで館跡などが知られるなど遺跡が存在するが実態は不明なものが多い。

　谷田古墳群は、以上のような歴史的環境のもとで古墳時代後期に形成された群集墳である。周辺には弥生時代以来の農耕社会の展開過程をみることができる。古墳時代の造墓の契機としては、前段階にこの地域に初めて構築された前方後円墳である瓢箪塚古墳を含む西の原古墳群が形成されたこととの関連が考えられる。また、谷田古墳群南側に集中する小規模墳群も含めてこの地区で長期にわたる造墓、葬送が行われたことは明らかであり、その意味でも有度山北麓の中核的な古墳群であると考えられよう。

（篠原和大）

第Ⅱ章　金山1号墳の調査

第1節　墳　丘

　立　地（第5図、図版1-1）　金山1号墳は、吉田川の開析谷に面した標高50m付近の緩斜面に築かれた古墳である。吉田川の開析によって形成された谷田丘陵の西側斜面は総じて急傾斜をなしているが、斜面の途中には部分的にテラス状の張り出しが認められる。金山1号墳はそうした張り出し部分に築かれた古墳で、北東側約7mの地点には金山2号墳が位置する。

　現在、古墳の北側上方にあたる谷田丘陵の縁辺部には静岡県立美術館へとつづく道路が整備されており、その途中から谷の下方にいたる道路が分岐している。古墳はその道路の途中にある宅地の一角に存在していたが、現在は消滅している。

　規模と構造（第6・7図、図版1-2、2-1・2）　金山1号墳では、墳丘の全面的な調査が行われている。また、墳丘に対して十字方向に設定されたトレンチでは、部分的な断ち割り調査も実施されている。

　調査前の測量図（第6図）をみると、墳丘は直径14m程度の円形をなしており、北西側には攪乱とみられる窪みが認められる。墳丘の高さは総じて1m前後であるが、古墳が立地する地点は北東から南西にかけて傾斜しており、南東側の高さは1.5m近くに達する。

　墳丘調査の結果、地表下20～50cmの深さで、墳丘のほぼ全体にわたって拳大から人頭大の河原石が検出されている（第7図）。これらの石は、墳丘全体を二重に取り巻くように分布していること、また、石室の一部（側壁）が検出された高さより低い位置にあり完成時の墳丘面に存在したとは考えられないことから、墳丘の構築過程で設置されたものとみるのが妥当である。

　このほか墳丘の調査では、石室の裏込めとみられる黄褐色砂礫層（第7図第5層）の存在が確認されている。また、墳丘の南側では、墳丘からやや張り出すかたちで石室の閉塞石が確認されている。周溝については一切検出されていないため詳しい状況は不明であるが、石室の閉塞は周溝へと接続する墓道の前端部分で行われていたものと考えられる。

　以上の調査成果から、金山1号墳の墳丘は、石室の主軸方向にやや長い円形で、その規模は、南北約16m、東西約13mと推定される。　　　　　　　　　　　　　　　　　　　　　　　　　　（滝沢　誠）

第2節　石　室

1　規模と構造（第8図、図版3、4-1）

　残存状態　金山1号墳の埋葬施設は横穴式石室（以下、石室）である。石室は南に開口し、主軸方位はN-7°-Wである。後世の破壊により、天井石を含め石室の上部は遺存していなかった。しかし、石室の形状や規模を把握することは可能である。側壁は開口部付近の破壊は著しいが、奥壁付近の残存状況は良好

14   第Ⅱ章　金山1号墳の調査

第5図　金山1号墳　立地　(1/600)

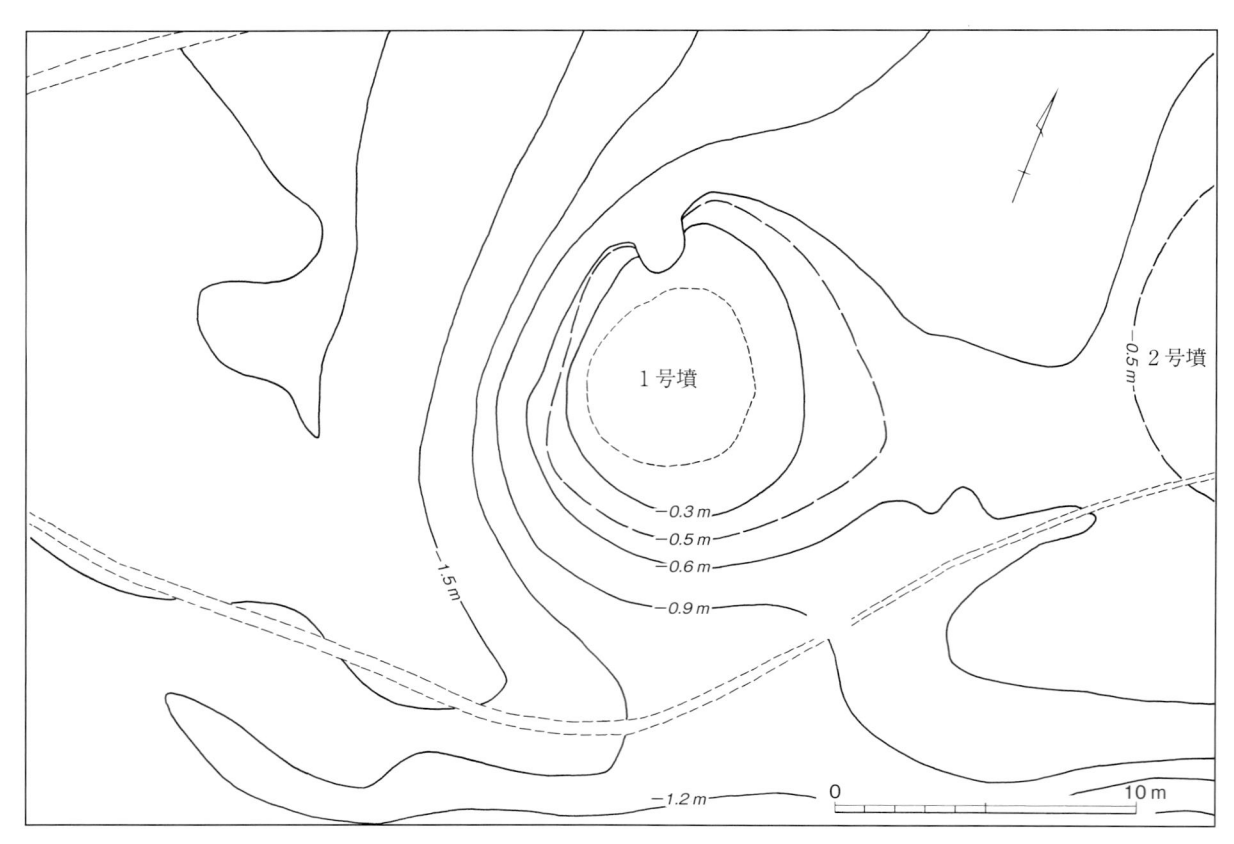

第6図　金山1号墳　墳丘　(1/250)

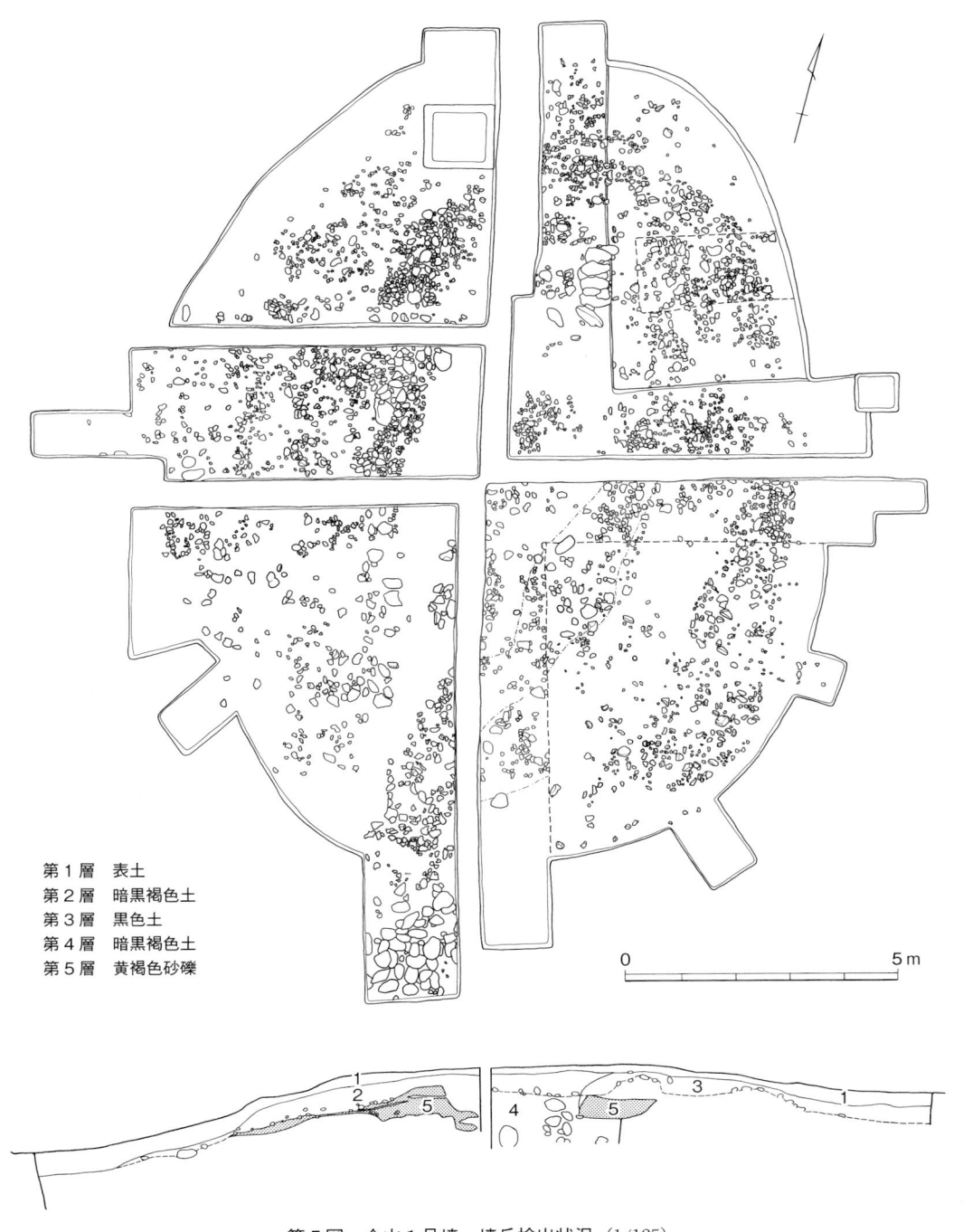

第 1 層　表土
第 2 層　暗黒褐色土
第 3 層　黒色土
第 4 層　暗黒褐色土
第 5 層　黄褐色砂礫

第 7 図　金山 1 号墳　墳丘検出状況 (1/125)

であり、東壁については築造当初の高さを、ほぼ保っているとみられる。石室の床面には敷石がみられ、これもほぼ埋葬時の状態をとどめているといえよう。なお、玄室内には組合式箱形石棺が 1 基確認されたが、石棺の残存状況は良好とはいいがたい。また、閉塞に関する石材等も残存していなかった。

　形　状　石室は天井部が残存しなかったために天井の状況、石室の立体的な構造については明らかにはできない。石室の平面形はいわゆる擬似両袖式であるが、立柱石を玄門に加え、開口部寄りにも一対の立柱石がある。「羨門区画形の擬似両袖式石室」とも呼称され（鈴木 2000、静岡県考古学会 2003）、複室構造の影響がより濃厚な擬似両袖式石室である。玄門に使用される立柱石は、両側とも石室内に突出する。東壁の立柱石の背後には、さらに一石存在するようであるが定かではない。開口部側の立柱石は両側ともわず

かに石室内にせり出す。

玄室の平面形は緩やかな胴張形であるが、羨道は開口部に至るまで直線的である。なお、玄門床面には石室主軸に直交する石材が据えられており、梱石としてとらえられる。

規　模　石室の規模は全長12.1mである。玄室は全長5.6m、奥壁幅1.1mであり、玄室最大幅は奥壁から3.2mの地点で1.6mとなる。残存高は敷石上面から測り最大で2.0mであり、ほぼ石室本来の高さと考えられる。奥壁残存高は1.5mで、玄門幅は0.9mである。

羨道長は4.6mである。奥壁から10.2mの地点の両側壁には立柱石が据えられている。立柱石より外側には前庭側壁がつづいており、その長さは1.9mである。羨道幅は1.2～1.3m、羨門幅は1.0m、開口部幅は1.2mである。なお、羨道と前庭部は側壁上部の破壊が著しく、築造当初の高さは不明である。

石材の用法　奥壁は2段遺存し、各段1石で構成される。基底石には幅120cm以上、2段目には幅100cm以上の石材が使用され、いずれも広口面を石室内に向けて積まれている。

側壁には最大幅20～90cm程度の石材が使用され、5～10cm程度の石材が補助的に用いられる。基底石に使用されるのは最大幅50～90cm程度の石材で、2段目以上より明らかに大振りの石が使用されている。とくに東壁の奥壁から3石目と西壁の奥壁から4石目は大型の石材である。2段目以上はとくに使用される石材の大きさに変化はみられない。基底石は広口横積みが主体のようであり、2段目以上は一部に小口積みのものも混ざるようであるが、ともに確証を得られるものではない。

この石室は、先述のとおり立柱石が二対みられる。立柱石は幅50～70cm、高さ80～100cm程度の大きさである。羨道西壁において玄門立柱石の隣接するものも縦位に石材を据えるようである。なお、前庭側壁においてもっとも羨道寄りの基底石は、羨道の基底石に使用される石材よりも大きめである。使用石材については不明であるが、概ね自然石ととらえられ加工はされていないようである。

床　面　床面は玄室から開口部に至るまでほぼ水平に保たれ、玄室と羨道の床面には全面に敷石が施される。敷石に使用される石材は扁平な円礫が主体で、最大径は5cm以下のものから、30cm程度のものまでみられる。玄室の敷石は範囲により意図的な使い分けがされているようであり、奥壁から約1.5m付近までは5～10cm程度の石材が主体であるが、これより開口部側では20～30cm程度の扁平な礫が主体である。石材が大きくなる部分に石棺が据えられていることも注目できる。羨道の敷石は玄室より一回り小さめの20cm程度の礫が主体となる。なお、羨道の一部には敷石がみられない部分があるが、これは後世の影響と考えられる。

石　棺　玄室中央には組合式箱形石棺が1基存在した。石棺は西壁寄りにあり、外寸は全長2.0m、最大幅0.7m、内寸は全長1.8m、最大幅0.4mである。小口面は1石、側壁は両側とも4石で構成されていた。石材の厚さは10cm前後である。床面は石室の敷石と区分できない。蓋石は遺存しないが、当初から存在しなかった可能性もある。また、小口や側壁の石材は石室床面を掘り込んで据えられているようである。実測図からは、割石のようにうかがえるが断定できるものではない。

小　結　金山1号墳の石室は擬似両袖式で、胴張形の玄室をもつ。在地系（三河系）の石室としてとらえることができる。石室規模をみると、石室長は静岡・清水平野の中でも特に大型の部類に入るといえる。一方、石室幅は当地における平均的な規模であり、かなりの狭長な石室といえる。また、この石室の大きな特徴としては、二対の立柱石と梱石をもつことがあげられる。立柱石を二対もつ擬似両袖式石室は、駿河においては静岡・清水平野、特に有度山麓に集中する。ただし、多くのものは玄室平面形が長方形であ

第2節 石室　19

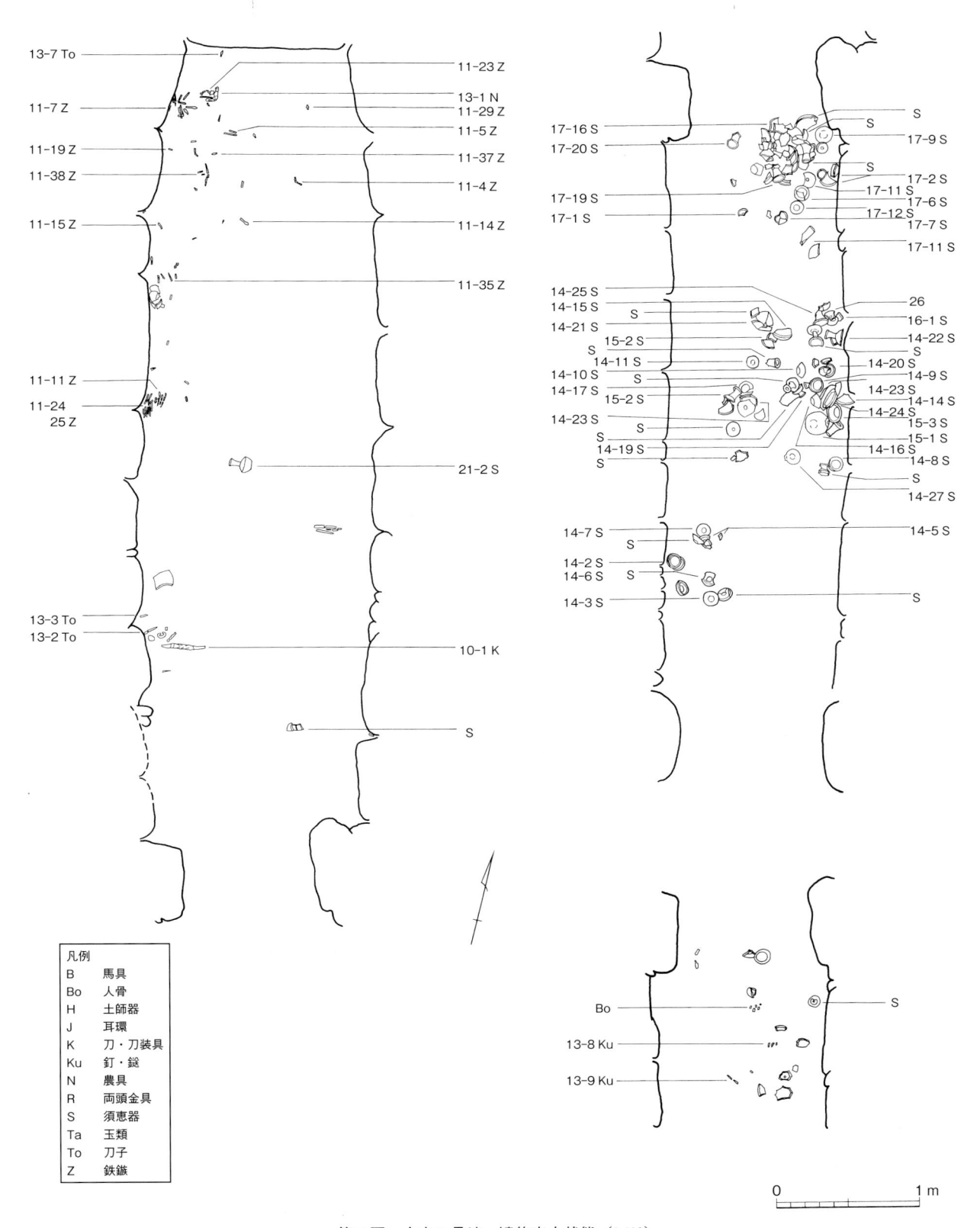

凡例
B　馬具
Bo　人骨
H　土師器
J　耳環
K　刀・刀装具
Ku　釘・鎹
N　農具
R　両頭金具
S　須恵器
Ta　玉類
To　刀子
Z　鉄鏃

第9図　金山1号墳　遺物出土状態（1/40）

り、金山1号墳とは異なる。梱石については静岡・清水平野では管見に触れる限りでは初例といえる。これらの点から、金山1号墳は概ね駿河・遠江の石室形態の系譜上にあるものとして理解できるが、静岡・清水平野の中では類例の少ない特徴をもつ石室といえる。

2 遺物出土状態 （第9図、図版4-2～4）

残存状態　金山1号墳の埋葬施設からは、須恵器をはじめ武器、馬具、装身具などが出土した。遺物は、玄室から出土したグループと羨道部から出土したグループに大別できる。玄室内のものは、大部分が石室の破壊や盗掘による移動を受けているようであるが、羨道部のものは最終埋葬時の状況をとどめている可能性がある。

玄室内　玄室からは、鉄刀、鐔、鉄鏃、両頭金具、轡、刀子、鉄製鍬・鋤先、須恵器が出土している。出土した鉄器の大半は玄室内から出土しているが、須恵器は2点のみの出土にとどまり、その大半は羨道部から出土している。玄室内の遺物は、ほとんどが西壁寄りからの出土である。西壁寄りの中央部には組合式箱形石棺があるが、須恵器のうち1点は石棺内から、残る1点も石棺のすぐ脇から出土している。また、石棺の開口部寄りからは、小刀や刀子、鐔、耳環等が出土している。鉄鏃は玄室内のほぼ全面から出土しているが、とくに奥壁際の西壁寄りと、石棺の奥壁寄りに集中箇所がみられる。

羨道部　羨道部からは、須恵器のほかに鉄製の鎹や釘が出土している。鎹や釘は玄門付近から出土しており、この付近で人骨片も出土していることから、釘を使用した木棺の存在が推定される。須恵器は、出土位置により、開口部側からA群、B群、C群の3グループにわけることができる。A群は開口部側の立柱石から1.0m離れた西壁寄りを中心としたグループで、7点以上の須恵器が出土している。3群中ではもっとも遺物量は少ない。B群は、羨道部のほぼ中央東壁寄りのグループである。25点以上の須恵器が出土し、3群中でもっとも多くの個体が確認できる。C群は東側玄門付近のグループである。この群の反対側に木棺が存在したものと考えられる。C群では、20点以上の須恵器が出土している。

埋葬回数　以上が金山1号墳の遺物出土状態である。遺物は出土位置から羨道部が開口部側西壁寄り、中央部東壁寄り、玄門付近東壁寄りの3グループ、玄室内が西壁奥壁側、石棺周辺の2グループにわけることができる。この5グループが埋葬回数に直ちに結びつくとは言えないが、石室内には石棺と木棺が各1基あることも勘案すると、少なくとも2回以上の埋葬が行われたことは確実である。

なお、墓道付近からも遺物が出土しており、前庭部では大甕を含む須恵器の甕類が出土している。これらの甕類は、墓前祭祀に伴うものと考えられよう。

（菊池吉修）

第3節　出土遺物

1　概　要

金山1号墳の羨道部からは数多くの須恵器が出土している。また、玄室内からは、須恵器以外の副葬品も少なからず出土している。調査から長い年月が経過し、詳細な出土地点を示すラベルなどの情報が失われた遺物も少なくないが、以下、出土地点ごとに出土遺物の内訳を示す。

［玄　室］　武　器　鉄刀2（鐔1）
　　　　　　　　　　鉄鏃29以上
　　　　　　　　　　両頭金具6
　　　　　　馬　具　鑣1
　　　　　　農工具　鍬・鋤先1
　　　　　　　　　　刀子片6
　　　　　　土　器　須恵器2（平瓶2）
［羨道部］　鎹・釘　鎹1
　　　　　　　　　　釘1
　　　　　　土　器　須恵器52以上（A群：坏蓋4、坏身3、B群：坏蓋6、坏身5、高坏7、甑2、フラスコ形
　　　　　　　　　　　　　　　　　　　長頸瓶5、C群：坏蓋7、坏身4、高坏4、甑2、平瓶1、フラスコ形長頸
　　　　　　　　　　　　　　　　　　　瓶2）
［前庭部］　土　器　須恵器20以上（坏蓋2、坏身6、坏蓋または坏身2、高坏1、甑1、フラスコ形長頸瓶1、
　　　　　　　　　　　　　　　　　　甕7）
［その他］　土　器　須恵器4（坏身2、平瓶2）

2　武　器

　鉄　刀（第10図1・2、図版5-1）　2点が出土している。1は切先を欠損しており、残存長は33.3cmである。残存する部分の身幅は2.0～2.6cmと狭く、茎部長も7.4cmと短いことから、小刀と考えられる。身部の棟幅は0.6cm、茎部の棟幅は0.4cmである。茎部幅は1.0～2.3cmで、茎尻は丸みを帯びている。X線写真により、茎部には直径0.4cmほどの目釘孔が1ヶ所確認できる。関部に付着している鎺は、約1/2を欠損している。鎺の側面幅は1.0cmで、復原による長径は約3cm、短径は約2cmである。

　2は茎部の破片で、残存長は3.1cmである。茎尻は丸みを帯びており、残存部分の茎部幅は2.0cm、棟幅は0.5cmである。大きさからみて、通有の長さをもつ鉄刀の茎部片と考えられる。

　鐔（第10図3、図版5-1）　鉄製の無窓鐔1点が出土している。全体に倒卵形をなし、約1/4を欠損している。外径は、長径4.6cm、短径3.9cm（復原）で、内径は、長径2.6cm、短径1.8cm（復原）である。厚さは0.2～0.3cmで、内側がやや薄い。上記1の小刀に付属するものと考えられる。

　鉄　鏃（第11図1～38、第2表、図版5-2、6-1）　大半が玄室北半部の西壁際から出土している。ほとんどが破片で、鏃身部の数から少なくとも29本の存在が確認できる。なお、今回図示したのは部位の特徴を示す破片のみで、ほかに頸部や茎部の破片が多数存在する。

　1は、鏃身部が五角形をなす平根系の鉄鏃である。腸抉を有するが、その先端は両側とも欠損している。本古墳の出土遺物の中で確認できる平根系の鉄鏃は、この1点のみである。

　2・3は、鏃身部が三角形をなす尖根系の鉄鏃である。いずれも腸抉を有し、頸部以下を欠損している。5は、鏃身関部が撫関をなす両刃の尖根系鉄鏃である。2点の鏃身部が錆着した4も、これに類するものとみられる。6～9は、鏃身関部をもたない尖根系の鉄鏃で、いわゆる鑿箭式である。

　10～26は、鏃身部が片刃形をなす尖根系の鉄鏃である。本古墳ではこの形態がもっとも多く出土しており、さらに3つのタイプにわけることができる。10～13は、鏃身関部が角関をなし、3.5cm前後の比

較的長い鏃身部をもつ。これに対し、13〜18は、鏃身関部が角関または撫関をなし、鏃身部長は2cm程度と短い。また、19〜25は、鏃身関部をもたないタイプで、鏃身部の先端が直線的なものも認められる。なお、以上の中で茎関が認められるもの（17〜19）は、いずれも棘状関である。

27〜38は頸部以下の破片で、すべて棘状関を有する。破片によって頸部の幅に違いがあるものの、それが上記の鏃身部形態とどのような対応関係にあるのかは判然としない。

以上の鉄鏃の多くは取り上げ時の番号が失われており、それらが本来どのような鏃束として副葬されていたのかを復原することは難しい。唯一、西壁際のもっとも南側で出土した一群の鉄鏃は、壁に沿うように方向が揃っており、本来の鏃束の単位を示している可能性が高い。その中で鏃身部形態がわかるものを抽出すると、いずれも片刃形の鉄鏃である。ただし、角関をもつタイプと鏃身関部をもたないタイプの両者が認められ、特定のタイプに限定されてはいない。

両頭金具（第12図1〜6、第3表、図版6-2）　6点が出土している。いずれも鉄製で、1・3・4・6は筒金部に弓の木質が遺存している。完形に近い状態である1と6について観察すると、長さは3.0cm前後で、筒金径は0.5〜0.6cmである。欠損部分の観察によると、芯棒径は0.3〜0.4cm、筒金部の厚さは0.1cmである。残存状態からみて、花弁数は4〜6枚と考えられるが、1は左右で花弁の数が異なる。

3　馬　具

轡（第12図7、図版6-3）　鉄製の環状鏡板付轡1点が出土している。部分的な欠損が認められ、全体に割れや膨らみが著しい。楕円形をなす左右の鏡板は、長径約9cm、短径7〜8cmである。左側にのみ残る矩形の立聞は、幅3.7cm、高さ2.3cmで、両隅を斜めに成形している。銜は二連で、左側は銜先環の一部を欠損している。右側の長さは10.3cmで、復原による銜全体の長さはおよそ18.5cmである。引手は、左右ともに端部を欠損している。わずかな残存部分から、引手壺を外方に折り曲げたくの字引手とみることができ、長さは16.5cm前後と推定される。

4　農工具

鍬・鋤先（第13図1、図版7-1）　鉄製の鍬・鋤先1点が出土している。大きく3つの破片にわかれていて互いに接合しないが、同一の個体と考えられる。全体にU字形を呈し、刃先部はやや緩やかな曲線をなしている。刃先部の幅は13.5cm程度とみられ、耳部の幅もほぼ変わりがないものと推定される。耳部は片側のみが残存しており、その先端は丸みを帯びている。耳部

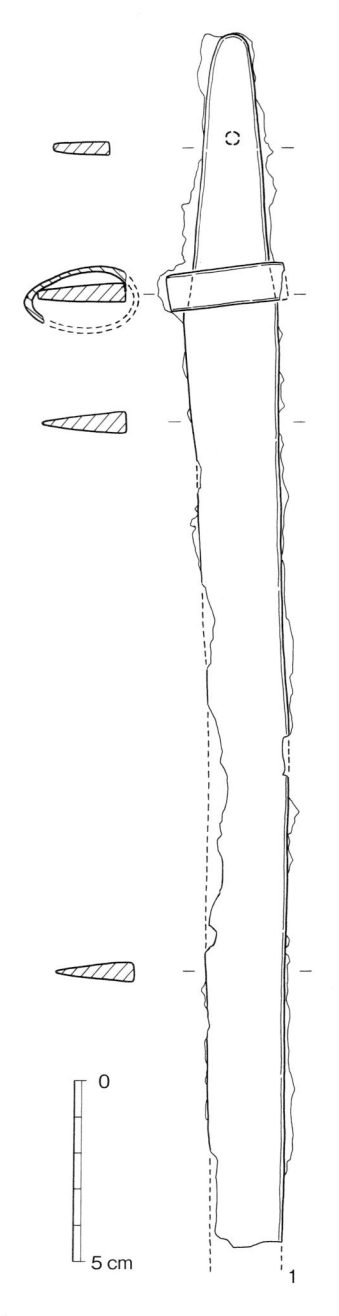

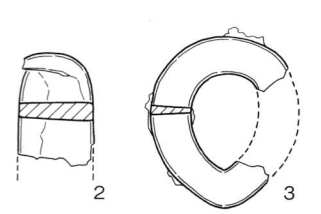

第10図　金山1号墳　鉄刀・刀装具　(1/2)

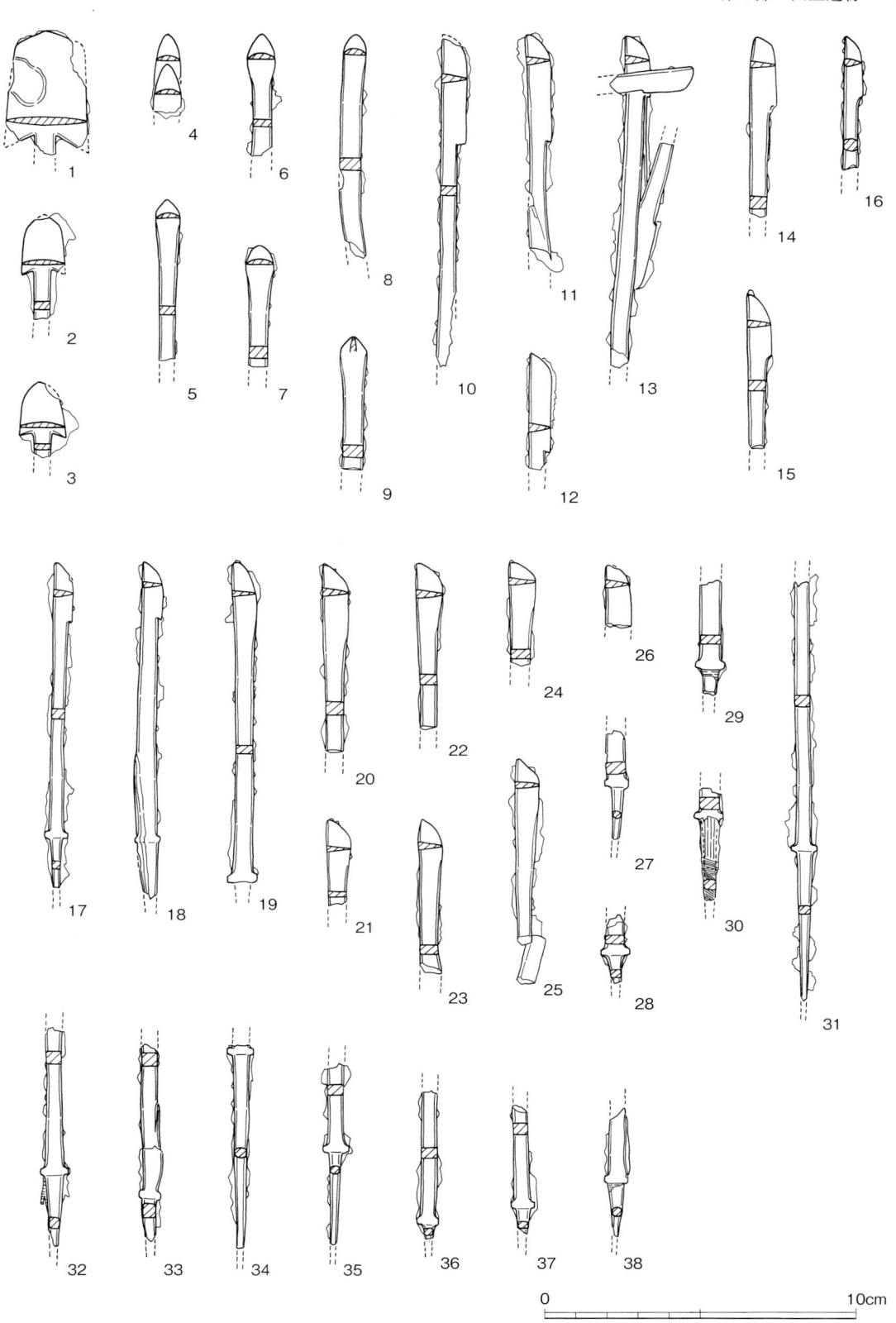

第3節 出土遺物 23

第11図 金山1号墳 鉄鏃 (1/2)

第II章　金山1号墳の調査

第2表　金山1号墳出土鉄鏃観察表
(単位cm)

図	番号	鏃身形態	鏃身関形態	鏃身断面	茎関形態	残存長	鏃身長	鏃身幅	旧番号	備考
11	1	五角形	腸抉	平造	−	4.10	(4.00)	(2.70)	注記なし	
11	2	三角形	腸抉	片丸造	−	3.40	(2.00)	1.40	注記なし	
11	3	三角形	腸抉	片丸造	−	2.50	1.80	1.50	注記なし	
11	4-1	三角形	−	片丸造	−			0.85	10.9.14	鏃身2点
11	4-2	三角形	−	片丸造	−			0.90	10.9.14	
11	5	三角形	撫関	片丸造	−	4.00		0.95	10.12 玄鉄器 I	
11	6	鑿箭	無関	片丸造	−	4.00		0.90	10.10.36	
11	7	鑿箭	無関	片丸造	−	5.40		0.80	10.9.20	
11	8	鑿箭	無関	片丸造	−	7.30		0.75	10.12 玄鉄器 I	
11	9	鑿箭	無関	片丸造	−	4.40		0.85	10.12 玄鉄器 I	端刃か
11	10	片刃	角関	平造	−	10.90	(3.60)	0.80	注記なし	
11	11	片刃	角関	平造	−	7.80	3.50	0.80	10.11.50	
11	12	片刃	逆刺	平造	−	3.90	3.30	0.75	注記なし	
11	13-1	片刃	角関	平造	−	11.00	2.00	0.80	注記なし	鏃身3点
11	13-2	片刃	角関	平造	−	3.30	2.00	0.80	注記なし	
11	13-3	片刃	角関	平造	−	5.10	2.60	0.90	注記なし	
11	14	片刃	角関か	平造	−	5.90	(2.20)	0.85	10.9.8	
11	15	片刃	撫関	平造	−	5.10	2.10	0.75	10.9.10	
11	16	片刃	撫関	平造	−	4.40	1.90	0.65	10.12 玄鉄器 I	
11	17	片刃	角関	平造	−	10.80	2.00	0.65	注記なし	
11	18	片刃	角関	平造	棘状関	11.00	1.90	0.70	注記なし	
11	19	片刃	無関	平造	棘状関	10.70		0.80	10.9.22	
11	20	片刃	無関	平造	−	6.20		0.85	10.9	
11	21	片刃	無関	平造	−	2.90		0.80	10.12 玄鉄器 I	
11	22	片刃	無関	平造	−	5.50		0.85	10.10.32	
11	23	片刃	無関	平造	−	5.10		0.80	10.10.37	
11	24	片刃	無関	平造	−	3.40		0.85	10.11.52	端刃か
11	25	片刃	無関	平造	−	6.20		0.80	10.11.52	
11	26	片刃	無関	平造	−	2.10		0.85	10.12 玄鉄器 I	
11	27	−	−	−	棘状関	3.60	−	−	10.10.25	
11	28	−	−	−	棘状関	2.00	−	−	注記なし	
11	29	−	−	−	棘状関	3.80	−	−	10.9.15	
11	30	−	−	−	棘状関	3.70	−	−	注記なし	
11	31	−	−	−	棘状関	13.90	−	−	注記なし	
11	32	−	−	−	棘状関	7.20	−	−	10.9.1	
11	33	−	−	−	棘状関	6.40	−	−	10.11.54	
11	34	−	−	−	棘状関	6.70	−	−	10.11.55	
11	35	−	−	−	棘状関	6.00	−	−	10.11.40	
11	36	−	−	−	棘状関	4.80	−	−	注記なし	
11	37	−	−	−	棘状関	4.20	−	−	10.9.16	
11	38	−	−	−	棘状関	4.30	−	−	10.11.54	

第3表　金山1号墳出土両頭金具観察表
(単位cm)

図	番号	全長	筒金径	花弁数	旧番号	備考
12	1	3.00	0.50～0.55	4・5		木質遺存、左右の花弁数異なる
12	2	(2.00)	[0.50]	欠		芯棒径0.3cm
12	3	(2.50)	0.50	6		木質遺存
12	4	3.30	0.60	欠	10.11　39	芯棒径0.4cm
12	5	3.20	0.50	4？	10-12　玄鉄器 I	筒金が動いて頭部を覆っている
12	6	2.70	0.50	欠	10-12　玄鉄器 I	木質遺存

※計測値の（　）は残存値、[　]は推定値

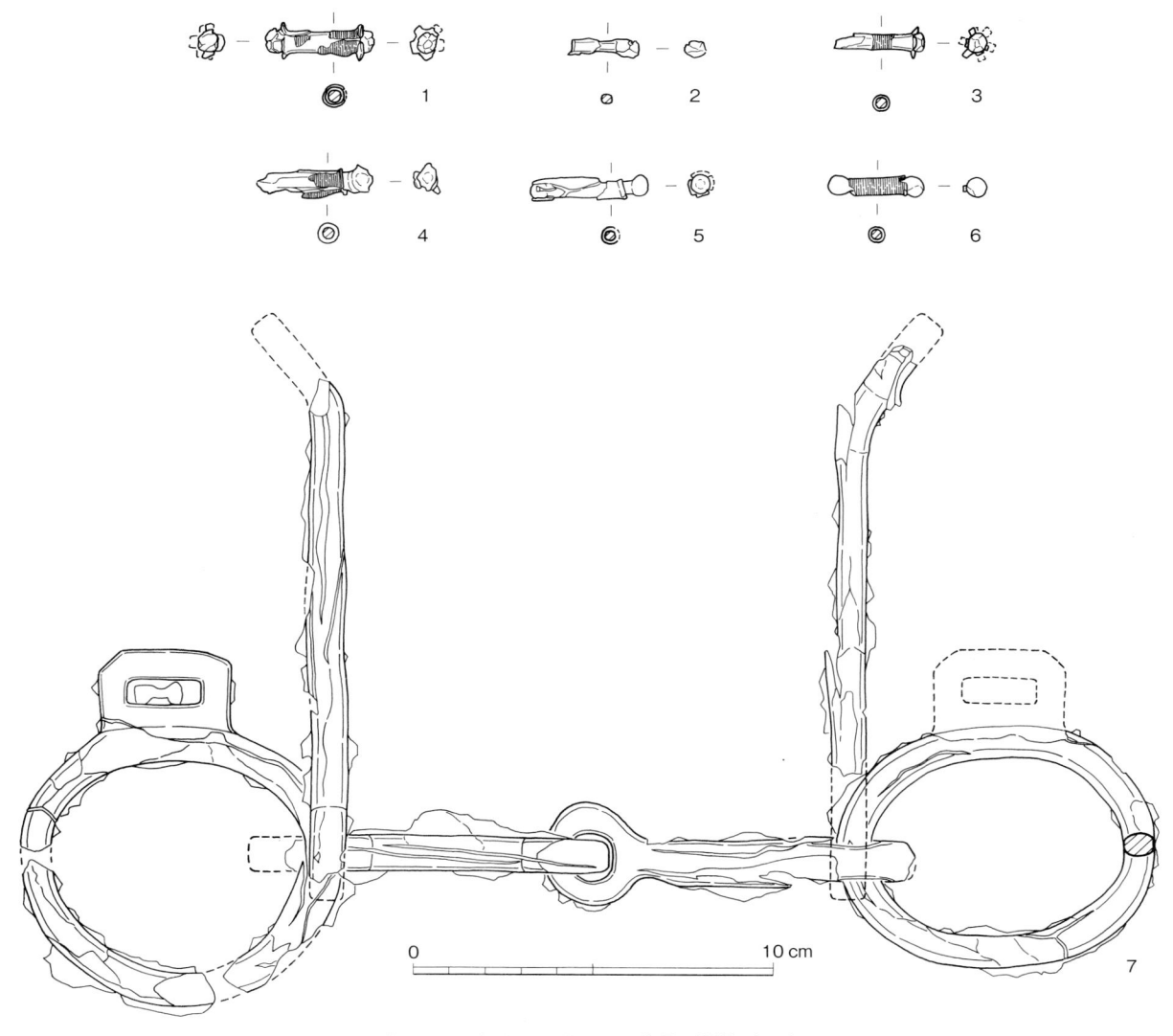

第12図　金山1号墳　両頭金具・馬具　(1/2)

の位置を刃先部の形状にあわせて復原すると、全体の高さは12cm程度となる。内縁部には、木製の鍬・鋤身を受けるためのV字形の溝が認められる。この溝の立ち上がりは両側で長さが異なっており、長い側を基準にした溝の深さは、1.1cmである。

　刀　子（第13図2～7、図版7-2）　破片6点が出土している。切先もしくはそれに近い部分の破片（2～5）から、少なくとも4個体の存在が確認できる。大きさには大小があり、明らかに大ぶりなもの（2・6）と小ぶりなもの（4）のほかに、その中間的なもの（3・5・7）も認められる。また、関部についてみると、両関をもつもの（4・6）と片関（撫関）をもつもの（7）の二者が認められる。

5　鐙・釘

　鐙（第13図8、図版7-2）　羨道部の玄門寄りから、鉄製の鐙とみられる破片1点が出土している。片側の屈曲部のみが残り、全体の残存長は3.9cmである。表面の剝落部分が多く明瞭ではないが、断面の形状は円形とみられる。屈曲部の周辺には木質の付着が認められ、その木目方向は横棒部分に直交する方向である。

26　第Ⅱ章　金山1号墳の調査

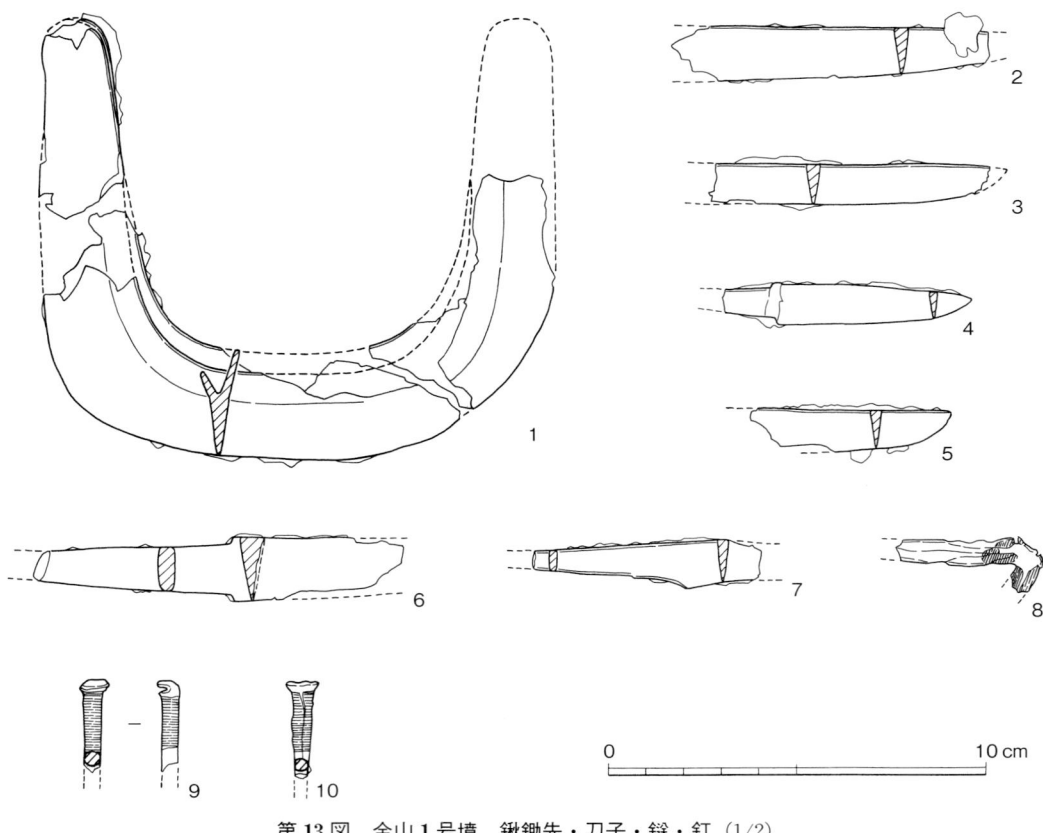

第13図　金山1号墳　鍬鋤先・刀子・鎹・釘（1/2）

釘（第13図9・10、図版7-2）　羨道部の玄門寄りから、鉄製の釘2点が出土している。いずれも残存長は2.6cmで、先端を欠損しているが、10は明らかに先細りとなっている。頭部についてみると、9は端部を薄くしたうえで片側に折り曲げた形状が認められる。部分的に残る10の頭部も同様であったと推定される。縦棒部分の断面はいずれも円形で、全体に木質の付着が認められる。その木目方向は、縦棒部分に直交する方向である。

　以上の鎹1点と釘2点は、いずれも羨道部の玄門寄りから出土しており、またその周囲では多数の須恵器が集中的に出土している。この付近では、人骨片もわずかに出土していることから、羨道部北西側には鎹と釘を併用した木棺が存在したものと推定される。

6　土　器

須恵器・A群（第14図1～7、第4表、図版8）　羨道部A群からは7点の須恵器が出土している。その内訳は、坏蓋4点、坏身3点である。

　1～4は坏蓋である。この4点はすべて外面に沈線が1条めぐらされ、天井部外面は無調整である。また、2・4は天井部外面に「×」のヘラ記号が施される。1・3はともに天井部内面に指オサエ痕が残る。

　5～7は坏身である。3点はともに底部外面無調整で、5・7は底部外面に「×」のヘラ記号が施される。5は底部内面に静止ナデを施し、7は底部内面に指オサエ痕が残る。

須恵器・B群（第14図8～27、第15図1～3、第16図1～2、第4表、図版8～11）　羨道部B群からは25点以上の須恵器が出土している。個体が確認できるものの内訳は、坏蓋6点、坏身5点、高坏7点、甕2点、

第3節 出土遺物　27

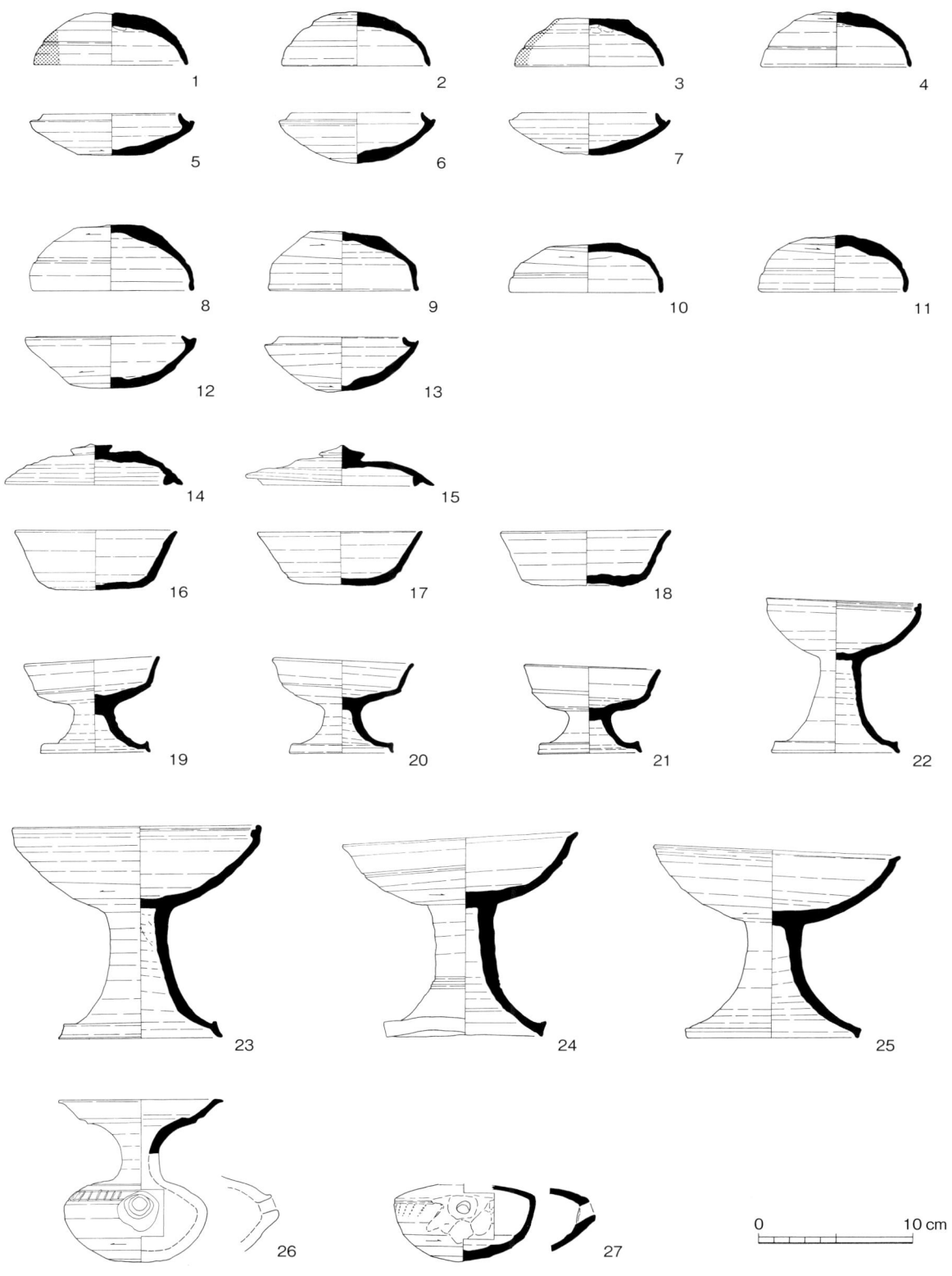

第14図　金山1号墳　須恵器（1）：A群・B群（1/4）

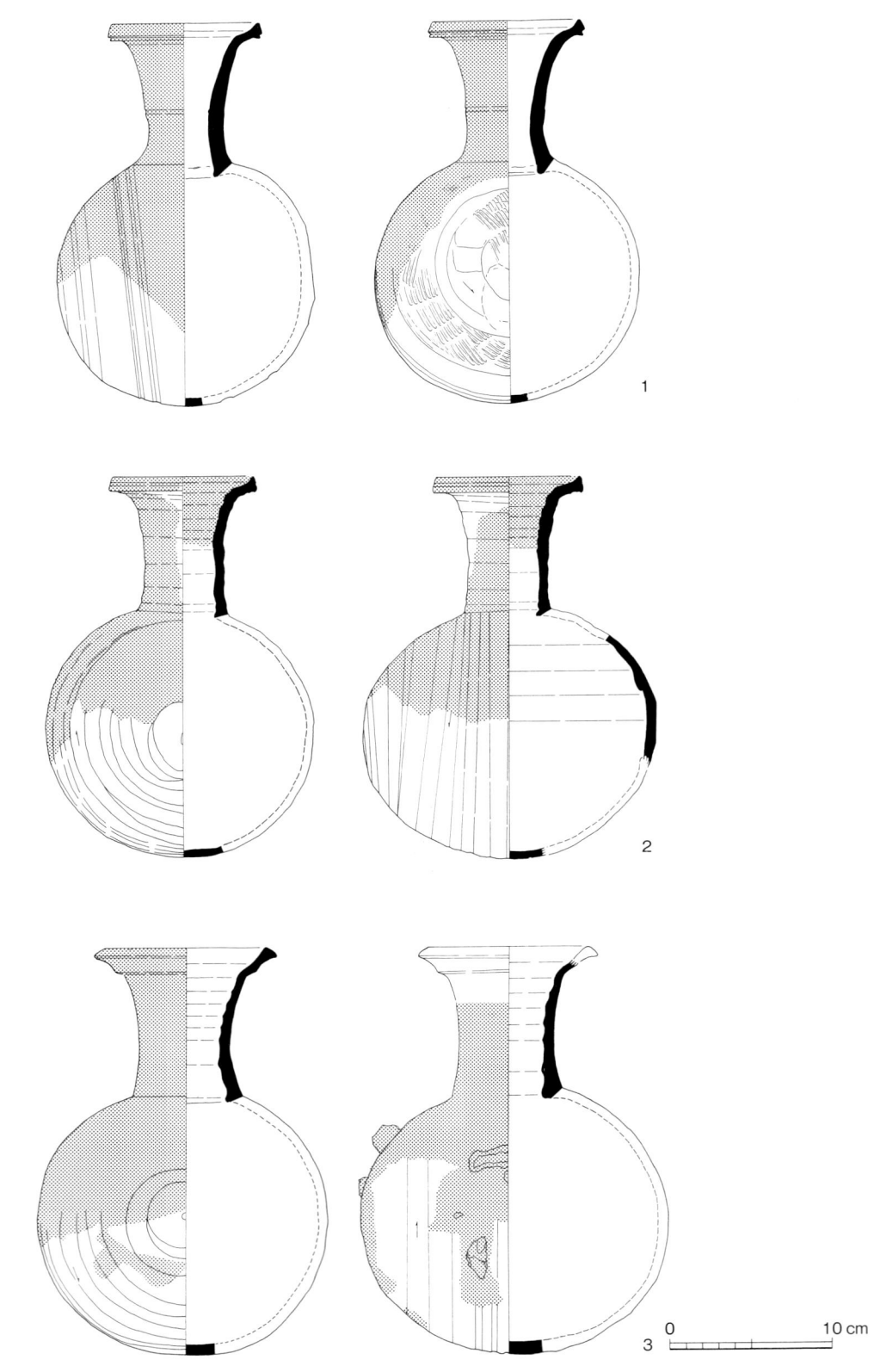

28　第Ⅱ章　金山1号墳の調査

第15図　金山1号墳　須恵器（2）：B群（1/4）

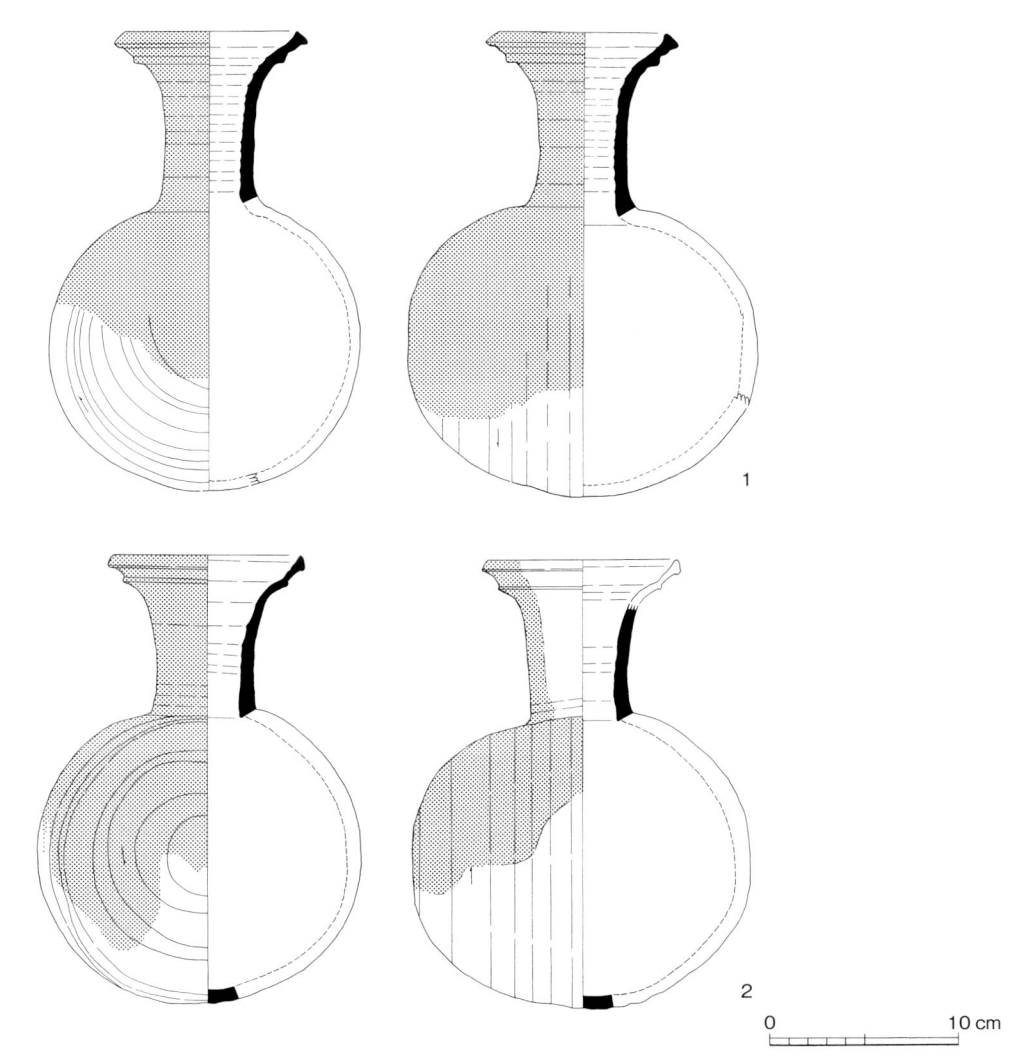

第16図　金山1号墳　須恵器（3）：B群（1/4）

フラスコ形長頸瓶5点である。

　第14図8～11は坏蓋である。8～11はすべて天井部までケズリが施される。8・9・10は天井部外面に平坦面をもつ。また、9・10・11は天井部外面に「／」のヘラ記号が施される。9・10は天井部内面に静止ナデが施される。8・10・11は外面に1条の沈線がめぐる。

　第14図12・13は坏身である。12は底部内面に静止ナデが、底部外面に「／」のヘラ記号が施される。13は底部外面に平坦面をもつ。

　第14図14・15は宝珠つまみ付坏蓋である。14は天井部内面に指オサエの後静止ナデが施される。14・15とも一部に自然釉がかかる。

　第14図16～18は坏身である。3点とも底部内面に渦巻状のナデが施される。17の底部内面には指オサエが、18の底部内面には静止ナデが施される。

　第14図19～21は小型の高坏であり、これらは法量・形態ともに共通する属性を多くもつ。19の坏部内面には静止ナデが施される。20の坏部内面には指オサエが施される。21の坏部内面には指オサエの後静止ナデが施される。

　第14図22～25は高坏である。22・23は法量に差があるが、形態は類似する。ともに坏部が半球形で、

口縁部内面に2つの稜をもち、口縁部外面がわずかにくぼむ。24は口縁部が大きく外反し、口縁部内面に面が作られる。また、坏部外面に沈線が1条、脚部に平行する2条の沈線が施される。25は口縁部の外反が24より弱く、口縁部内面に面が作られる。口縁部外面はわずかに凹む。

第14図26・27は𤭯である。26は、体部上半外面に約8mm間隔で横方向に並行する3条の沈線が施され、下2本の間に3～7mm間隔の縦方向の沈線が充填される。注口部には粘土を貼り付けてナデを行い、先端にはわずかな面が作られる。27は体部のみで口頸部は欠損している。体部外面には1～9mmの間隔でハケ工具によるキザミが施され、その後注口部が作られる。注口部には26と同様、粘土を貼り付けてナデを行い、先端にわずかな面が作られる。

第15図1～3および第16図1～2はフラスコ形長頸瓶である。第15図1は体部が球形で、大きく外反した口縁部の端面下端には1条の沈線が施される。また、頸部には1条の沈線が施され、体部側面には5～7mmほどの沈線が施される。第15図2は体部が扁球形で、口縁部端面の下面に1条の沈線が施される。また、体部側面には2mmほどの幅の沈線が施される。第15図3・第16図1・第16図2は扁球形で、口縁部端面下部が突出する。第15図3の体部側面には5mmほどの幅の沈線が施される。口頸部及び体部上面全体に、暗緑色・白色・青色の釉が厚くかかり、体部に窯体が付着している。第16図2は体部側面に2mmほどの幅の沈線が施される。

須恵器・C群（第17図1～20、第4表、図版12～14）　羨道部C群からは20点以上の須恵器が出土している。個体が確認できるものの内訳は、坏蓋7点、坏身4点、高坏4点、𤭯2点、平瓶1点、フラスコ形長頸瓶2点である。

1～5は坏蓋である。1は外面に沈線が1条めぐらされる。天井部外面までケズリが施される。天井部内面には指オサエ痕が残り、天井部外面には平坦面をもつ。2は外面に沈線が1条めぐらされる。天井部外面は無調整であり、「／」のヘラ記号が施される。3は外面に沈線が1条めぐらされる。天井部外面はナデ調整であり、「／」のヘラ記号が施される。4は外面に沈線が1条めぐらされる。天井部外面は無調整である。5は外面口縁部端に強いナデが施され、稜が作られる。口縁部は内湾する。天井部は無調整である。

6～8は坏身である。6は底部外面までケズリが施される。受け部端が外反する。底部内面指オサエの後静止ナデを施す。7は底部外面までケズリが施される。底部には平坦面が作られ、「／」のヘラ記号が施される。受け部端は丸く収められる。底部内面指オサエが施される。8は底部が無調整であり、受け部端に1条の沈線が施される。

9・10は宝珠つまみ付坏蓋である。9は天井部内面に指オサエが施される。9・10ともに胎土に直径1～3mm程の白色粒を含む。

11は坏身である。底部内面に静止ナデが施される。胎土に直径1～3mm程の白色粒を含む。

12・13は小型の高坏であり、これらは法量・形態ともに共通する属性を多くもつ。ともに坏部内面に静止ナデが施される。13は接合部外面に小動物の爪痕が観察される。

14・15は高坏である。14は坏部が半球形を呈し、内面口縁部直下及び坏部外面に強い沈線がそれぞれ1条施される。15は、口縁部が大きく外反し、口縁部内面に面が作られる。また、坏部外面には強い沈線が1条、脚部外面には沈線が約1.5周らせん状に施され、脚部内面には縦方向の沈線が1条施される。

16・17は𤭯である。16は、注口部は丁寧にナデつけられている。注口部先端は磨滅している。17は口頸部外面に1条の沈線が施される。体部上半外面には約2mm間隔で横方向に並行する4本の沈線が施さ

第3節 出土遺物 31

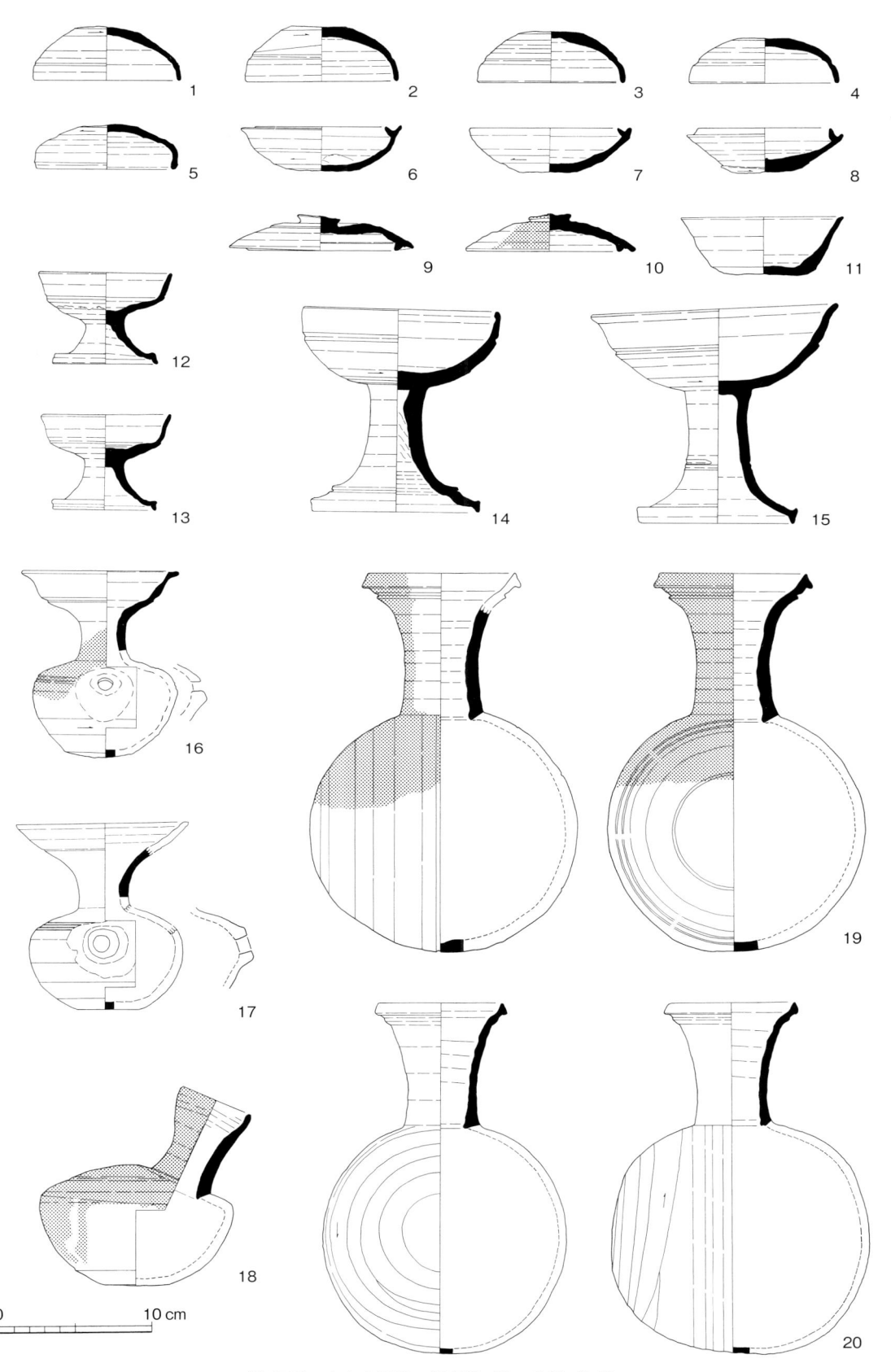

第17図 金山1号墳 須恵器（4）：C群（1/4）

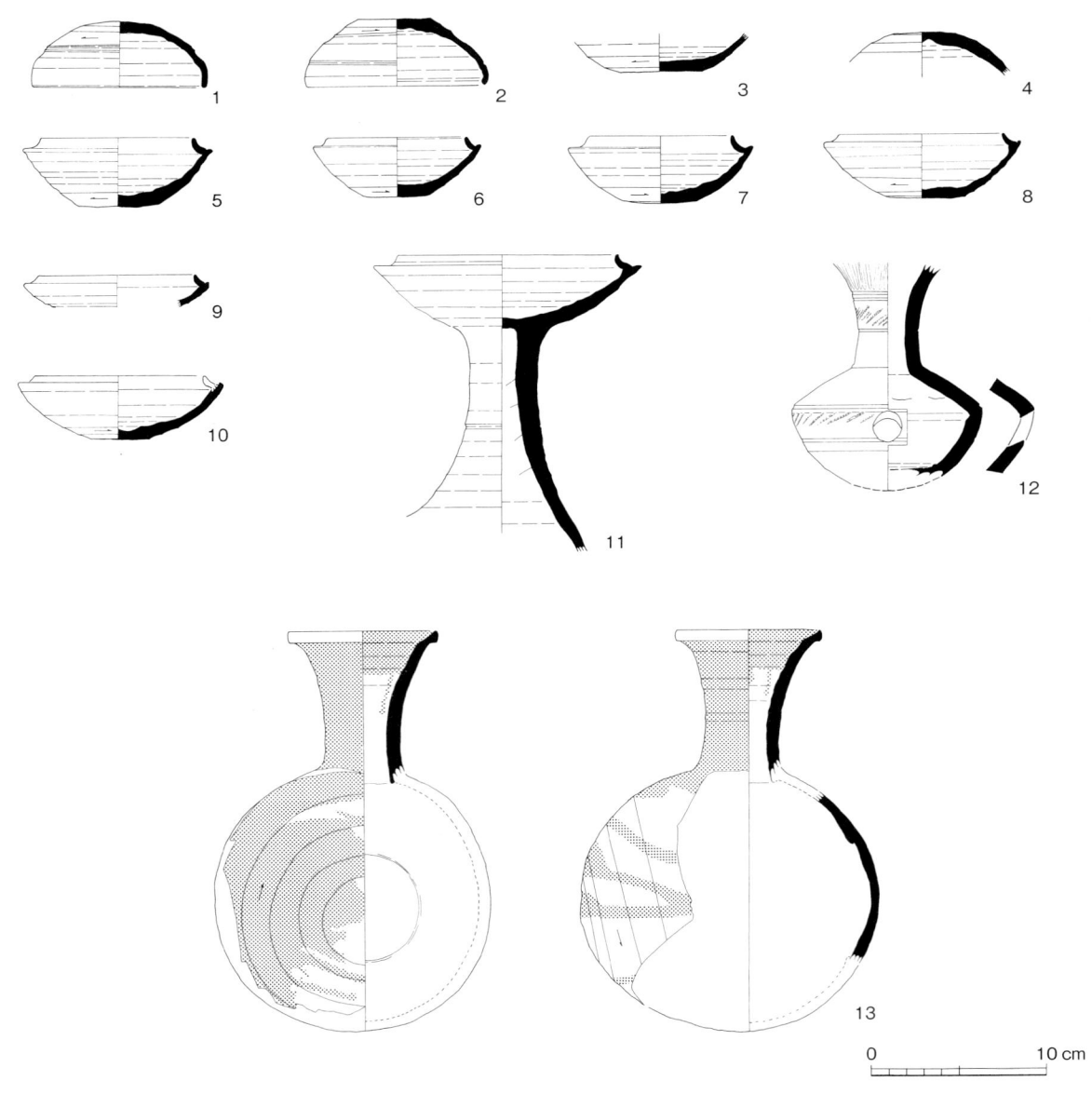

第18図　金山1号墳　須恵器（5）：前庭部（1/4）

れる。注口部には粘土が貼り付けられ、先端にはケズリによる面が作られる。

　18は平瓶である。口頸部は内湾する。口頸部及び体部上面全体に厚く釉がかかる。

　19・20はフラスコ形長頸瓶である。ともに体部は扁球形で、口縁部端面下部が突出するが、突出は19の方が顕著である。19は体部側面に3mmほどの幅の沈線が施される。また、体部外面中心部には1条の沈線がめぐらされる。20は体部側面に1.5〜2.0cmほどの間隔で横方向に並行する4本の直線によるヘラ記号が施される。

　須恵器・前庭部（第18図1〜13、第19図1〜7、第20図1・2、第4表、図版14〜17）　前庭部からは21点以上の須恵器が出土している。個体が確認できるものの内訳は坏蓋2点、坏身6点、坏の身か蓋か不明なもの2点、高坏1点、甑1点、フラスコ形長頸瓶1点、甕8点である。

　第18図1・2は坏蓋である。1は口縁部が内湾し、外面に平行する2条の沈線が施される。2は口縁部が内湾し、外面に1条の沈線が施される。外面は天井部にまでヘラケズリが施され、天井部には平坦面が

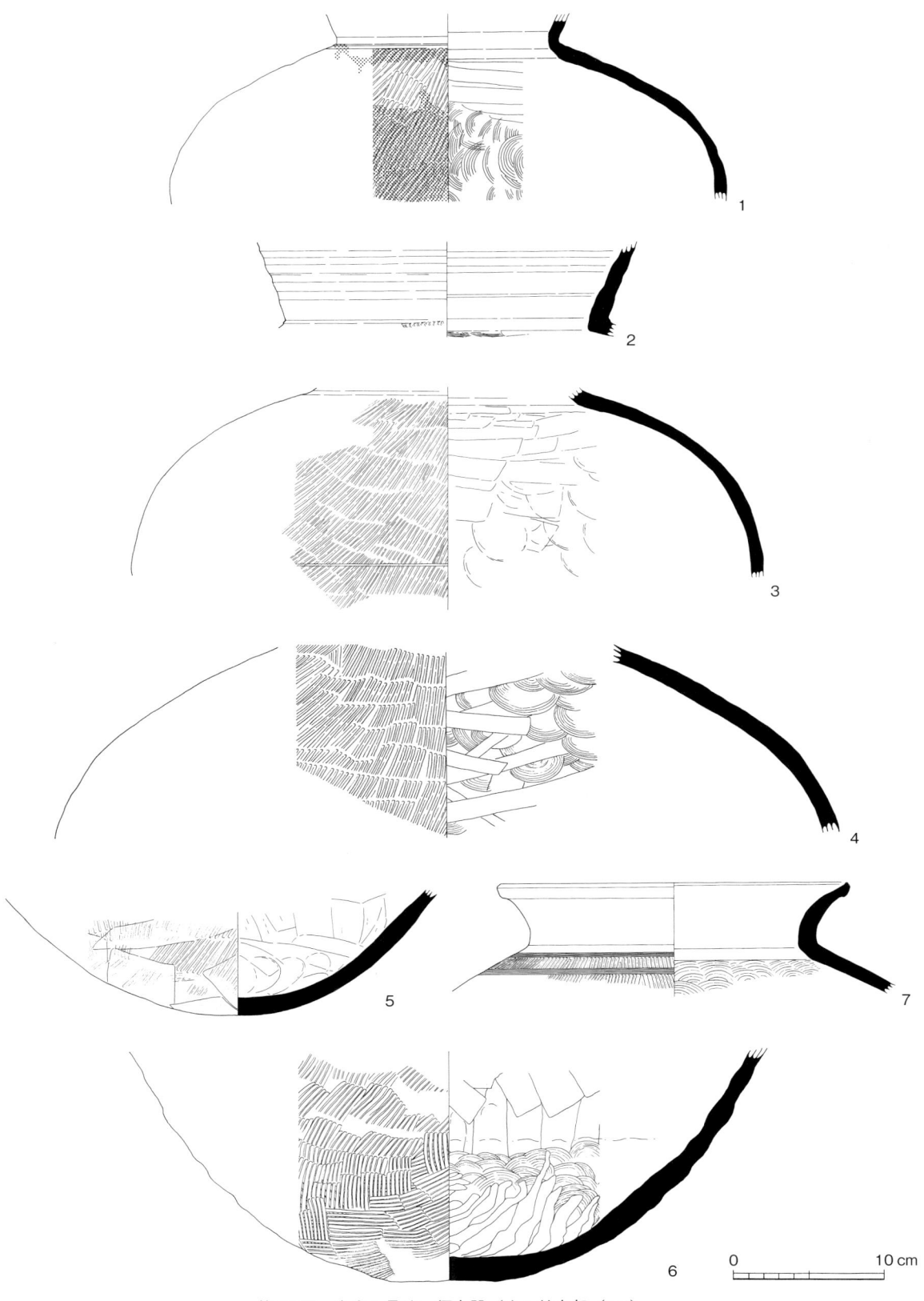

第19図　金山1号墳　須恵器（6）：前庭部（1/4）

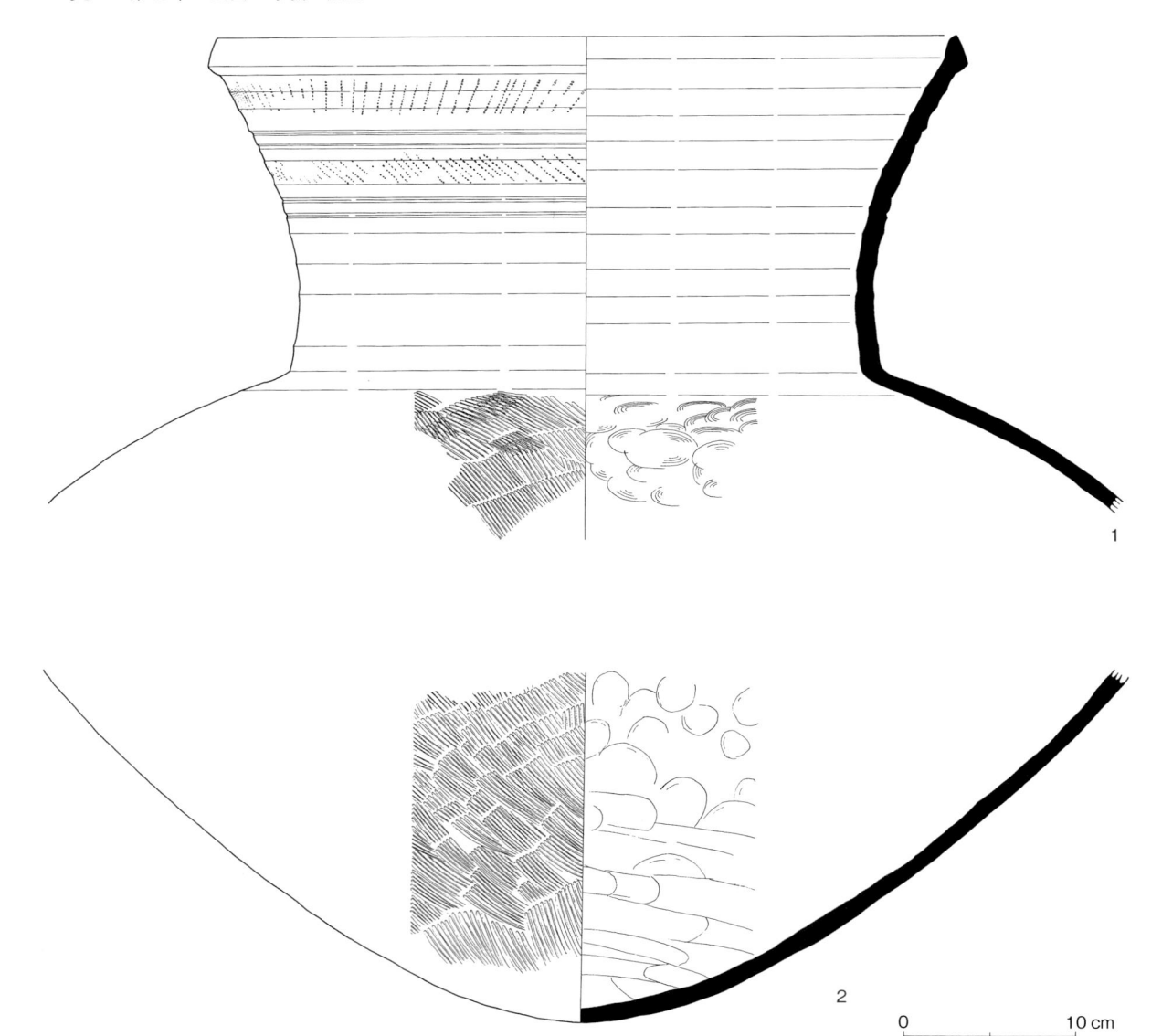

第20図　金山1号墳　須恵器（7）：前庭部　(1/4)

作られる。

　第18図3・4は坏の天井部あるいは底部の破片である。3は天井部あるいは底部外面にまでヘラケズリが施される。天井部あるいは底部外面には平坦面が作られ、「//」のヘラ記号が施される。

　第18図5〜10は坏身である。口縁部のみの破片9以外はすべて天井部外面にまでヘラケズリが施され、平坦面が作られる。10はたちあがり部が欠損しており、天井部外面に「//」のヘラ記号が施される。

　第18図11は高坏である。底部は焼け歪みが激しい。坏部底部内面に静止ナデが施される。脚部外面には沈線が1条施される。

　第18図12は𤭯である。頸部上方には並行する2条の沈線が、その下方には1条の沈線が施され、その間に1〜2mm間隔のキザミが充塡される。また、体部には並行する2本の沈線が施され、その間に2〜3mm間隔のキザミが充塡される。口頸部上方には2〜3mm間隔で縦方向に弱い沈線が施される。

　第18図13はフラスコ形長頸瓶である。体部は扁球形で口縁部端面下部は突出しない。

　第19図1〜7および第20図1〜2は甕である。第19図1・3は頸部から肩部にかけての破片である。第

19 図 2 は甕の口頸部から肩部にかけての破片である。第 19 図 4 は肩部の破片である。第 19 図 5・6 は底部の破片である。第 19 図 7 は口縁部から頸部にかけての破片である。外面タタキ、内面当て具痕が明瞭に観察されるが、焼成が甘く、橙褐色を呈する。第 20 図 1 は口縁部、第 20 図 2 は底部の破片であり、同一個体であると考えられる。第 20 図 1 は口縁部外面の上下に 2 条 1 組の沈線が施され、その間と上方に傾きを異にする斜め方向のキザミが施される。

須恵器・その他（第 21 図 1～5、第 4 表、図版 17） 上記のもののほかに、玄室内に設置された石棺の西側から出土した平瓶 1 点、石棺内から出土した平瓶 1 点があり、また、出土位置不明の平瓶 1 点、「羨黒土層」と注記された坏身 2 点がある。

1～3 は平瓶である。1 の口頸部はほぼ直立する。口縁部はわずかに内湾する。肩部には 1 条の沈線が施される。底部外面に「/」のヘラ記号が施される。2 の口縁部は大きく外反する。肩部には 1 条の沈線が施される。3 の口頸部はほぼ直立し、口縁部は僅かに内湾する。口頸部外面には 1 条の沈線が、肩部には 2 条の沈線が施される。

4・5 は坏身である。4 は底部外面にまでケズリが行われ、「//」のヘラ記号が施される。5 は底部外面無調整である。

小　結　以上のように、金山 1 号墳から出土した須恵器は、出土位置により A 群、B 群、C 群、前庭部、その他に分けることができる。そのうち、A 群には「×」のヘラ記号をもつ蓋坏が 4 点、B 群には「/」のヘラ記号をもつ蓋坏が 4 点、C 群には「/」のヘラ記号をもつ蓋坏が 4 点、前庭部のものには「//」のヘラ記号をもつ蓋坏が 2 点含まれており、注目される。とくに A 群については、7 点の蓋坏のうち 4 点が焼成前に施されたとみられるヘラ記号を共有しており、その一括性の高さがうかがえるとともに、生産の単位が副葬時点まで保たれるような状況の存在が推定される。

また、A 群、B 群、C 群のものに比べて、前庭部のものは残存率が低い。これは前庭部の須恵器が小片となったものが多いことに起因していると考えられる。そこには意図的に須恵器が破砕された状況が看取され、前庭部では須恵器の破砕を伴う儀礼が行われたものと考えられる。

（滝沢　誠・村田　淳・前田　健）

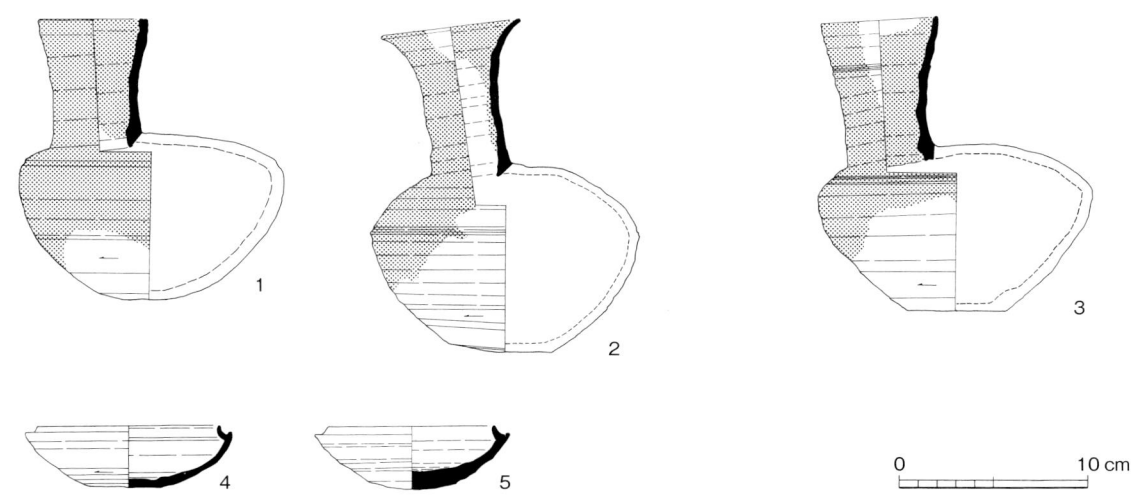

第 21 図　金山 1 号墳　須恵器（8）：玄室内・その他　(1/4)

第4表　金山1号墳出土須恵器観察表　　（単位cm・%）

図	番号	器種	器径	器高	その他の法量	残存率	外面調整	内面調整	色調	胎土	焼成	自然釉	旧番号	備考
14	1	坏蓋	10.0	3.5		100	ナデ ケズリ	ナデ	灰黒	φ1mm程の白色・黒色粒を含む	良	口縁部外面 10%	KA-1	天井部内面指オサエ
14	2	坏蓋	9.6	3.6		100	ナデ ケズリ	ナデ	灰黒	φ1mm程の白色粒を含む	良		KA-2	天井部外面ヘラ記号×
14	3	坏蓋	9.9	3.2		100	ナデ ケズリ	ナデ	灰褐	φ1mm程の白色粒を含む	良	外面10%	KA-3	天井部内面指オサエ
14	4	坏蓋	9.7	3.7		80	ナデ ケズリ	ナデ	灰褐	φ1～2mm程の白色礫を含む	良		KA-5 K葉黒土層	天井部外面ヘラ記号×
14	5	坏身	10.8	2.8		ほぼ完形	ナデ ケズリ	ナデ	灰褐	φ1mm程の白色粒を含む	良		KA-8	底部内面静止ナデ 底部外面ヘラ記号×
14	6	坏身	10.2	3.4	口径 8.6	100	ナデ	ナデ	灰黒	φ1～2mm程の白色粒を含む	良	外面15%	KA-2	
14	7	坏身	10.5	2.8	口径 8.7	100	ナデ ケズリ	ナデ	灰白	φ1mm程の白色粒・発泡黒色粒を含む	良	外面端部20%	KA-7	底部内面指オサエ 底部外面ヘラ記号×
14	8	坏蓋	10.5	4.4		ほぼ完形	ナデ ケズリ	ナデ	黒褐	φ1mm以下の白色粒を含む	甘		KB-1	
14	9	坏蓋	9.5	4.0		100	ナデ ケズリ	ナデ	青灰	φ1mm以下の白色粒を含む	良		KB-8	天井部内面静止ナデ 天井部外面ヘラ記号／
14	10	坏蓋	10.3	3.3		100	ナデ ケズリ	ナデ	明灰	φ1mm程の白色粒を含む	良		KB-10	天井部内面静止ナデ 天井部外面ヘラ記号／
14	11	坏蓋	9.5	3.7		90	ナデ ケズリ	ナデ	灰黒	φ1mm程の白色粒・発泡黒粒を含む	良		KB-13	天井部外面ヘラ記号／
14	12	坏身	10.8	3.2	口径 9.1	100	ナデ ケズリ	ナデ	灰白	φ1mm程の白色粒を含む	良		KB-5	天井部内面静止ナデ 天井部外面ヘラ記号／
14	13	坏身	9.9	3.5	口径 7.9	ほぼ完形	ナデ ケズリ	ナデ	暗灰	φ1mm以下の白色粒を含む	良		KB-	
14	14	坏蓋	11.6	2.8	口径 9.0 つまみ径 2.7	100	ナデ ケズリ	ナデ	灰白	φ1mm程の白色粒・発泡黒色粒を含む	良	外面20%	KB-18	天井部内面指オサエ→静止ナデ
14	15	坏蓋	12.3	2.7	口径 9.9 つまみ径 3.0	100	ナデ	ナデ	灰白	φ1mm程の白色粒・発泡黒色粒を含む	良	外面60% 自然釉	KB-25	
14	16	坏身	10.1	5.0	底径 7.2	100	ナデ	ナデ	灰褐	φ1～2mm程の白色粒を含む	良		KB-6	底部内面指オサエ
14	17	坏身	10.7	3.6		ほぼ完形	ナデ	ナデ	灰白	φ1mm程の黒色粒、φ1～3mm程の白色粒を含む	良		KB-14	底部内面指オサエ
14	18	坏身	11.1	3.5		100	ナデ ケズリ	ナデ	灰白	φ1mm程の黒色粒、φ1～3mm程の白色粒を含む	良		KB-26	
14	19	高坏	8.7	6.5	底径 7.2	100	ナデ	ナデ	青灰	φ1mm以下の白色粒を含む	良		KB-7	坏部内面静止ナデ
14	20	高坏	8.9	6.6	底径 6.7	100	ナデ	ナデ	灰白	φ1mm以下の白色粒を含む	良		KB-11	坏部内面指オサエ
14	21	高坏	8.9	5.8	底径 6.6	ほぼ完形	ナデ	ナデ	青灰	φ1mm以下の白色粒を含む	良		KB-24	坏部内面指オサエ→静止ナデ
14	22	高坏	10.1	10.5	底径 8.4	100	ナデ	ナデ	明灰	φ1mm以下の白色粒を含む	良		KB-27	
14	23	高坏	16.0	14.4	底径 10.4	坏部 75 脚部 100			明灰	φ1mm以下の白色粒を含む	良		KB (16・21)	
14	24	高坏	15.2	13.7	底径 10.0	ほぼ完形	ナデ ケズリ	ナデ	灰褐	φ1mm以下の白色粒を含む	良		KB-9	
14	25	高坏	16.0	12.9	底径 11.0	ほぼ完形	ナデ	ナデ	暗灰	砂粒を含まない	良		KB-29	
14	26	𤭯	10.8	10.7	頸部径 2.3 体部径 9.3	ほぼ完形	ナデ 底部ケズリ	口縁部ナデ	暗灰	φ1mm程の白色粒を含む	良	口頸部内面及び体部上半外面	KB-28	
14	27	𤭯	9.3			体部 100	ナデ ケズリ	ナデ	灰白	φ1mm程の白色粒を含む	良	体部上面全体	KB-3	

(単位 cm・%)

図	番号	器種	器径	器高	その他の法量	残存率	外面調整	内面調整	色調	胎土	焼成	自然釉	旧番号	備考
15	1	長頸瓶	左右16.4 前後15.8	24.3	口径 9.2	100	タタキ ケズリ ナデ	口頸部ナデ	灰白	φ1mm程の白色粒を含む	良	口頸部内面上部全体、口頸部外面50%、胴部外面上部50%	KB-4	
15	2	長頸瓶	左右16.6 前後18.5	24.3	口径 8.7	70	ナデ ケズリ	ナデ	灰白	φ1mm以下の白色粒、φ1mm程の発泡黒色粒を含む	良		KB (15・23)	
15	3	長頸瓶	左右17.4 前後19.0	25.8	口径 10.0	ほぼ完形	ケズリ ナデ	口頸部ナデ	灰白	φ1mm以下の白色粒を含む	良	口頸部全体、体部50%	KB-17	
16	1	長頸瓶	左右16.5 前後18.6	25.4	口径 9.1 頸部径 4.7	口頸部100 体部 90	ナデ	口頸部ナデ	灰白	φ1mm以下の白色粒・φ1mm程の発泡黒色粒を含む	良	口頸部内面全体、口頸部外面50%体部上部外面30%	KB-30	
16	2	長頸瓶	左右17.2 前後17.9	24.6	口径 9.8 頸部径 5.1	ほぼ完形	ケズリ ナデ	口頸部ナデ	明灰	φ1mm以下の白色粒・φ1mm程の発泡黒色粒を含む	良	口頸部内面外面及び体部50%	KB (A.6)	
17	1	坏蓋	9.6	3.7		80	ナデ ケズリ	ナデ	暗灰	砂粒を含まない	良		KC-6	天井部内面指オサエ
17	2	坏蓋	9.8	3.7		ほぼ完形	ナデ ケズリ	ナデ	灰白	φ1mm以下の白色粒を含む	良		KC-14	天井部外面ヘラ記号／
17	3	坏蓋	9.6	3.5		25	ナデ	ナデ	灰白	φ1mm程の白色粒を含む	良		KC	天井部内面静止ナデ 天井部外面ヘラ記号／
17	4	坏蓋	9.6	3.0		100	ナデ	ナデ	灰黒	φ1mm程の白色・黒色粒を含む	良	外面10%	KC-	
17	5	坏蓋	8.9			100	ナデ ケズリ	ナデ	青灰	φ1mm以下の白色粒を含む	良		KC-16	天井部内面静止ナデ
17	6	坏身	10.5	3.0	口径 8.5	100	ナデ ケズリ	ナデ	青灰	φ1mm以下の白色・黒色粒を含む	良		KC-2	底部内面指オサエ→静止ナデ 底部外面ヘラ記号／
17	7	坏身	10.7	3.0	口径 8.8	ほぼ完形	ナデ ケズリ	ナデ	青灰	φ1mm程の白色・黒色粒を含む	良		KC-4	底部内面指オサエ 底部外面ヘラ記号／
17	8	坏身	10.2	3.1	口径 8.4	100	ナデ	ナデ	暗灰	φ1～3mm程の白色粒を含む	良		KC-	
17	9	坏蓋	12.0	2.4	口径 9.4 つまみ径 2.2	100	ナデ	ナデ	灰白	φ1～3mm程の白色粒、φ1mm程の発泡黒色粒を含む	良	外面80%	KC-3	
17	10	坏蓋	11.3	2.5	口径 8.8 つまみ径 2.7	100	ナデ	ナデ	灰白	φ1mm程の黒色粒、φ1～3mm程の白色粒を含む	良	外面全体	KC-下層	
17	11	坏身	10.6	4.0		75	ナデ	ナデ	灰白	φ1～3mm程の白色粒を含む	良		KC-5 (15)	
17	12	高坏	8.9	6.2	底径 6.8	100	ナデ	ナデ	灰白	φ1mm以下の白色粒を含む	良		KC-1	坏部内面静止ナデ
17	13	高坏	8.5	6.5	底径 6.8	100	ナデ	ナデ	青灰	φ1mm以下の白色粒を含む	良		KC-6'	坏部内面静止ナデ
17	14	高坏	12.8	13.8	底径 11.9	ほぼ完形			明灰	φ1mm以下の白色粒を含む		坏部及び脚部上部外面50%	KC-8	
17	15	高坏	16.0	14.9	底径 10.1	ほぼ完形	ナデ	ナデ	明灰	φ1mm程の白色・黒色粒を含む	良		KC-下層	
17	16	甁	10.3	12.3	体部径 9.5	口頸部 90 体部 100	ナデ ケズリ	ナデ	明灰	φ1mm以下の白色粒を含む	良	口頸部内面全体、頸部外面50%体部上部外面全体	KC-12	
17	17	甁	11.2	12.6	頸部径 3.2 体部径 10.1	口縁部 50 体部 80	ナデ 体部下半及び底部ケズリ	口縁部ナデ	灰白	φ1mm以下の白色粒を含む	良	口頸部内面全体、口頸部外面から頸部、体部上半外面10%	KC-下層	
17	18	平瓶	12.7	13.3	口径 5.0 頸部径 3.4 体部高 8.0	ほぼ完形	ナデ	口頸部ナデ	暗灰	φ1mm以下の白色粒を含む、φ1mm程の発泡黒色粒を含む	良	口頸部内外面及び体部上半外面に厚くかかり、体部下半外面に流れる	KC-	

(単位 cm・%)

図	番号	器種	器径	器高	その他の法量	残存率	外面調整	内面調整	色調	胎土	焼成	自然釉	旧番号	備考
17	19	長頸瓶	左右16.8 前後17.4	25.6	口径 9.5	ほぼ完形	ナデ ケズリ	口頸部 ナデ	灰白	φ1mm以下の白色粒を含む	良	口頸部内面上部・胴部外面上部全体、口頸部外面50%	KC-9	
17	20	長頸瓶	左右15.9 前後16.6	23.6	口径 8.2 頸部径 4.5	口頸部ほぼ完形 体部90	ナデ ケズリ	口頸部 ナデ	灰白	φ1mm以下の白色粒・φ1mm程の発泡黒色粒を含む	良	口頸部内面30%、体部上半外面80%	KC-12	
18	1	坏蓋	9.8	3.7		40	ナデ ケズリ	ナデ	灰	φ1mm程の白色粒を含む	良		KFr	
18	2	坏蓋	10.2	3.9		80	ナデ ケズリ	ナデ	灰褐	φ1mm程の白色粒を含む	良		KFr	
18	3	坏				天井部のみ	ナデ ケズリ	ナデ	灰黒	φ2mm以下の白色粒を含む	良		KFr	天井部外面ヘラ記号／／
18	4	坏				天井部のみ	ナデ ケズリ	ナデ	乳白	φ1mm以下の白色粒を含む	甘		KFr	
18	5	坏身	11.0	4.1	口径 8.8	70	ナデ ケズリ	ナデ	灰褐	φ1mm程の白色粒を含む	良		KFr	
18	6	坏身	10.6	4.0	口径 (8.2)	25	ナデ ケズリ	ナデ	灰褐	φ1mm程の白色粒・黒色粒を含む	甘		KFr	
18	7	坏身	9.6	3.5	口径 8.0	25	ナデ ケズリ	ナデ	灰白	φ1～2mm程の白色礫を含む	良		KFr	
18	8	坏身	11.2	3.8	口径 9.4	ほぼ完形	ナデ ケズリ	ナデ	灰褐	φ1mm程の白色粒を含む	良		KFr	
18	9	坏身	10.6		口径 8.9	口縁部35	ナデ	ナデ	灰褐	φ1mm以下の白色粒を含む	良		KFr K羨黒土層	
18	10	坏身	10.7	3.6		30	ナデ ケズリ	ナデ	灰	φ1mm以下の白色粒を含む	良		KFr	天井部外面ヘラ記号／／
18	11	高坏	15.3	17.5	口径 (12.6) 底径 (13.0)	坏部 30 脚部 80	ナデ	ナデ	灰褐	φ1～2mm程の白色粒を含む	良		K前庭	坏部底部内面静止ナデ
18	12	𤭯	10.7	12.2		口頸部下半100 体部80	ナデ ケズリ	ナデ	明灰	φ1mm程の白色粒を含む	甘		K, Fr	
18	13	長頸瓶		23.6	口径 8.4	口頸部80 体部50	ケズリ ナデ	口頸部ナデ	灰白	φ1mm程の白色粒を含む	良	全体	KFr	
19	1	甕			頸部径14.7	肩部	タタキ	当て具→ナデ	灰褐	φ1mm程の白色粒・発泡黒色粒を含む	良		KFr	
19	2	甕			頸部径21.4	頸部～肩部20	ナデ 肩部タタキ	肩部当て具→ナデ	灰褐	φ1mm程の白色粒・発泡黒色粒を含む	良		KFr	
19	3	甕			頸部径18.8	頸部端～肩部40	タタキ	ナデ	灰褐	φ1mm～3mm程の白色粒・発泡黒色粒を含む	良		KFr	
19	4	甕			頸部径22.4	頸部端～肩部35	タタキ	当て具→ナデ	灰褐	φ1～2mm程の白色粒を含む	良		KFr	
19	5	甕				底部	タタキ	当て具→ナデ	灰褐	φ2mm以下の白色粒・発泡黒色粒を含む	良		KFr	
19	6	甕				底部	タタキ	当て具→ナデ	灰褐	φ1～2mm程の白色粒を含む	良		KFr	
19	7	甕			口径(23.2) 頸部径(19.0)	頸部 70	タタキ ナデ	ナデ	橙褐	φ1～2mm程の茶色・黒色・白色粒を含む	甘	口頸部内外面50%、体部上面全体	KFr	
20	1	甕			口径 43.0 頸部径 34.4	口縁部 60 肩部 10	口頸部ナデ 肩部タタキ	口頸部ナデ 肩部当て具	灰褐	φ1mm程の白色粒・発泡黒色粒を含む	良		KFr	
20	2	甕				底のみ	タタキ	ナデ	灰褐	φ1～2mm程の白色粒を含む	良		KFr	
21	1	平瓶	14.1	15.2	口径 5.8 頸部径 4.5 体部高 9.0	ほぼ完形	ナデ 体部下半及び底部ケズリ	口頸部ナデ	明灰	φ1mm以下の白色粒を含む、φ1mm程の発泡黒色粒を含む	良	口頸部内面外面及び体部上半外面、体部下半外面にも流れる	K玄室棺の西	底部外面ヘラ記号／

（単位 cm・%）

図	番号	器種	器径	器高	その他の法量	残存率	外面調整	内面調整	色調	胎土	焼成	自然釉	旧番号	備考
21	2	平瓶	14.3	18.1	口径　7.4　体部高 10.5	100	ナデ 底部ケズリ	口頸部ナデ	灰	φ1mm程の白色粒を含む	良	口頸部内面30%、口頸部外面50%、胴部外面上部50%	Kシスト内	
21	3	平瓶	14.6	16.0	口径　6.3　体部高 9.5	100	ナデ 底部ケズリ	口頸部ナデ	灰褐	φ1mm以下の白色粒を含む	良	口頸部内面50%、口頸部外面上部全体	K-	
21	4	坏身	11.0	3.3	口径　9.8	ほぼ完形	ナデ ケズリ	ナデ	灰黒	φ1mm程の白色粒を含む	良		K溪黒土層	底部外面ヘラ記号／／
21	5	坏身	9.9	3.5	口径　8.8	80	ナデ ケズリ	ナデ	灰褐	φ1mm程の白色粒を含む	良		K溪黒土層	

第III章　上中林古墳の調査

第1節　墳　丘

　立　地（第22図）　上中林古墳は、吉田川の開析谷に面した標高60m付近の緩斜面に築かれた古墳である。現在この付近には、静岡県立美術館へとつづく尾根沿いの道路が整備されており、その途中に静岡県立大学方面に向かう道路との分岐点がある。上中林古墳は、その分岐点から南東方向（美術館方面）におよそ150m進んだ地点に存在したが、現在は消滅している。

　規模と構造（第22図）　調査当時、古墳の周辺には茶畑がひろがっており、墳丘の大半はすでに失われていた。墳丘に関する調査も実施されていないため、その規模や構造を知る手がかりは皆無である。ただし、調査によって判明した石室と墓道の長さをあわせると約13mとなることから、墳丘の規模がそれを上回るものであったことは確実である。

（滝沢　誠）

第22図　上中林古墳　墳丘（1/600）

第2節　石　室

1　規模と構造（第23図、図版18・19）

　残存状態　上中林古墳の埋葬施設は南西に開口する横穴式石室で、主軸方位はN-50°Eである。この石室は側壁の一部と天井石は残存しなかったが、静岡・清水地域の横穴式石室としては、残存状態は比較的良好である。床面には敷石がみられ、これも大きな攪乱は受けていないようである。塊石を積み上げた閉塞石は、石室開口部から墓道に至るまでの3m以上の範囲にわたって認められた。なお、石室内には組合式箱形石棺が1基存在したようであるが、確証は得られていない。

　形　状　石室は無袖式で、玄室平面形は胴張形である。天井石が残存しなかったため、立体的な構造を明確にすることはできないが、天井は平天井か、開口部に向かって下降するものであったと推測される。奥壁には持ち送りが認められず、側壁は緩やかな持ち送りが確認できた。なお、石室には直線的な墓道が取り付く。

規　模　石室規模は全長6.7mで、奥壁幅1.0mで、最大幅は奥壁から2.7mの地点で1.6mである。開口部の幅は1.0mである。奥壁の残存高は1.7mで、側壁は奥壁と接する部分がもっとも良好に遺存し、東壁で2.0mの高さである。ほぼ石室本来の高さと考えられる。なお、側壁は持ち送られるため、奥壁手前の最上部における幅は0.5mである。

　石材の用法　奥壁は3段残存し、基底石は2石、2段目以上は各段1石である。使用される石材は2段目のものがもっとも大きく、幅90cm、高さ60cmの規模である。3段目と基底石の1石は幅80cm、高さ40～50cmである。残る基底石の1石は幅30cm、高さ40cmの大きさである。基底石の小さな方を除き、広口面を石室内に向けている。石材は自然石のようである。各段および側壁との間には最大幅5～10cm程度の石材も使用される。

　側壁は東壁の中央部が大きく破壊されているものの残存状態は良好で、奥壁と接する部分は本来的な形状を保っていると思われる。西壁は最大で10～11段、東壁は最大で8段で構成される。いわゆる乱石積みである。使用される主な石材は最大幅20～70cm程度の大きさである。基底石に使用される石材は2段目以上に比べると、一回り大きいものを使用する傾向にある。判然としないが、基底石は広口面を石室内に向けているようであり、2段目以上は横積みが主体で小口積みや広口横積みなどが混ざるようである。なお、西壁基底石の奥壁から6番目のものは、玄室側の中央部を窪ませている。他の石材は自然石のようであるが、この石材は加工されている。この部分は玄室の幅がもっともひろくなる部分であり、玄室の胴張にあわせ石材を加工したものと考えられる。

　床　面　石室の床面は奥壁付近から開口部に至るまでほぼ水平である。床面には敷石がみられた。使用されるのは、最大径が数cm～20cm程度の円礫である。敷石は奥壁から5.7m地点までみられることが記録されている。開口部までの約1.0mの間は敷石がないようであり、ここに閉塞石がおかれたものと推察される。敷石に使用される石材の大きさに注目すると、奥壁から2.5m地点までは10cm以下のものが使用されるのに対し、それより開口部側は5～20cm程度の礫が多く使用されており、使い分けがうかがえる。なお、石材が大きめとなる箇所には東壁際に石室の主軸と直交するように幅40cm、高さ40cm、厚さ10cmの石材が立てられている。この石材の開口部側に接して最大幅40cm程度の扁平な礫がおかれている。これは組合式箱形石棺の残欠の可能性をもつ。

　墓　道　石室開口部からは墓道が延びている様子が確認された。確認された長さは6.0mである。この墓道の両脇は石室側壁から引き続く高さとなっており、墓道の左右はあたかも土壁のようになっている。墓道も開口部から確認できた範囲まで、ほぼ水平で傾斜はみられない。

　小　結　上中林古墳の石室形態は、静岡・清水平野においては一般的な形態の一つといえる。ただし、側壁基底石を壁面の曲率に合わせて加工するなど、胴張りの玄室を指向する傾向が強い点は特徴的である。

2　遺物出土状態

　残存状態　上中林古墳の石室からは、装身具、武器、馬具、土器などが出土している。これらは、攪乱の影響を受けているものと考えられるが、大きな移動は受けていないようである。遺物は出土位置から、奥壁寄りのグループと開口部寄りのグループに大別できる。

　奥　壁　奥壁寄りからは、耳環、玉類、鉄刀、刀装具（鐔、鞘尻金具）、鉄鏃、両頭金具、馬具（鞍）、刀子が出土している。両頭金具や耳環、玉類は石室主軸線付近から、鉄刀と鞍は西壁際からの出土である

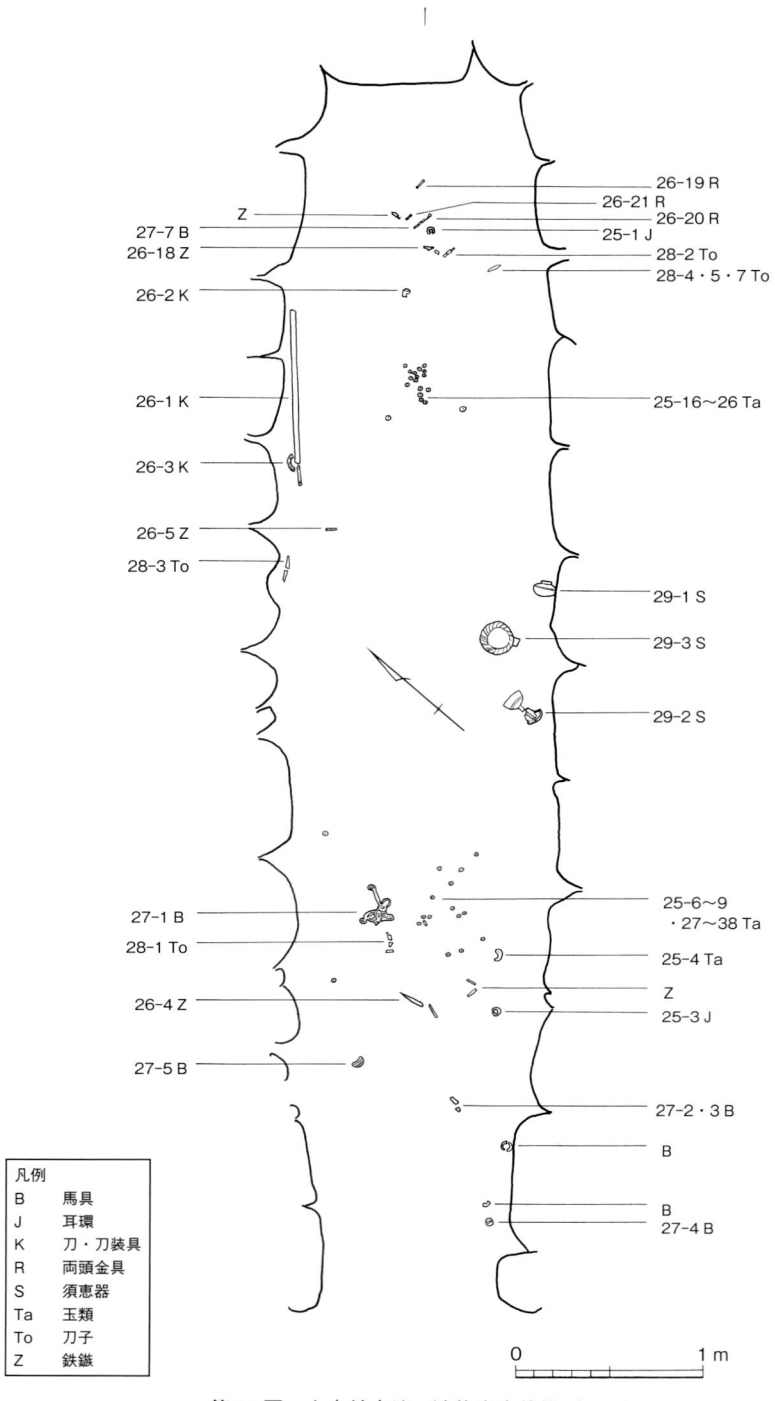

44　第Ⅲ章　上中林古墳の調査

凡例
B　　馬具
J　　耳環
K　　刀・刀装具
R　　両頭金具
S　　須恵器
Ta　玉類
To　刀子
Z　　鉄鏃

第24図　上中林古墳　遺物出土状態（1/40）

（図版19-3）。鉄刀は切先を奥壁に向けた状態での出土である。

開口部 開口部寄りからは、耳環、玉類、鉄鏃、馬具（環状鏡板付轡、鞍、鉸具）、刀子1が出土している（図版20-2）。これらの遺物は、石室主軸線上に散在していた。また、同所からは貝製飾金具（または雲珠・辻金具）の一部とみられる貝の破片が出土している。

埋葬回数 最終埋葬時の状況を留めているとはいえないものの、遺物はおおむね奥壁寄りのものが初葬、開口部寄りのものが追葬に伴うものと考えられる。耳環が3点確認できることもあわせ、下中林古墳では2回以上の埋葬が行われていることがうかがえる。なお、奥壁寄りのグループと開口部寄りのグループの中間にあたる石室中央部東壁際からは3点の須恵器も出土している（図版20-1）。　　　（菊池吉修）

第3節　出土遺物

1　概　要

上中林古墳の石室内から出土した遺物の内訳は以下のとおりである。

　　［石室内］　装身具　耳環 3
　　　　　　　　　　　勾玉 1
　　　　　　　　　　　管玉 1
　　　　　　　　　　　丸玉 4
　　　　　　　　　　　ガラス玉 17
　　　　　　　　　　　ガラス粟玉 12
　　　　　　　武　器　鉄刀 1
　　　　　　　　　　　鐔 1
　　　　　　　　　　　鞘尻金具 1
　　　　　　　　　　　鉄鏃 17以上
　　　　　　　　　　　両頭金具 9
　　　　　　　馬　具　轡 1
　　　　　　　　　　　鞍 2
　　　　　　　　　　　貝製品（飾金具または雲珠・辻金具）1
　　　　　　　　　　　鉸具片 7
　　　　　　　工　具　刀子片 7
　　　　　　　土　器　須恵器 5（短頸壺1、脚付盌1、提瓶2、甕1）
　　　　　　　　　　　土師器 1（埦1）

2　装身具

耳　環（第25図1～3、第5表、図版21-1）　銅芯に金属箔を施す。長径は2.72～2.99cm、短径は2.79～2.96cmである。1と3は出土位置が1.4mほど離れているものの、法量は近似しており、対をなす可能性がある。断面はやや潰れた円形を呈する。金属箔は銀を使用しており、遺存状態は良好である。

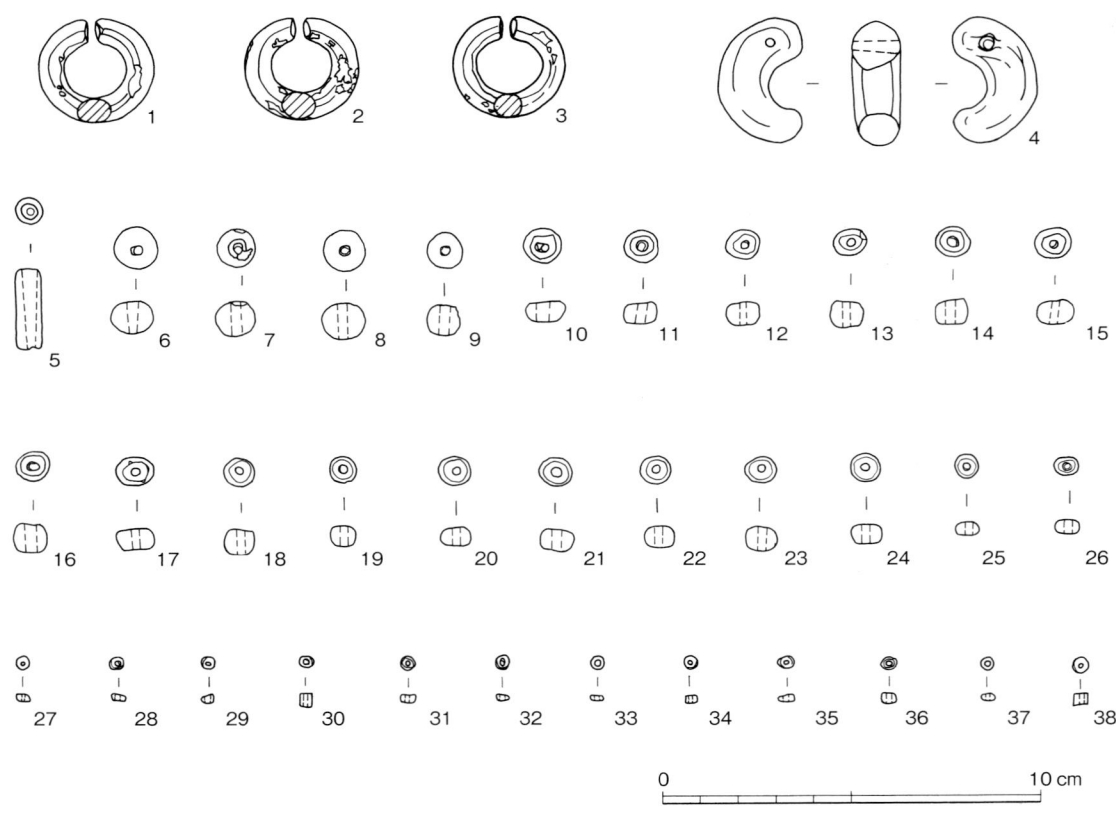

46　第Ⅲ章　上中林古墳の調査

第 25 図　上中林古墳　耳環・玉類（1/2）

玉　類（第 25 図 4～38、第 6 表、図版 21）　4 は翡翠製の勾玉である。長さ 3.38 cm、幅 1.34 cm で、径 0.35 cm の孔を片側から穿孔する。面を形成するものの、角度の変化は弱い。頭部と尾部の大きさがほぼ同程度の C 字状を呈する。

5 は水晶製の管玉で、直径 0.7 cm、高さ 2.19 cm である。小口面に片側から径 0.38 cm の孔を穿つ。反対側の孔の周辺には欠損が目立つ。

6～24 は丸玉である。そのうち 6～9 は変質凝灰岩製で、全体的に球形を呈しており、両端に面は有さない。直径が 0.93～1.09 cm、高さ 0.80～0.91 cm である。片側から穿孔されているが、孔径の差は少ない。10～24 はガラス製で、青色または濃紺色を呈する。直径 0.60～0.95 cm、高さ 0.45～0.66 cm と、材質不明のものと比べて小型である。両端には弱いながらも面を形成するため、断面は潰れた円形である。その他に、ガラス製の破片が 2 点出土した。

25・26 はガラス製の小玉である。丸玉と同様に濃紺色を呈する。

27～38 はガラス製の粟玉である。直径 0.32～0.40 cm、高さ 0.15～0.37 cm と、いずれも 0.5 cm に満たない。

3　武　器

鉄　刀（第 26 図 1、図版 22-1）　全長 1 m におよぶとみられる鉄刀 1 点が出土している。身部と茎部の破片は互いに接合しないが、出土状態から同一の鉄刀とみてよい。身部片は残存長 81.4 cm で、ふくらをもつ切先は先端をわずかに欠損している。身幅は 3.0 cm、棟幅は 0.7 cm である。関部の形状は、欠損により不明である。茎部片は残存長 12.1 cm で、茎尻は丸味を帯びている。茎尻近くには、木質が付着した目

第5表　上中林古墳出土耳環観察表　　　　　　　　　　　　　　　　　　　　　　　　（単位 cm・g）

図	番号	種類	材質	長径	短径	内長径	内短径	幅	厚さ	重量	旧番号	備考
25	1	耳環	銅	2.99	2.8	1.65	1.58	0.65	0.82	13.76	62.2-73	
25	2	耳環	銅	2.97	2.79	1.61	1.45	0.72	0.84	19.74	62.2-74	
25	3	耳環	銅	2.72	2.96	1.66	1.48	0.64	0.73	12.95	62.2-75	

第6表　上中林古墳出土玉類観察表　　　　　　　　　　　　　　　　　　　　　　　　（単位 cm・g）

図	番号	種類	材質	色調	計測値				備考
					直径・長さ	孔径	高さ・厚さ	重量	
25	4	勾玉	翡翠	緑色	3.38	0.35	1.20	15.86	
25	5	管玉	水晶	透明	0.70	0.38	2.19	1.92	
25	6	丸玉	変質凝灰岩	緑灰色	1.07	0.32	0.80	0.99	
25	7	丸玉	変質凝灰岩	緑灰色	0.97	0.32	0.80	0.84	
25	8	丸玉	変質凝灰岩	暗茶褐色	1.09	0.30	0.91	1.43	
25	9	丸玉	変質凝灰岩	淡灰色	0.93	0.19	0.80	0.64	
25	10	丸玉	ガラス	濃紺色	0.94	0.34	0.49	0.65	
25	11	丸玉	ガラス	濃紺色	0.89	0.29	0.53	0.58	
25	12	丸玉	ガラス	濃紺色	0.88	0.22	0.53	0.57	
25	13	丸玉	ガラス	濃紺色	0.82	0.20	0.66	0.62	
25	14	丸玉	ガラス	濃紺色	0.89	0.34	0.62	0.64	
25	15	丸玉	ガラス	濃紺色	0.95	0.25	0.58	0.67	
25	16	丸玉	ガラス	濃紺色	0.85	0.32	0.68	0.75	
25	17	丸玉	ガラス	濃紺色	0.95	0.26	0.51	0.61	
25	18	丸玉	ガラス	濃紺色	0.79	0.15	0.61	0.51	
25	19	丸玉	ガラス	濃紺色	0.67	0.28	0.52	0.36	
25	20	丸玉	ガラス	濃紺色	0.85	0.20	0.45	0.48	
25	21	丸玉	ガラス	濃紺色	0.88	0.29	0.51	0.53	
25	22	丸玉	ガラス	濃紺色	0.73	0.21	0.52	0.51	
25	23	丸玉	ガラス	濃紺色	0.81	0.19	0.63	0.61	
25	24	丸玉	ガラス	濃紺色	0.82	0.20	0.57	0.57	
25	25	小玉	ガラス	濃紺色	0.67	0.19	0.38	0.24	
25	26	小玉	ガラス	濃紺色	0.63	0.19	0.37	0.18	
25	27	粟玉	ガラス	水色	0.36	0.12	0.22	−	
25	28	粟玉	ガラス	濃紺色	0.38	0.14	0.19	−	
25	29	粟玉	ガラス	濃紺色	0.34	0.13	0.24	0.04	
25	30	粟玉	ガラス	濃紺色	0.32	0.14	0.37	0.06	
25	31	粟玉	ガラス	濃紺色	0.40	0.13	0.21	0.05	
25	32	粟玉	ガラス	濃紺色	0.38	0.18	0.20	0.03	
25	33	粟玉	ガラス	濃紺色	0.35	0.16	0.15	0.03	
25	34	粟玉	ガラス	濃紺色	0.36	0.10	0.26	0.05	
25	35	粟玉	ガラス	淡青色	0.38	0.11	0.21	0.04	
25	36	粟玉	ガラス	淡紺色	0.40	0.15	0.29	0.07	
25	37	粟玉	ガラス	淡紺色	0.35	0.13	0.19	0.03	
25	38	粟玉	ガラス	濃紺色	0.40	0.13	0.31	0.10	
		丸玉	ガラス	濃紺色	−	−	−	−	破片
		小玉	ガラス	濃紺色	−	−	−	−	破片
		小玉	ガラス	淡青色	−	−	−	−	破片

釘が残存している。

　鐔（第26図3、図版22-1）　上記の鉄刀にともなって六窓鐔1点が出土している。全体の1/2近くが欠損しており、現状では2片に分離していて互いに接合しない。全体の形状は倒卵形を呈するものとみられ、復原による外径は、長径8.2cm、短径6.8cm、内径は、長径3.0cm、短径2.1cmである。内縁部の側面と表面には、部分的に木質の付着が認められる。

　鞘尻金具（第26図2、図版22-1）　鉄製の鞘尻金具1点が出土している。先端はわずかに丸味を帯びているものの平坦に近い形状である。鞘木側の縁は大半が欠損しているが、全体の長さは3.7cm前後に復原

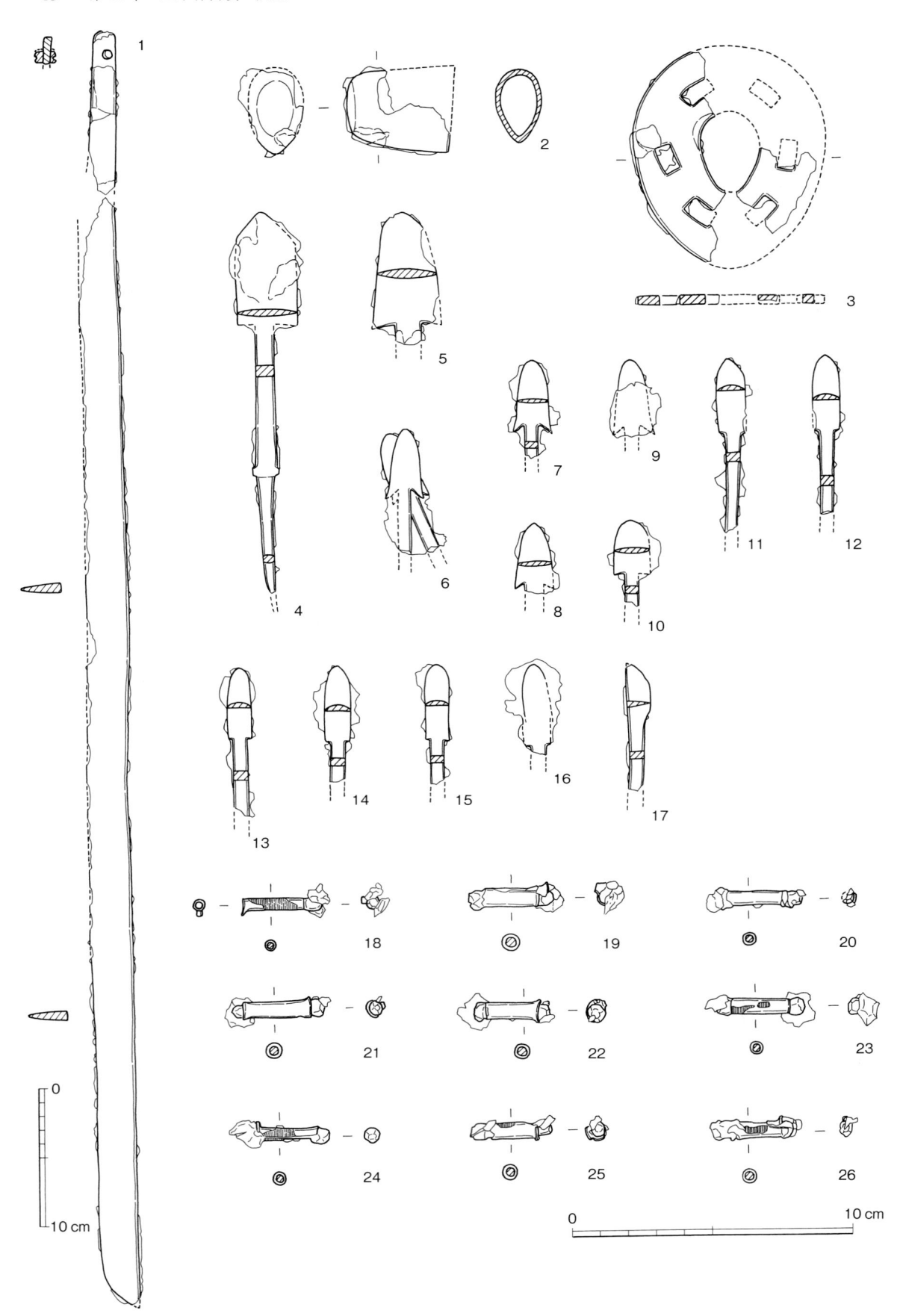

48　第Ⅲ章　上中林古墳の調査

第26図　上中林古墳　鉄刀・刀装具・鉄鏃・両頭金具（1：1/4、2～26：1/2）

できる。断面は倒卵形で、復原による外径は、長径3.2cm、短径1.9cmである。内面には鞘木の木質が残存している。この鞘尻金具は、上記の鉄刀とはやや離れた位置で出土しており、別の刀の装具である可能性も否定はできない。

鉄　鏃（第26図4〜17、第7表、図版22-2）　ほとんどが部分的な破片で、鏃身部の数から少なくとも17本の存在が確認できる。図示したのは部位の特徴を示す破片のみで、頸部以下の破片で図示できるものはみあたらなかった。

4は、鏃身部が五角形をなす平根系の鉄鏃である。茎部の先端を欠損しているが、ほぼ全形を知ることができる。鏃身関部は角関で、茎関は棘状関である。鏃身部長は4.1cm、頸部長は5.5cmである。

5は、鏃身部が長三角形をなす平根系の鉄鏃で、頸部以下を欠損している。浅い腸抉を有し、鏃身部の先端はややふくらむ。

6〜9は、鏃身部が長三角形をなす尖根系の鉄鏃である。いずれも明確な腸抉を有し、鏃身部長は2.5〜2.8cmである。腸抉の中にはやや外反気味のものも認められ、鏃身部全体の形状が柳葉形に近いものもある。

10は、鏃身部が三角形をなす尖根系の鉄鏃である。ごく浅い腸抉を有し、鏃身部の先端はやや丸味を帯びている。

11〜16は、鏃身部が柳葉形をなす尖根系の鉄鏃である。鏃身関部は角関で、鏃身部長は2.6〜2.8cmである。鏃身部の両側縁がややくびれるものもあるが、全体的には剣身形ともいえる形状である。

17は、鏃身部が片刃形をなす尖根系の鉄鏃である。いずれも鏃身関部は撫関である。

以上の鉄鏃は、石室の北半部と南半部にわかれて出土している。また、それに対応して耳環や玉類なども出土しており、少なくとも2回の埋葬に際して鉄鏃の副葬が行われたものと推定される。

第7表　上中林古墳出土鉄鏃観察表　　　　　　　　　　　　　　　　　　　　　　　　　（単位cm）

図	番号	鏃身形態	鏃身関形態	鏃身断面	茎関形態	残存長	鏃身長	鏃身幅	旧番号	備考
26	4	五角形	角関	平造	棘状関	14.00	4.10	2.20	62.2.20	
26	5	長三角形	腸抉	平造	−	4.90	4.30	(2.50)	62.2.18	
26	6-1	長三角形	腸抉		−	4.60	2.60	1.40	注記なし	鏃身2点
26	6-2	長三角形	腸抉		−	4.60	2.60	(1.35)	注記なし	
26	7	長三角形	腸抉	平造	−	3.60	2.60	1.35	注記なし	
26	8	長三角形	腸抉	平造	−	2.60	2.50	1.40	注記なし	
26	9	長三角形	腸抉		−	2.90	2.80	(1.50)	注記なし	
26	10	三角形	腸抉	平造	−	3.20	2.00	1.30	注記なし	
26	11	柳葉	角関	片丸造	−	6.50	2.80	1.00	注記なし	
26	12	柳葉	角関	片丸造	−	5.80	2.80	0.95	注記なし	
26	13	柳葉	角関	片丸造	−	5.50	2.60	0.85	注記なし	
26	14	柳葉	角関	片丸造	−	4.30	2.80	0.90	注記なし	
26	15	柳葉	角関	片丸造	−	4.40	2.80	0.90	注記なし	
26	16	柳葉	角関		−	3.50	−	0.95	注記なし	鏃身2点か
26	17	片刃	撫関	平造	−	4.70	2.10	0.90	62.2.10	

両頭金具（第26図18〜26、第8表、図版23-1）　9点が出土しており、そのうちの3点（18〜20）は石室の奥壁近くで出土している。いずれも鉄製で、ほとんどのものに弓の木質が遺存している。全形を知りうるものは少ないが、残存部の観察から、大きさは長さ3.0cm前後、筒金径0.4〜0.65cm、芯棒径0.4cm前後である。両頭部が残存するものは2.7〜3.0cmとやや小型のものばかりである。なお、筒金は両端の折り返しは確認できるが、欠損が著しいため花弁数および形状がわかるものは皆無である。

50　第Ⅲ章　上中林古墳の調査

第8表　上中林古墳出土両頭金具観察表　　　　　　　　　　　　　　　　　　　（単位cm）

図	番号	全長	筒金径	花弁数	旧番号	備　考
26	18	(3.35)	0.65	4？	62,2-31	木質不明
26	19	(2.90)	0.40	欠	62,2-30	木質遺存、芯棒径0.2～0.25cm
26	20	(3.40)	0.50	欠	62,2-32	木質不明
26	21	(3.60)	0.60	欠	仮1	
26	22	2.70	0.65	欠	仮2	
26	23	2.70	0.55	欠	仮3	木質遺存
26	24	(3.60)	0.50	欠	仮4	木質遺存

※計測値の（　）は残存値、［　］は推定値

4　馬　具

轡（第27図1、図版23-2）　石室の南半部で鉄製の環状鏡板付轡1点が出土している。現状ではかなり劣化が進んでいるものの、ほぼ全形を把握することができる。楕円形をなす左右の鏡板は、いずれも長径6.2cm、短径4.7cmで、隅を斜めに成形した矩形の立聞をもつ。矩形の立聞は、左側が幅3.6cm、高さ1.9cm、右側が幅3.7cm、高さ1.8cmとほぼ同大で、右側はその半分以上を欠損している。銜は二連で、左側は銜先環の一部を欠損している。右側の銜は長さ6.7cmを測り、復原による銜全体の長さはおよそ13cmである。また、右側の啣金は先端を環状に折り曲げることにより成形されているが、左右の銜の長さはほぼ等しいことから、この造りは補修によるものではなく、本来のものと考えられる。引手は、左右ともに約12.5cmで、引手壺は外方に折り曲げられている。銜に連結する端環のうち、全形が残る左側の端環はやや縦長の楕円形を呈している。

鞍（第27図2～4、図版24）　鉄製の鞍2点が出土している。輪金の下部を幅0.7cmの板状の脚で挟み込んだもので、四隅を斜めに成形した一辺2.5cm前後の方形座金具をともなう。輪金は下部のみが残存しているが、上部の環は左右に張り出す形状と推定される。また、いずれも脚部の先端を欠損しているが、2と同時に出土した幅0.7cmのL字状金具（3）がその先端部分と考えられる。

以上の2点の鞍は、石室南半部で約70cmの間隔をおいて出土している。他に鞍金具の破片は認められないことから、以上の鞍2点は、木装の鞍に取り付けられていたものと推定される。

貝製品（第27図5、図版25-1）　イモガイの螺塔部とみられる破片1点が出土している。この貝製品は、馬具類の多くが出土した石室南半部で出土しており、イモガイを嵌め込んだ馬具の一部と考えられる。心棒部分などは出土していないが、残存部分から推定される直径は5cm前後であり、いわゆる貝製の飾金具（または雲珠・辻金具）を構成するものであろう。

鉸具（第27図6～13、図版24）　図示した7点の破片以外にも若干の細片が出土している。いずれも鉄製で、輪金の上部が左右に張り出すもの（6～9）と、輪金の上部が円弧をなす略長方形のもの（11～13）が認められる。前者の一部は鞍となる可能性があるが、上記の鞍とは、輪金の太さを異にするもの（6）や下部の形状を異にするもの（8）が存在する。後者のうち、11は幅4.0cm、残存長8.7cmで、下辺中央に刺金の一端が巻き付けられている。また、下辺の一隅は角張っており、この部分で輪金を鍛接したことがうかがえる。13はそれと同じ輪金の鍛接部分で、刺金の一部が錆着した12は同種の鉸具の上部とみられる。10は先端を薄くした刺金の破片で、残存長は6.6cmである。

5　工　具

刀子（第28図1～6、図版25-2）　石室内の3ヶ所にわかれて鉄製刀子の破片が出土している。出土状

第3節 出土遺物 51

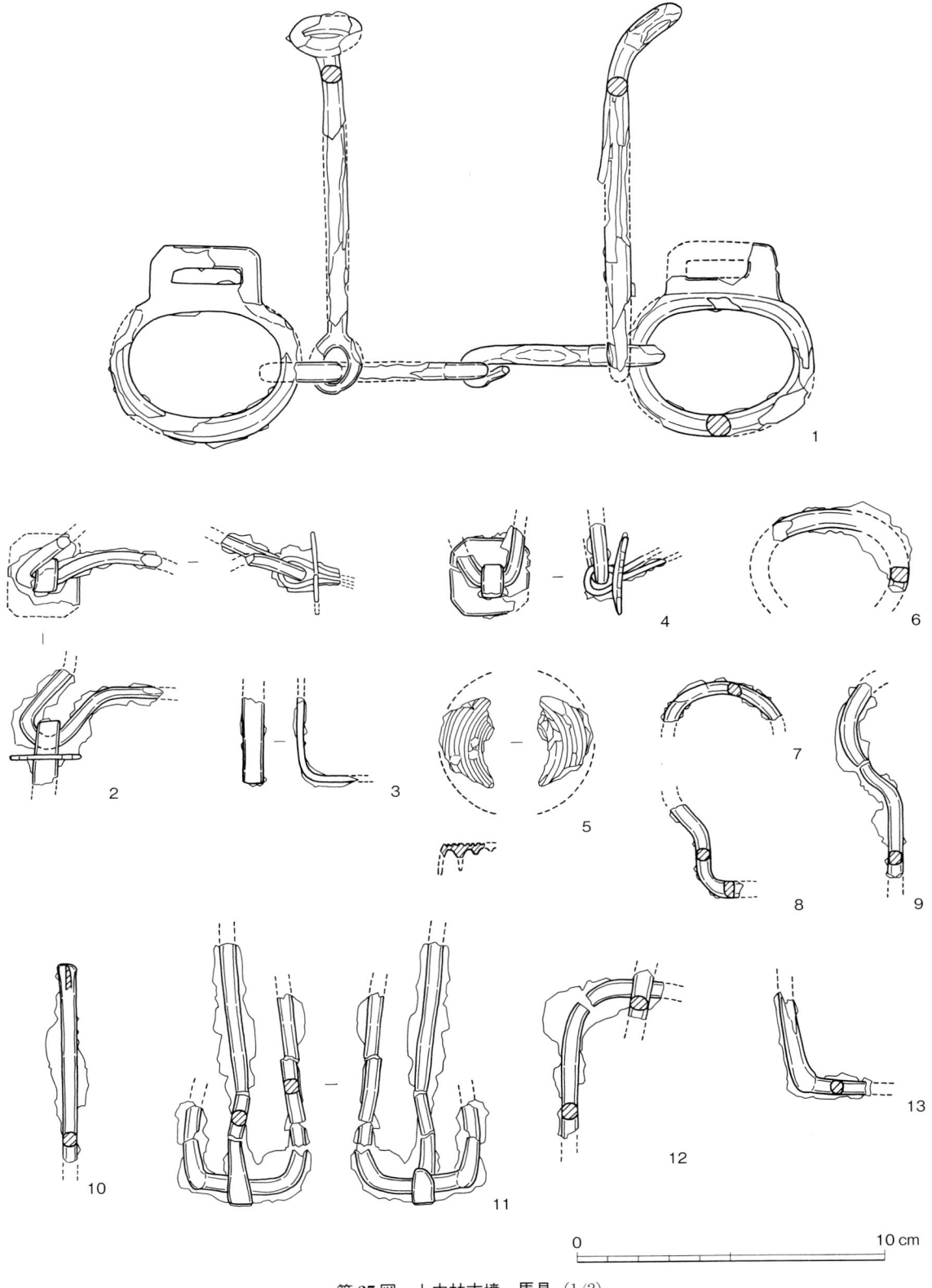

第27図 上中林古墳 馬具 (1/2)

52　第Ⅲ章　上中林古墳の調査

態に加えて、大きさや同一部位の数から判断すると、少なくとも5点の刀子が副葬されていたものとみられる。1は石室南半部から出土した刀子で、片関をもつものとみられる。切先を欠損しており、残存長は15.7cm、茎部長は7.4cmである。2は身部の大半を欠損しており、残存長は8.4cmである。3は石室中央部西壁際から出土した片関の刀子である。茎尻を欠損しており、残存長は13.1cm、身部長は8.4cmである。

以上の1～3は、身幅1.5cmを超えるやや大ぶりな刀子であるが、4～6は、身幅1.0～1.4cmのやや小ぶりな刀子である。それらはいずれも石室の北半部から出土している。4・5は身部の破片で、残存長はそれぞれ、6.6cm、3.0cmである。6は両関をもつ破片で、残存長は6.6cmである。

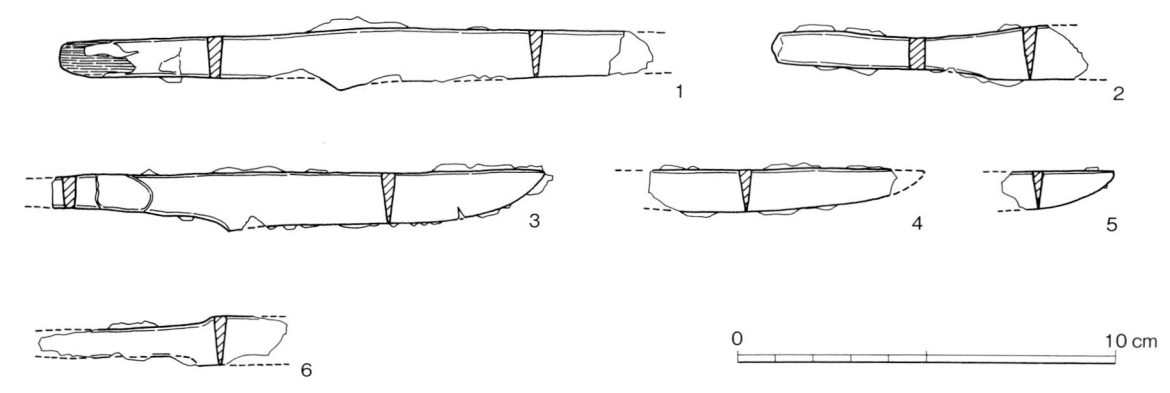

第28図　上中林古墳　刀子（1/2）

6　土　器

須恵器（第29図1～5、第9表、図版26）　5点の須恵器が出土している。その内訳は、短頸壺1点、脚付盌1点、提瓶2点、甕1点である。

1は短頸壺である。肩部に並行する2本の沈線が施される。胎土に直径1mm～1cm程の白色礫を多量に含む。

2は脚付盌である。坏部外面の上下に2条1組の沈線が施され、その間に5本（一部6・7本）単位の櫛描波状紋が施される。脚部外面には、らせん状に沈線が施される。

3・4は提瓶である。3は胴部に渦巻状のカキメが施される。口頸部には並行する2本の沈線が施される。体部左側面から底部にかけて2条の沈線が施され、その沈線が体部右側面では1条となる。口頸部内面及び肩部外面にわずかに自然釉がかかる。4も頸部から胴部が残存し、口縁部は欠損している。底部には圧痕が観察され、わずかに凹む面となる。

5は甕である。口縁部端外面を肥厚させ、その下端と、より下方に施した並行する2条の沈線との間に刷毛状工具で波状紋を施す。

土師器（第29図6、第9表、図版26）　土師器の埦1点が出土している。外面には1条の沈線が施される。

（滝沢　誠・福島志野・村田　淳・前田　健）

第3節 出土遺物 53

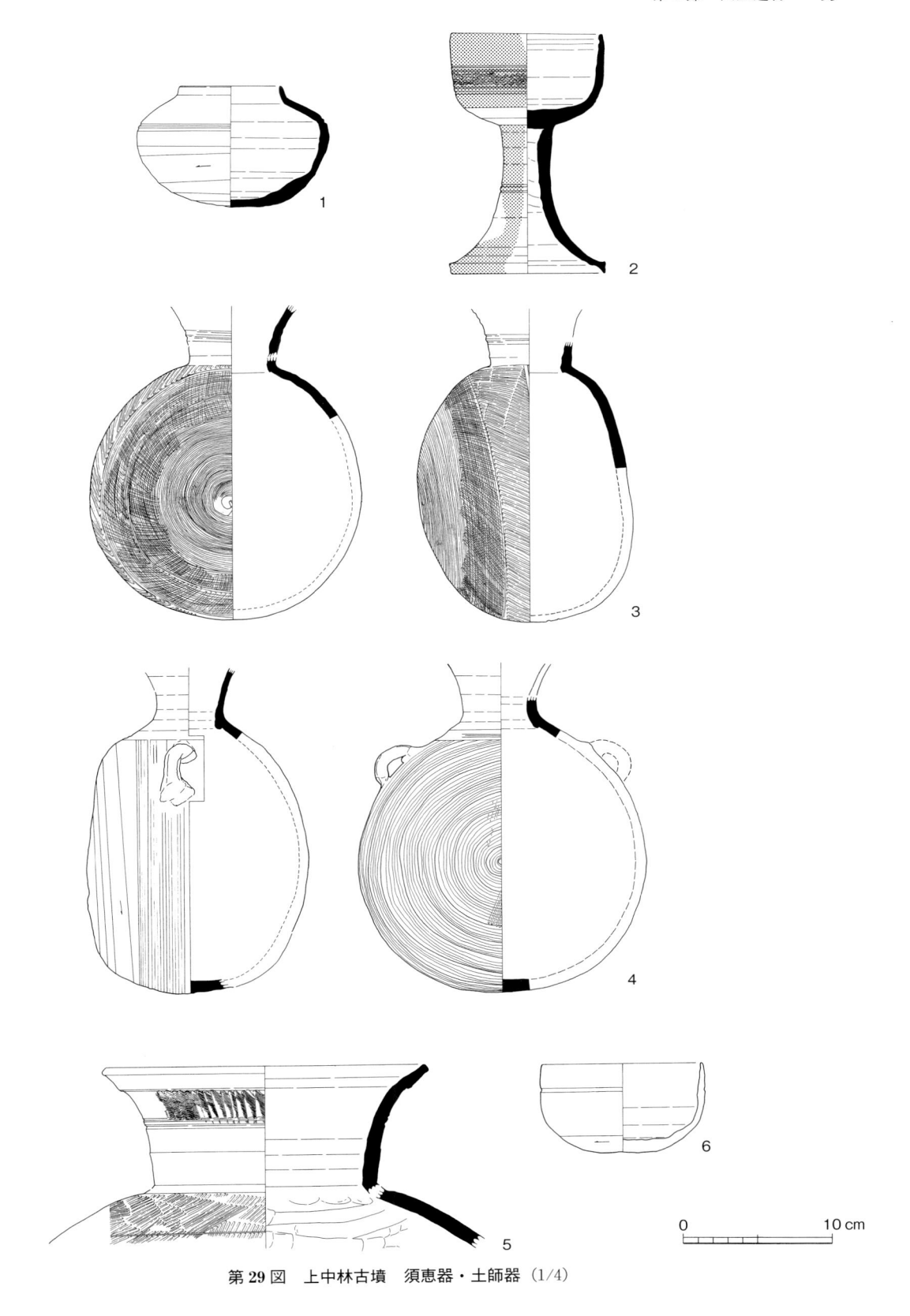

第29図 上中林古墳 須恵器・土師器 (1/4)

第9表　上中林古墳出土須恵器・土師器観察表

(単位 cm・%)

図	番号	器種	器径	器高	その他の法量	残存率	外面調整	内面調整	色調	胎土	焼成	自然釉	旧番号	備考
29	1	短頸壺	13.0	8.3	口径　6.8	ほぼ完形	上半ナデ 下半ケズリ	ナデ	青灰	φ1mm〜1cm程の白色礫を多量に含む	良		62.2-2	
29	2	脚付盌	10.4	16.7	頸部径　3.2 底径　10.4	坏部　75 脚部　90	ナデ　坏部 下半ケズリ	ナデ	灰褐	φ1mm以下の白色粒を含む φ1mm程の発砲黒色粒を含む	良	外面40%	62.2-5	
29	3	提瓶	左右19.9 前後14.9	23.5	頸部径　5.0	口頸部　50 体部　80	口頸部ナデ 体部タタキ →カキメ	口頸部 ナデ	灰白	φ1mm〜3mm程の白色粒を含む	良		62.2-76	
29	4	提瓶	左右18.3 前後 4.1	22.9	頸部径　5.4	口頸部　30 体部　100	口頸部ナデ 体部タタキ →カキメ	口頸部 ナデ	明灰	φ1mm程の白色粒を含む	良	口頸部内面及び肩部外面僅かにかかる	62.2-3	
29	5	甕			口径　23.6 頸部径16.0	口縁部〜 肩部	ナデ 肩部タタキ	ナデ	灰褐	φ1mm程の白色粒を含む	良		62.2-6	
29	6	埦（土師器）	10.8	6.1		口縁部　10 体部　50	ナデ ケズリ	ナデ	薄褐	φ1mm程の白色・黒色粒を含む	甘		62.2-4	

第IV章 下中林1号墳の調査

第1節 墳 丘

　立 地（第30図、図版27-1）　下中林1号墳は、吉田川の開析谷に面した標高52m付近の緩斜面に築かれた古墳である。現在、谷田丘陵の西縁部には静岡県立美術館へとつづく道路が整備されており、その途中に静岡県立大学方面へ向かう道路と交わるT字路がある。下中林1号墳は、このT字路の一角に今も残る「山神」の石碑の南東側に存在した古墳である。同時に調査された下中林2号墳は、この石碑をはさんで約60m離れた北西側に位置していた。

　規模と構造（第30図）　調査当時の測量図には墳丘と思われる2m程度の高まりが認められるものの、墳丘本来の形状をうかがうことはできない。墳丘の調査は実施されていないため、その規模や構造を知る手がかりは乏しいが、調査によって判明した石室と墓道の長さから判断すると、墳丘の規模は10mを上回るものであったと推定される。

　なお、道路と重複した古墳の北側部分では、道路脇の側溝で墳丘の断面観察が行われ、拳大から人頭大程度の礫を墳丘内に含む様子が確認されている（図版27-2）。平面的な調査が実施されていないため詳細は不明であるが、それらの礫は、金山1号墳で検出されたものと同様に、墳丘の構築過程で用いられたものと考えられる。

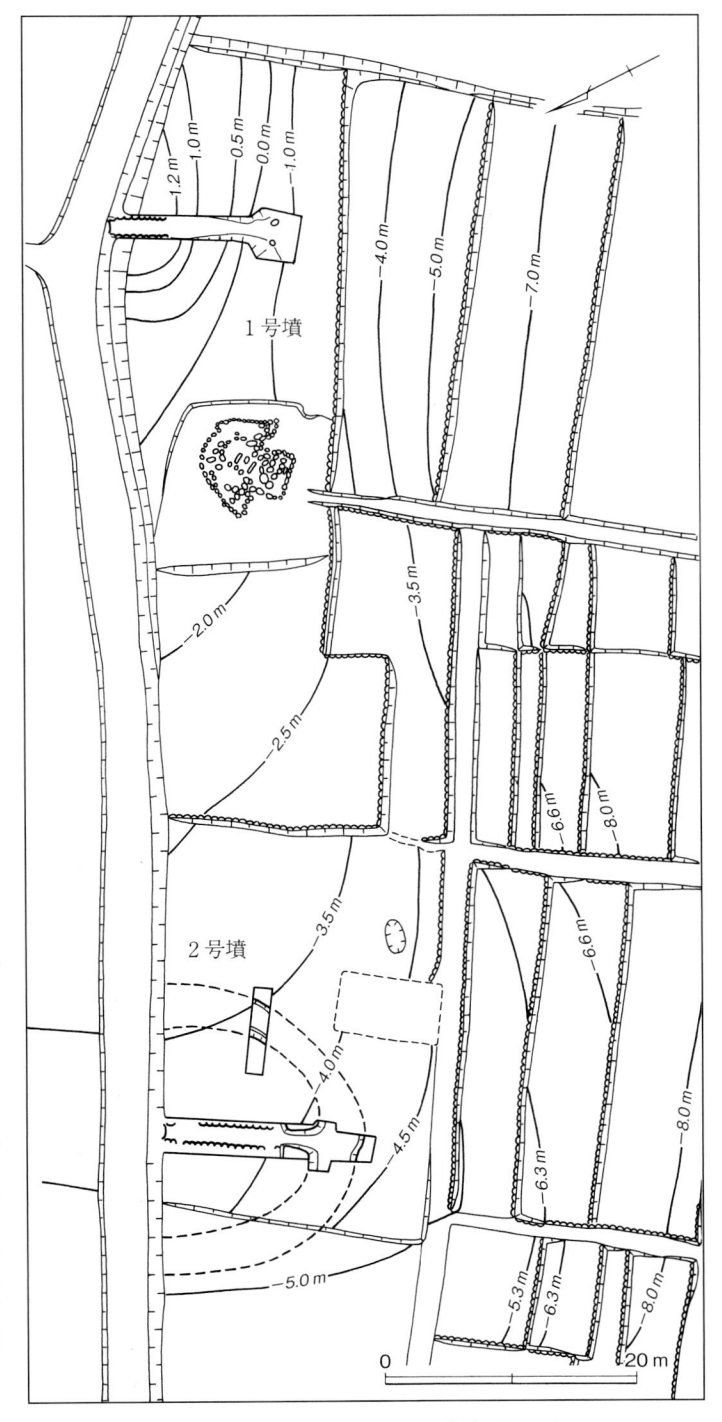

（滝沢　誠）

第30図　下中林1・2号墳　立地（1/600）

第2節　石　室

1　規模と構造（第31図、図版28-1・2）

残存状態　下中林1号墳の埋葬施設は横穴式石室である。石室は南西に開口し、主軸方位はN-35°-Eである。他の3基の古墳と同様に上部は破壊されていたが、さらにこの古墳の場合、石室中央部から開口部にかけての半分以上は側壁の基底石さえ遺存せず、残存状態はかなり悪い。また、破壊は床面にまで達する部分もあり、本来的には全面に施されていたと推測される敷石も奥壁付近では検出されなかった。ただし、西側壁の一部については、残存高が1.8mであり、石室本来の高さにほぼ近い位置まで残存していた。

形　状　上記のような残存状態であるため、立面構造のみならず、袖部の状態についても把握できない。ただし、残存部位から、かろうじて玄室平面形は長方形と推定することが可能である。なお、この石室には直線的な墓道が取り付く。開口部付近の掘り方の状況からは、無袖式あるいは擬似両袖式の可能性が指摘できる。

規　模　側壁が遺存しなかったものの、敷石の範囲と掘り方から石室の規模を推測することはできる。敷石は奥壁付近が破壊を受けているが、奥壁から7.1mの地点までみられる。掘り方はこの付近から急速に幅を狭める。そのため、この石室は全長7.1m、あるいはそれを若干上回る程度の規模と推定される。

玄室の幅を見ると、奥壁幅は1.2m、残存部位における最大幅は1.5mである。残存高は、奥壁では0.8m、側壁ではもっとも残りがよい西壁で、床面から1.8mの高さまで石材が遺存する。なお、側壁は西側壁が奥壁から5.0mまで、東側壁が奥壁から4.2mまで残存する。

石材の用法　奥壁は基底石のみの残存であるが、基底石には石室内からみて幅100cm、高さ70cmの石材を使用する。この基底石は、ほぼ奥壁幅となる程度の大きさであるが、西側壁との間や床面との隙間には10～30cm程度の石材を間詰めに使用している。おそらく、奥壁は同様の石材を数段積み上げていたのであろう。

側壁には、最大幅30～80cm程度の石材を主に使用し、5～20cm程度の石材を補完的に使用している。基底石は概ね2段目以上よりやや大振りの石材を使用するが、著しい規模の差は看取できない。石材は横積みと小口積みが混ざるようである。なお、側壁は、東壁では最大4段まで、西壁では最大7段まで残存し、西壁を見る限りでは持ち送りが著しい。もっとも、土圧による変形も考えられ、築造当初の状況を示すものであるのかは不明である。

床　面　床面は奥壁から開口部に至るまでほぼ水平に保たれ、全面に敷石が施されていたと推定される。もっとも、奥壁寄りの約3.0mの範囲は遺存しなかった。敷石に使用される石材は5～10cm前後の円礫が主体を占めるが、20～30cm程度の扁平な円礫もわずかに使用されていたようである。

墓　道　墓道は、奥壁から8.5mの位置ではじまり、長さ2.0mにわたって検出されている。検出面での幅は0.9m前後とほぼ一定であるが、その先は「ハ」字状にひろがっている。この「ハ」字状にひろがった部分には、最大幅30～50cm程度の石材が散乱しており、閉塞石の一部と考えられる。なお、墓道の床面は緩やかに傾斜をし、斜面下方に向かって下っている。

小　結　下中林1号墳の石室は遺存状態が悪く、詳細を明らかにできない部分が多い。しかしながら、

全長7m若干上回る横穴式石室であることや、玄室の平面形が長方形であることは確かであろう。石室の特徴等を指摘することはできないが、概ね当地における横穴式石室の一般的傾向の範疇でとらえられるものである。

2 遺物出土状態（第32図）

残存状態 下中林1号墳の埋葬施設からは、耳環、鉄鏃、刀子、須恵器、土師器などが出土している。これらの遺物は、後世の破壊に伴う影響を多少なりとも受けているようである。本来の位置を必ずしも示すものではないが、出土位置からは4つのグループに分けることができる。

遺物群と埋葬回数 第1のグループは、奥壁手前の東壁際から出土した遺物群である（図版28-3）。須恵器および土師器の破片が出土している。第2のグループは、西壁寄りで奥壁から約1.3～2.6m離れた範囲から出土した遺物群である。ここからは、鉄鏃、刀子、耳環が出土している。この辺りに遺骸が安置されていたようである。

第3のグループは、奥壁から3.4～4.7m離れた主軸線から東壁寄りで出土した遺物群である。ここからは主に鉄鏃が出土している。また、耳環も1点出土しているが、この耳環は現在所在不明である。第4のグループは、石室開口部から出土した耳環と勾玉である。

これらの出土遺物から、下中林1号墳では3回以上の埋葬が行われたものと考えられる。　　　　　　　　　（菊池吉修）

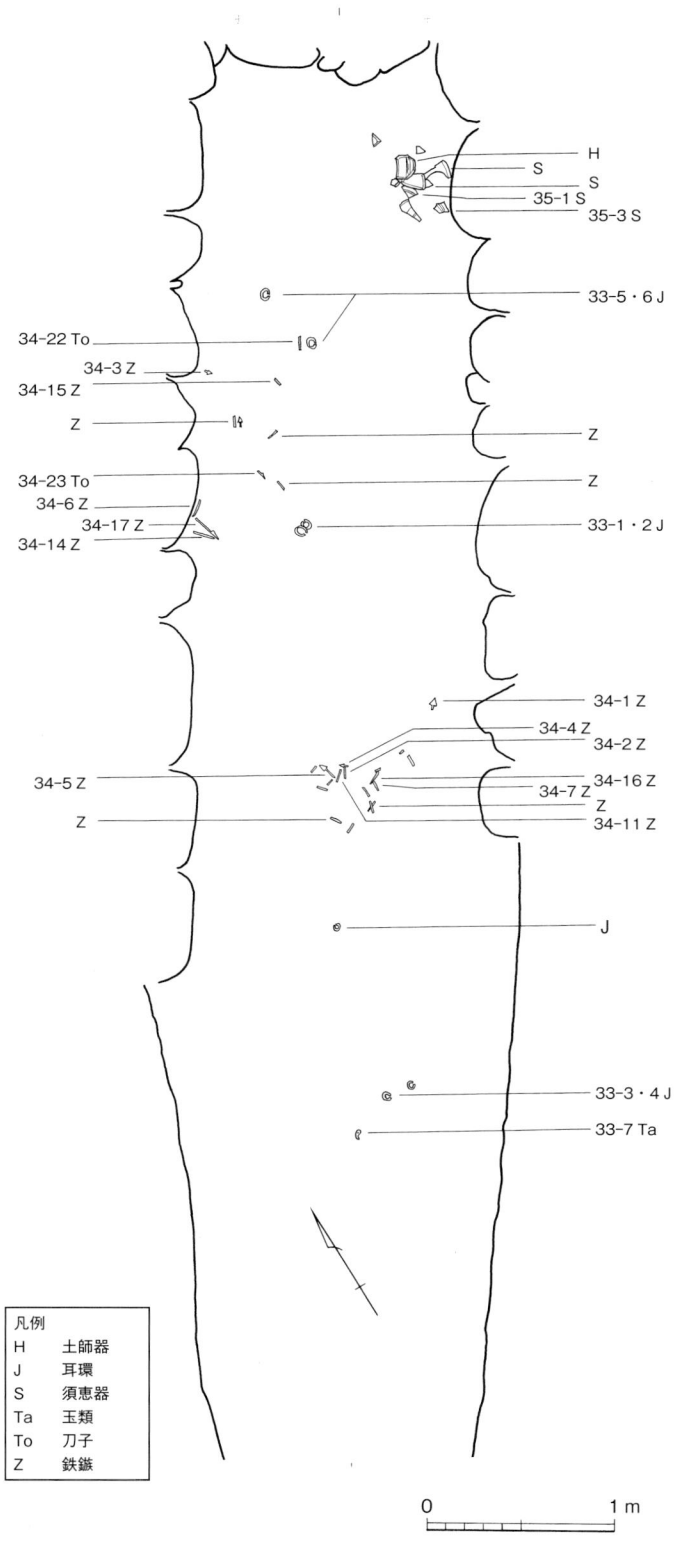

凡例
H　　土師器
J　　耳環
S　　須恵器
Ta　玉類
To　刀子
Z　　鉄鏃

第32図　下中林1号墳　遺物出土状態（1/40）

第3節　出土遺物

1　概　要

下中林1号墳の石室内から出土した遺物の内訳は、以下のとおりである。

　　［石室内］　装身具　耳環 7（1点は所在不明）
　　　　　　　　　　　　勾玉 1
　　　　　　　武　器　鉄鏃 13 以上
　　　　　　　馬　具　飾鋲 1
　　　　　　　工　具　刀子片 4
　　　　　　　土　器　須恵器 6（坏蓋 1、壺 1、甑 1、提瓶 2、平瓶 1）

2　装身具

耳　環（第33図1～6、第10表、図版29-1）　1～4は銅芯を使用している。出土位置から、1・2、3・4が対をなすものと考えられる。1・2は、長径3.2cm前後、短径2.8cm前後、内径1.30～1.63cmで、3・4はこれより幾分大きめの、長径3.3cm前後、短径2.95cm前後、内径1.38～1.64である。いずれも表面に銀箔を付着させるが、剥落が目立つ。断面形状は円形を呈する。5・6は鉄芯の耳環である。長径4.1cm、短径3.43cmと、銅芯のものと比べて大型である。表面は全体的に剥落しており、金属箔の有無は不明である。出土位置から、この5・6も対をなすものと考えられる。なお、調査時の記録では、もう1点の耳環が出土しているが、現在所在不明となっている。

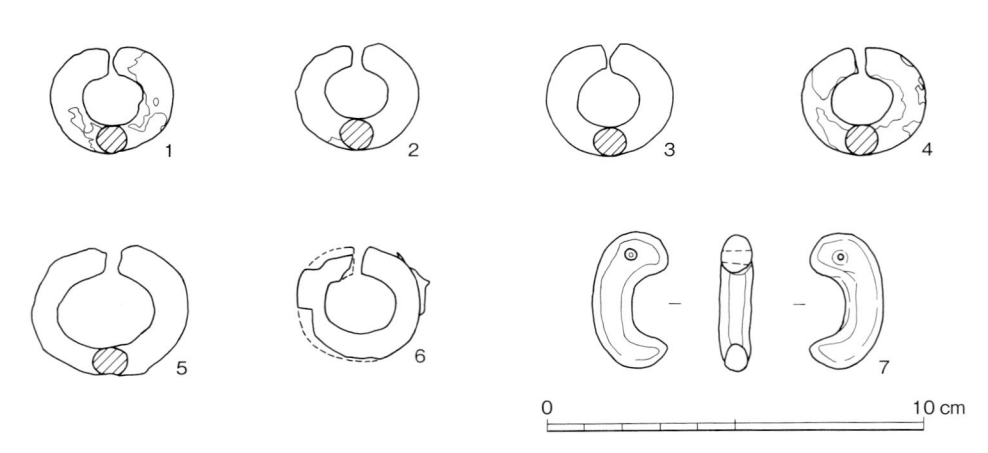

第33図　下中林1号墳　耳環・玉類（1/2）

第10表　下中林1号墳出土耳環観察表　　（単位cm・g）

図	番号	種類	材質	長径	短径	内長径	内短径	幅	厚さ	重量	旧番号	備考
33	1	耳環	銅	3.12	2.79	1.56	1.30	0.83	0.87	22.56	62.1 - 1.33	
33	2	耳環	銅	3.22	2.81	1.63	1.36	0.78	0.77	17.79	62.1 - 1.33	
33	3	耳環	銅	3.26	2.91	1.58	1.38	0.83	0.85	28.42	62.1 - 1.34	
33	4	耳環	銅	3.32	3.00	1.64	1.40	0.86	0.85	28.99	62.1 - 1.34	
33	5	耳環	鉄	4.10	3.43	2.48	2.07	0.7	0.82	－	62.1 - 1.32	
33	6	耳環	鉄	3.80	3.10	1.90	1.60	－	－	－	不明	

玉　類（第33図7、図版29-1）　7は瑪瑙製の勾玉である。長さ3.66cm、幅1.06cmのコの字形に近い形状を呈する。厚さは0.78cmで、頭部・尾部ともに先端は尖り気味である。穿孔は片側から施されるが、孔の周囲は丁寧に研磨され、面取りが行われている。孔径は0.31cm、重量は7.75gである。

3　武　器

鉄　鏃（第34図1～20、第11表、図版29-2、30-1）　完形のものはなく、鏃身部の数から少なくとも13本の存在を確認することができる。図示したのは部位の特徴を示す破片のみで、ほかに頸部や茎部の破片がある。

1は、鏃身部が三角形をなす平根系の鉄鏃で、内縁がわずかに屈曲する腸抉が特徴的である。鏃身部の表面には根挟みの痕跡とみられる部分もあるが、孔の存在は認められず、鏃身部につづく部分の厚みから、頸部をもつ平根系の鉄鏃と判断した。

2～5は、鏃身部が三角形をなす尖根系の鉄鏃である。腸抉をもつ鏃身部の長さは、2.2～2.7cmである。

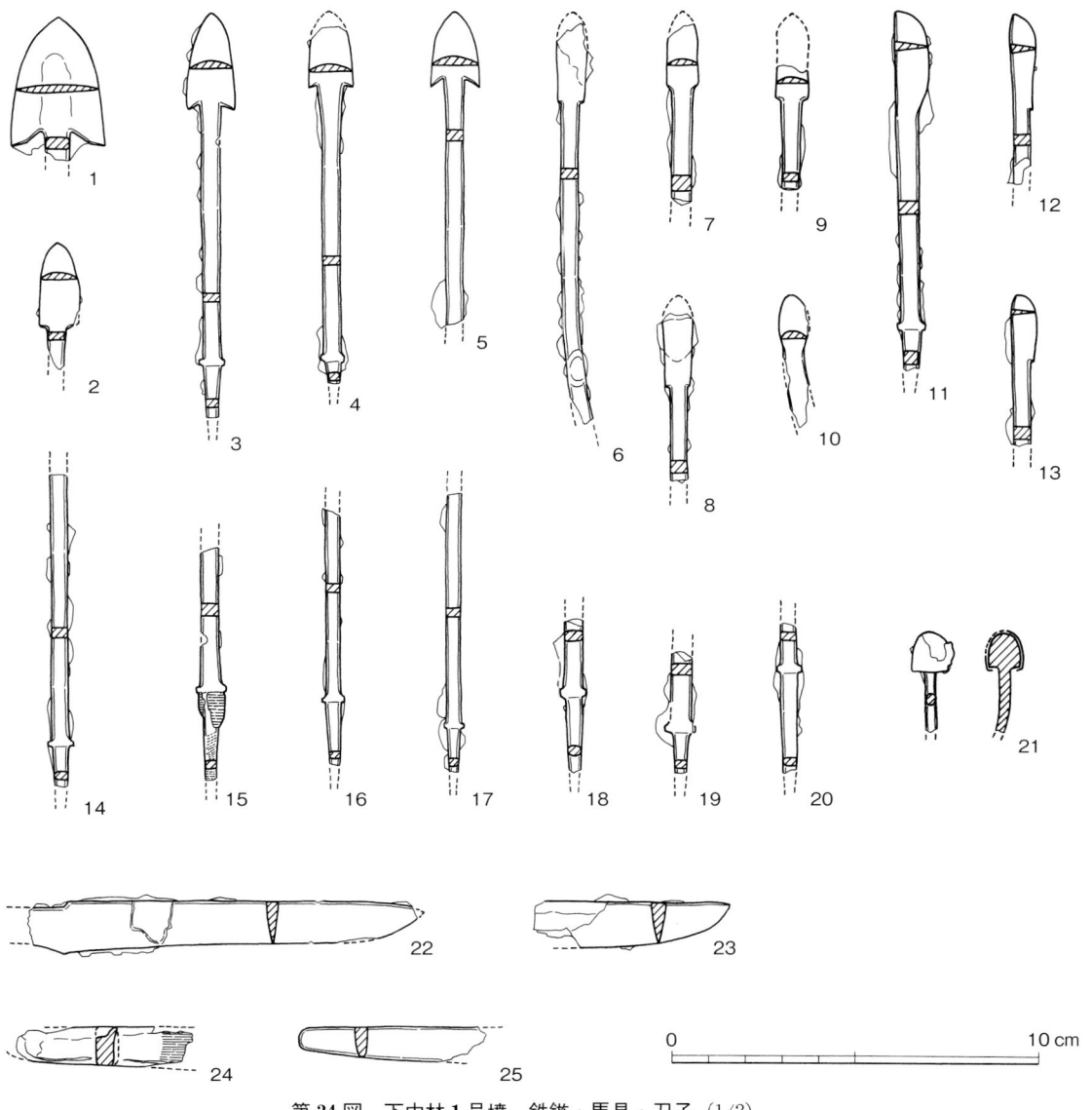

第34図　下中林1号墳　鉄鏃・馬具・刀子（1/2）

62　第IV章　下中林1号墳の調査

第11表　下中林1号墳出土鉄鏃観察表　　　　　　　　　　　　　　　　　　（単位cm）

図	番号	鏃身形態	鏃身関形態	鏃身断面	茎関形態	残存長	鏃身長	鏃身幅	旧番号	備考
34	1	三角形	腸抉	平造	−	4.10	3.60	2.60	62.1 - 1.9	
34	2	三角形	腸抉？	片丸造	−	3.40	2.40	(1.15)	62.1 - 1.16	
34	3	三角形	腸抉	片丸造	−	11.40	2.70	1.35	62.1 - 1.10	
34	4	三角形	腸抉	片丸造	−	9.90	−	1.25	62.1 - 1.13	
34	5	三角形	腸抉	片丸造	−	8.80	2.20	1.35	62.1 - 1.12	
34	6	柳葉	角関			11.20	−	0.85	62.1 - 1.20	
34	7	柳葉	撫関	片丸造	−	5.10	−	0.85	62.1 - 1.17	
34	8	柳葉	角関			4.80	−	0.85	62.1 - 1.Z6	
34	9	柳葉	角関	片丸造		3.50	−	0.95	注記なし	
34	10	三角形	撫関	片丸造	−	3.80	1.40	0.85	62.1 - 1.Z5	
34	11	片刃	撫関	平造	棘状関	10.0	2.70	0.95	62.1 - 1.14	
34	12	片刃	角関	平造	−	4.80	2.70	0.70	注記なし	
34	13	片刃	角関	平造	−	4.30	1.90	0.70	62.1 - 1.Z2	
34	14	−	−	−	棘状関	8.70	−	−	62.1 - 1.24	
34	15	−	−	−	棘状関	6.50	−	−	62.1 - 1.27	
34	16	−	−	−	棘状関	7.20	−	−	62.1 - 1.28	
34	17	−	−	−	棘状関	7.80	−	−	62.1 - 1.21	
34	18	−	−	−	棘状関	4.30	−	−	注記なし	
34	19	−	−	−	棘状関	3.40	−	−	62.1 - 1.Z3	
34	20	−	−	−	棘状関	4.20	−	−	62.1 - 1.Z4	

また、3と4の頸部長はそれぞれ7.4cm、7.8cmで、いずれも棘状関をそなえている。

6～9は、鏃身部が柳葉形をなす尖根系の鉄鏃である。鏃身関部は角関で、鏃身部長は2～2.5cmとみられる。鏃身部は両側縁がわずかにくびれ、先端の幅がややひろい。頸部の残存長は約9cmである。

10は、鏃身関部が撫関をなす両刃の尖根系鉄鏃である。この破片1点のみが確認できる。

11～13は、鏃身部が片刃形をなす尖根系の鉄鏃である。鏃身部の形態からさらに2つのタイプにわけられ、11は鏃身関部が撫関をなすもの、12・13は鏃身関部がわずかな角関をなすものである。なお、茎部までが残る11には棘状関が認められる。

14～20は、頸部から茎部にかけての破片である。すべて棘状関をそなえた破片で、残存する頸部は最大で7.6cmを測る。

以上の鉄鏃は、石室内の2ヶ所にわかれて出土している。石室北半部では三角形と柳葉形の尖根鏃が、また、石室中央部では三角形と片刃形の尖根鏃に加えて唯一の平根鏃が出土している。

4　馬　具

飾　鋲（第34図21、図版30-1）　鉄芯金銅張の飾鋲1点が出土している。残存長は2.8cmで、わずかに湾曲した脚部の先端は欠損している。頭部は直径、長さともに約1cmで、全体に砲弾状の丸味を帯びている。頭部を覆う金銅板には、わずかに鍍金部分が認められる。

この飾鋲は、脚部がやや長いことから、本体部分が一定の高さをもつ辻金具にともなうものである可能性が考えられる。下中林1号墳は全体に出土遺物が少なく、馬具とみられる遺物はほかに出土していないが、この飾鋲の存在から、本来は金銅製品をともなう馬具一式が副葬されていたものと推定される。

5　工　具

刀　子（第34図22～25、図版30-2）　鉄製刀子の破片4点が出土している。同一部位の数から、少なくとも2点の刀子が副葬されていたものと考えられる。22・23は切先をもつ破片で、残存長はそれぞれ、10.7cm、5.4cmである。24・25は茎部の破片で、残存長はそれぞれ、4.8cm、5.1cmである。24は、

23と同じ地点から出土しており、同一個体の可能性もある。

6 土 器

須恵器（第35図1～5、第12表、図版30） 6点以上の須恵器が出土している。個体が確認できるものの内訳は、坏蓋1点、壺1点、甕1点、提瓶2点、平瓶1点である。

1は坏蓋である。口縁部がわずかに外反し、内面に静止ナデが施される。

2は壺である。体部上半に並行する2条の沈線が施され、下方の沈線の上下にハケ工具先端による連続的な刺突で矢羽状の文様が施される。また、体部中心下部には2条の沈線が施される。

3は甕である。口縁部はわずかに外反し、口縁部と頸部の境に1条の沈線が施される。

4は提瓶である。口頸部外面には並行する2条の沈線、体部側面外面には1条の沈線、体部外面中心部には2条の沈線がめぐらされる。また、図化していないが、4とは別個体の提瓶の胴部片が1個体分存在する。

5は平瓶である。口縁部は内湾し、外面のカキメは明瞭である。

土師器 調査当時の記録には、奥壁近くの東壁際で須恵器とともに出土した土師器の存在が記載されているが、遺物は現在所在不明である。

（滝沢　誠・福島志野・村田　淳・前田　健）

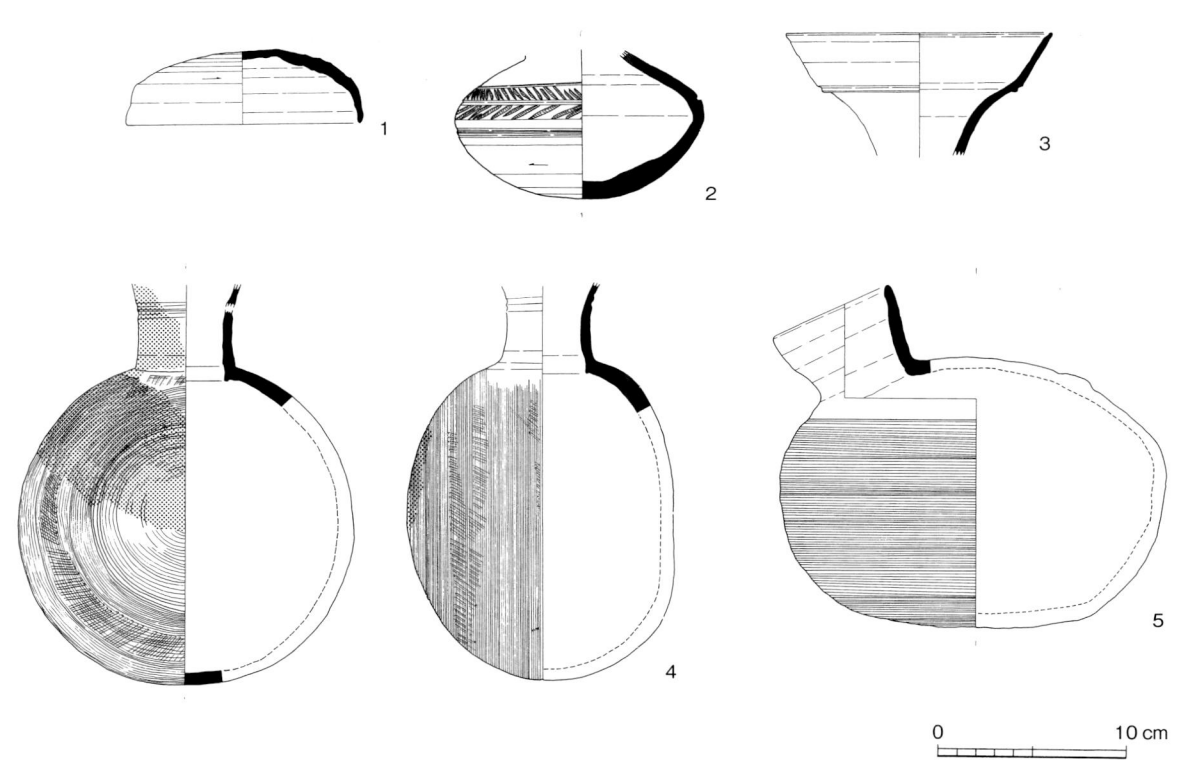

第35図　下中林1号墳　須恵器（1/4）

第12表　下中林1号墳出土須恵器観察表

（単位 cm・%）

図	番号	器種	器径	器高	その他の法量	残存率	外面調整	内面調整	色調	胎土	焼成	自然釉	旧番号	備考
35	1	坏蓋	12.7	4.2		60	ナデ ケズリ	ナデ	青灰	φ1mm 程の白色粒を含む	良		62.1-1.4	天井部内面静止ナデ
35	2	壺	13.2	8.2		体部 100	ナデ ケズリ	ナデ	灰	φ1mm 程の白色粒を含む	良		下中林一号墳	
35	3	甕	14.0	6.8		口縁部 30	ナデ	ナデ	灰黒	φ1mm 程の白色粒を含む	良	外面全体内面70%	62.1-1-3	
35	4	提瓶	17.9	21.8		口頸部 60 体部 80	口頸部ナデ 体部タタキ→カキメ	ナデ	灰白	φ1mm 以下の白色粒・黒色粒を含む	良	口頸部内面全体外面50%、体部上半30%	下中林一号墳	
35	5	平瓶	20.5	18.6	口径 6.5 体部高 14.8 頸部径 5.2	ほぼ完形	口頸部ナデ 体部カキメ	ナデ	灰白	φ1mm 程の白色粒を含む	良	口頸部内面及び体部上半全体	下中林一号墳	

第Ⅴ章　下中林2号墳の調査

第1節　墳　丘

　立　地（第30図）　下中林2号墳は、吉田川の開析谷に面した標高48m付近の緩斜面に築かれた古墳である。現在、谷田丘陵の西縁部には、静岡県立美術館へとつづく道路が整備されており、その途中に静岡県立大学方面へ向かう道路と交わるT字路がある。下中林1号墳は、このT字路の一角に今も残る「山神」の石碑の北西側約40mの地点に存在した古墳である。同時に調査された下中林1号墳は、この石碑をはさんで約60m離れた南東側上方に位置していた。

　規模と構造（第36・37図）　調査当時、古墳の周辺には茶畑がひろがっており、墳丘はすでに失われていた。そのため墳丘の構造については知り得ないが、石室の墓道につづく部分と墳丘の南東側に設けたトレンチでは周溝が検出されており、およその規模を推定することができる。それによれば、墳丘は石室の主軸方向にやや長い円形で、長径は20m程度、短径は17m程度と推定される。

　周溝は、石室開口部側で幅約3.6m、南東側トレンチ（第37図）で幅約2.8mが確認されている。

（滝沢　誠）

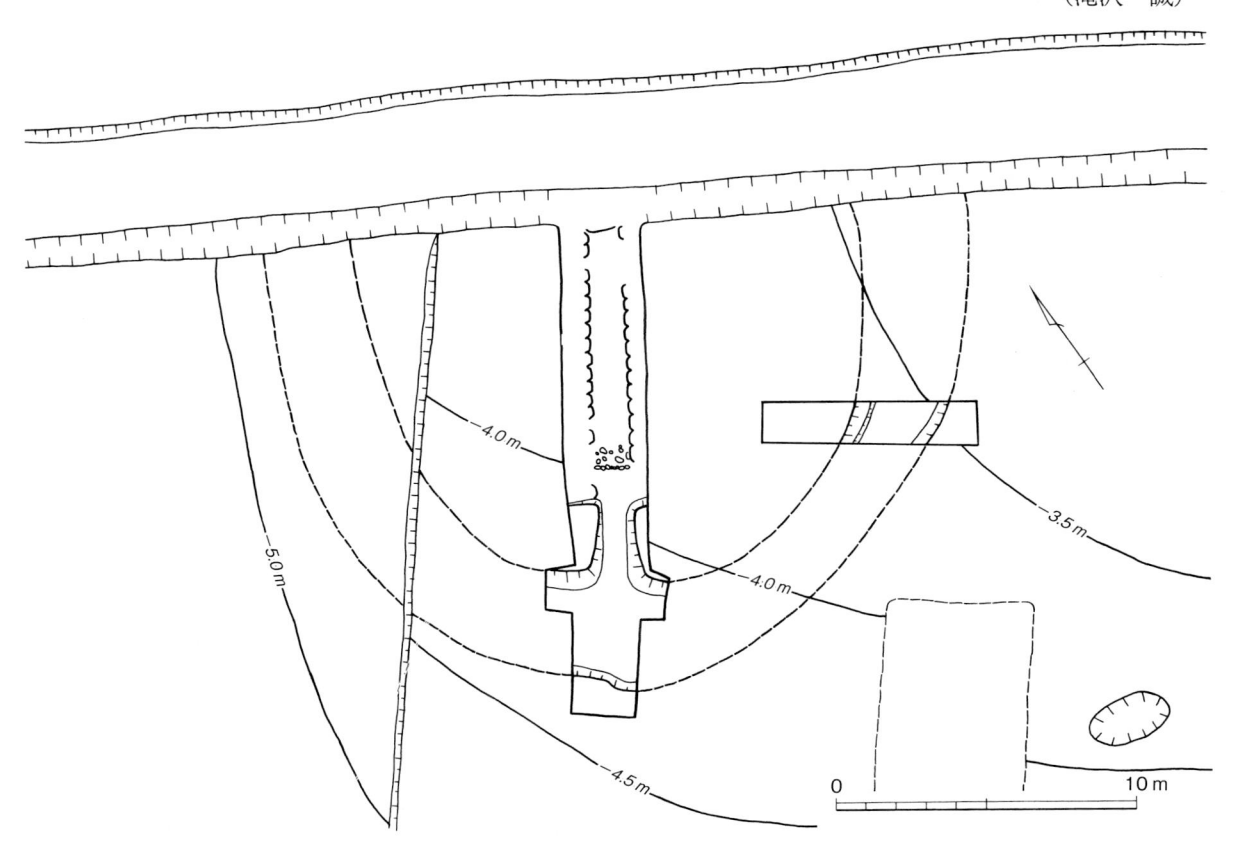

第36図　下中林2号墳　墳丘（1/250）

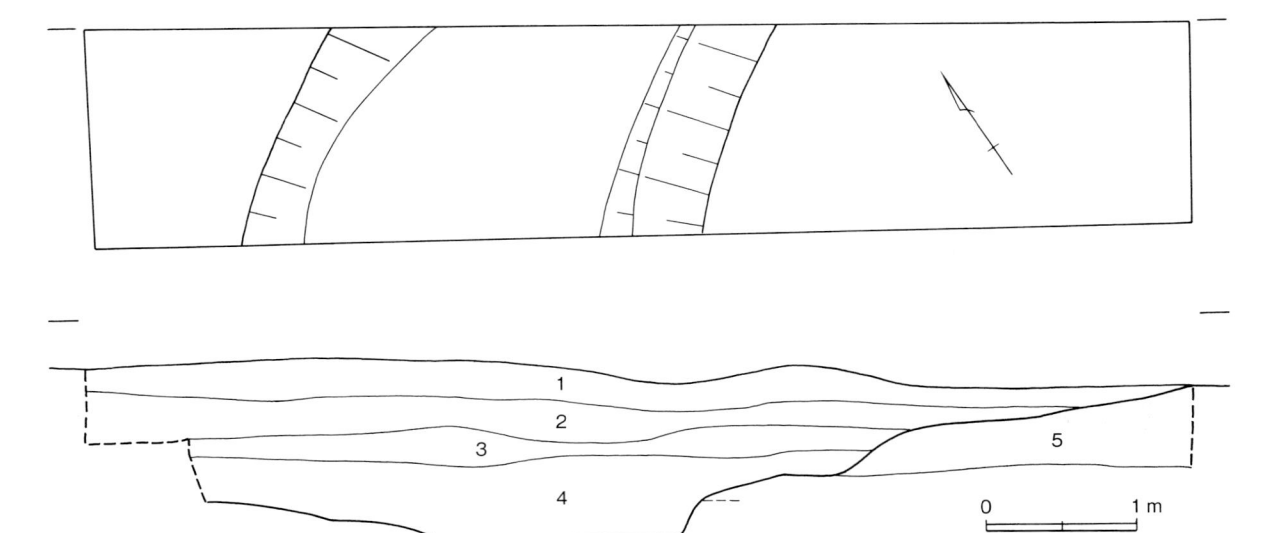

第1層 表土　　第2層 黒色土（赤土混り）　　第3層 黒色土（赤土多混）　　第4層 黒色土　　第5層 黒色土（赤土混り）

第37図　下中林2号墳　周溝　(1/50)

第2節　石　室

1　規模と構造（第38・39図、図版31・32）

残存状態　下中林2号墳の埋葬施設は南西に開口する横穴式石室で、主軸方位はN-39°-Eである。この石室は破壊が著しく、奥壁は基底石のみ、側壁は基底石と一部2段目までが残存する程度であった。床面にはほぼ全面に敷石が施されていたようであるが、破壊は床面にまで達する部分があり、一部の敷石は遺存していなかった。

形　状　上記のとおりの残存状態であるが、石室は無袖式で、玄室の平面形は長方形であることがうかがえる。一方、立面構造の把握は不可能であり、奥壁や側壁の構造はつかめない。なお、開口部からは、2.5mほどの墓道がつづいている。墓道の長さは、約2.5mである。

規　模　石室規模は全長9.2m、奥壁幅1.3mである。最大幅は、玄室中央部で1.5mである。残存高は、もっとも残りが良い西側壁中央部で敷石上面から測り、0.7mである。

石材の用法　奥壁は基底石のみの残存である。使用石材は、石室内からみて幅100cm、高さ20cmの大きさである。この石材のみで奥壁幅に達しないため、両側壁との間にはそれぞれ最大幅20cm程度の石材を使用している。側壁に使用されるのは、最大幅30～80cm程度の石材が主であり、5～10cm程度の石材を間詰め等に使用している。なお、奥壁は横積み、側壁は横積みと小口積みが混ざるようである。

床　面　床面は開口部に至るまで水平で、ほぼ全面に敷石が施されていたようである。また、その一部は二重になっていたようである（図版32-2）。ただし、奥壁から1.4m離れた西壁寄りは、2.0mの範囲にわたり敷石が遺存していなかった。これは後世の破壊による影響と考えられる。また、開口部より1.2mの範囲についても、敷石がみられなかった。この付近も破壊が著しいため、敷石が遺存しなかった可能性があるが、本来的にこの範囲は敷石が存在しなかったことも考えられる。敷石に使用される主な石材は、最大幅10～40cm程度の扁平な円礫であるが、より小さな円礫も多く使用されている。奥壁から6.3m離れた西壁寄りには、1.5mにわたりとくに大きめの扁平な礫が主軸と併行して2列に並んでおり、棺台等

第2節 石室　67

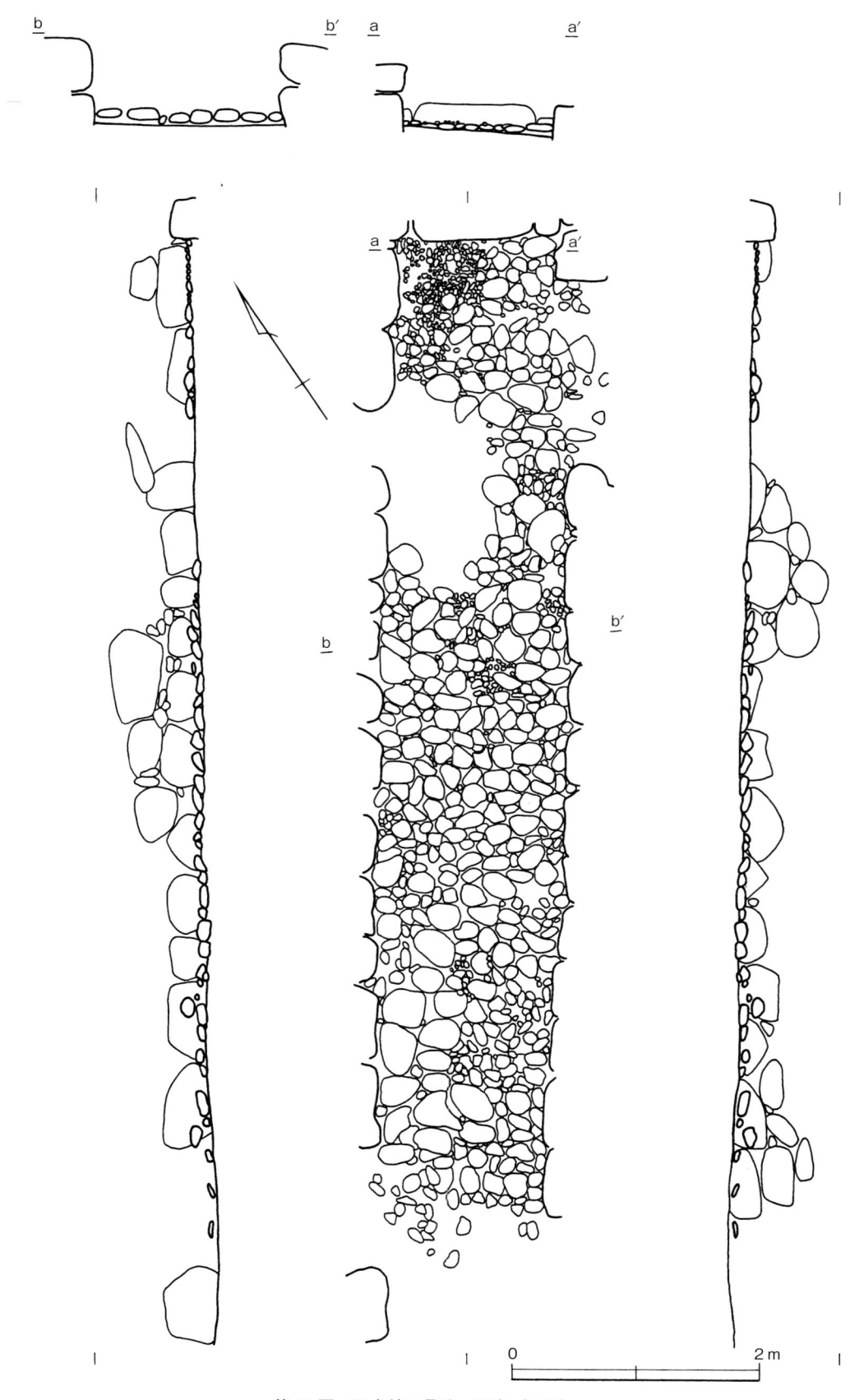

第38図　下中林2号墳　石室（1/50）

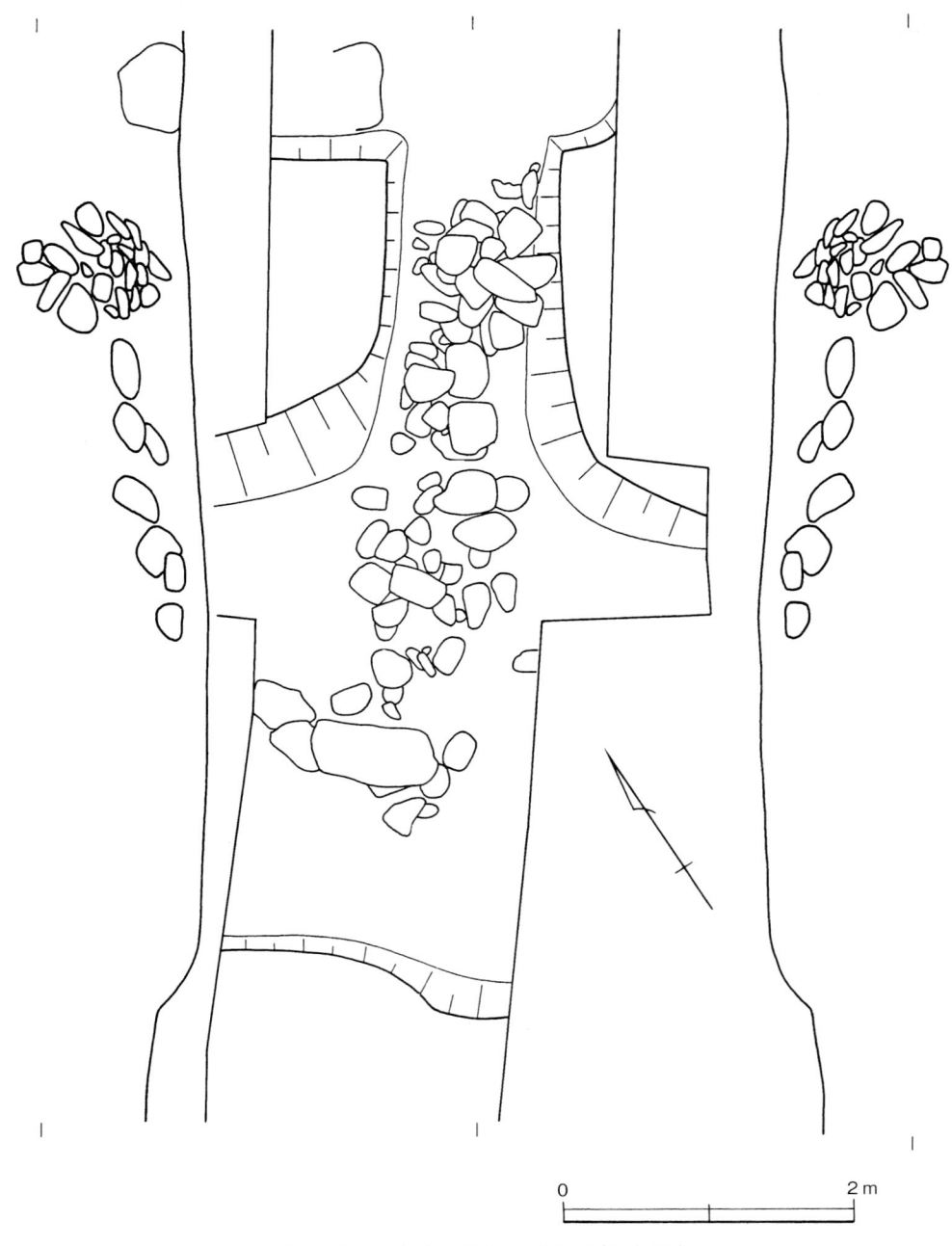

第39図　下中林2号墳　石室開口部（1/50）

の埋葬にかかわる施設である可能性も考えられる。

　閉　塞　閉塞は墓道の部分（第39図、図版31-3）で確認された。最大幅20〜50cm程度の石材を積みあげて閉塞としたもので、石材は約1.0mの範囲に1.0mほど積みあげられている状況が確認された。また、石材の一部は周溝付近にまで散乱していた。

　小　結　下中林2号墳の石室は残存状態が悪く、抽出し得る情報は限られていたものの、無袖式石室で長方形の玄室をもつこと、床面には敷石がみられること等は看取できた。注目できるのは、閉塞の位置である。石室の開口部になされるものの、石室内ではなく墓道に石材が積み上げられている。これは、墓道が石室と接する部分においては、ほぼ石室と同程度の壁面高を有していたためであろう。

2 遺物出土状態 （第40図、図版33）

残存状態 下中林2号墳の埋葬施設からは、鏡、馬具、武器、装身具、土器が出土している。この古墳に関しても、すべての遺物が最終埋葬時の位置をとどめているとは限らないが、奥壁手前の西壁寄りと、石室中央部に遺物の集中域が認められる。

遺物群 奥壁手前西壁寄りからは、玉類、鉄刀片、鉄鏃、両頭金具、馬具（環状鏡板付轡、鉸具、飾金具）、刀子、須恵器が出土している。これらは、副葬時の位置から大きく移動していないものと考えられる。

石室のほぼ中央部、奥壁から4.5～6.0m離れた範囲からは、鏡、馬具（鉸具）、鉄鏃、玉類、耳環が出土している。これらの遺物は、本来的な位置をとどめるものも含むと考えられるが、多くは攪乱等の影響を受けているようである。なお、この遺物集中域からは、注目すべき遺物が出土している。一つは小型の素文鏡、一つはガラス製の勾玉である。ともに古墳時代後期の駿河・遠江では、類例の少ない遺物である。

このほか、上記の遺物集中域の中間、奥壁から2.3～3.6m地点の東壁際からも須恵器や玉類、石室開口部付近からも須恵器や耳環などが出土している。このうち、前者の玉類については一定量が集中してみられ、埋葬時の位置をとどめている可能性がある。開口部付近から出土した須恵器に関しては閉塞儀礼に伴う遺物である可能性も想定される。　　　　　　　　（菊池吉修）

第3節　出土遺物

1　概　要

下中林2号墳の石室内からは比較的まとまった状態で多くの遺物が出土している。

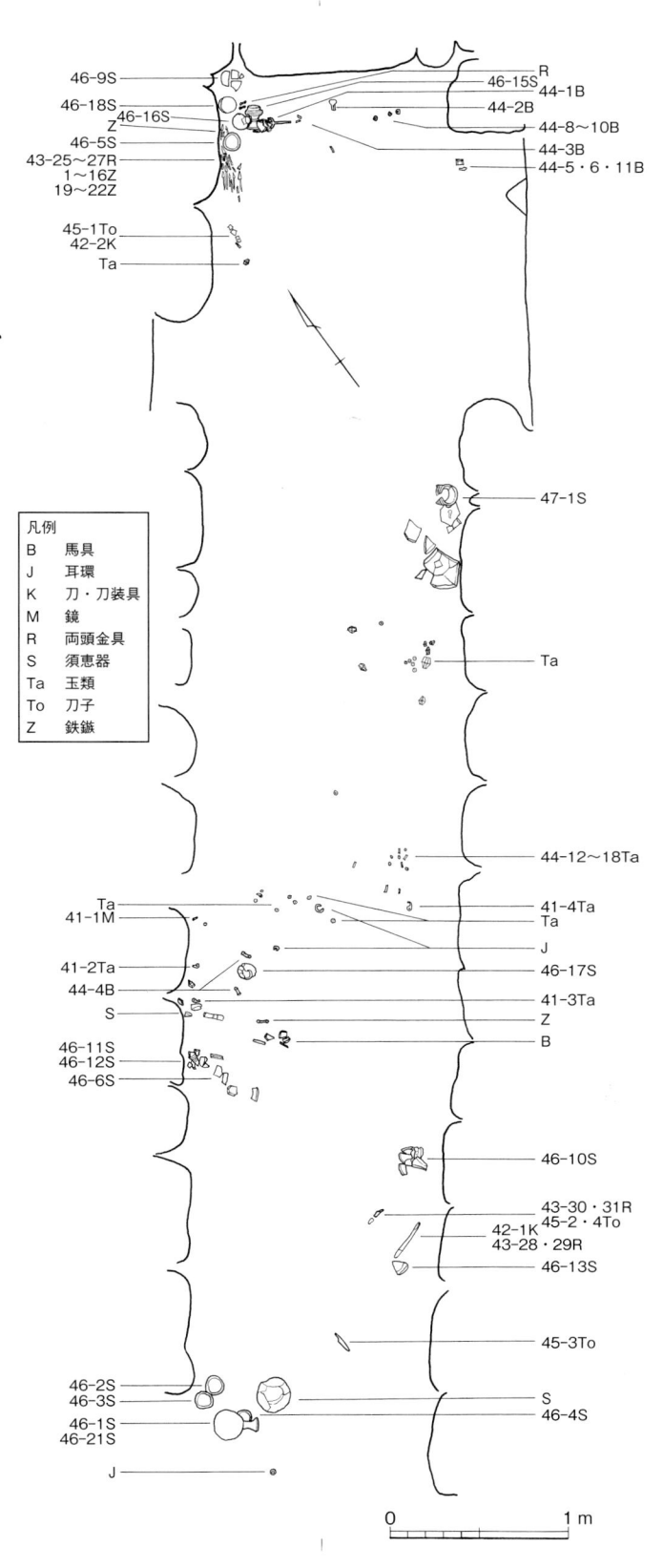

第40図　下中林2号墳　遺物出土状態 (1/40)

70　第Ⅴ章　下中林2号墳の調査

以下、その内訳を示す。

　　［石室内］　　鏡　　素文鏡1
　　　　　　　装身具　耳環3（所在不明）
　　　　　　　　　　　勾玉4（うち小勾玉1は所在不明）
　　　　　　　　　　　切子玉7
　　　　　　　　　　　管玉7
　　　　　　　　　　　丸玉10
　　　　　　　　　　　ガラス玉11
　　　　　　　武　器　鉄刀2
　　　　　　　　　　　鉄鏃20以上
　　　　　　　　　　　両頭金具7
　　　　　　　馬　具　轡1
　　　　　　　　　　　鞍2
　　　　　　　　　　　鉸具1
　　　　　　　　　　　飾金具7
　　　　　　　工　具　刀子4
　　　　　　　土　器　須恵器21（坏蓋3、坏身1、高坏蓋4、高坏6、脚付短頸壺1、坩1、盌1、埦1、平瓶1、
　　　　　　　　　　　　フラスコ形長頸瓶1、提瓶1）

2　鏡

　鏡（第41図1、図版34-1）　面径3.3cmの銅製の素文鏡である。背面に長軸長3.0cm、短軸長0.4cmの長楕円形の鈕を有する以外、文様等の加飾は認められない。重量は、6.82gである。

3　装身具

　耳　環　調査当時の記録によれば、石室中央部で2点の耳環が出土している。また、開口部付近で「小金環」1点が出土しており、耳環と思われる。残念ながら、現在この3点は所在不明である。

　玉　類（第41図2～39、第13表、図版34、35-1）　2～4は勾玉である。2は緑色のガラス製で、下半部を欠くものの、遺存状態は良好である。残存部分から推定して、コの字状に近い形状と考えられる。3・4は瑪瑙製で、いずれも乳白色を呈する。4は他と比べて幾分小型で、頭部・尾部ともに先端が尖り気味である。なお、調査時の記録によると、ほかに「小勾玉」1点が出土しているが、現在所在不明である。

　5～11は水晶製の切子玉である。5～10は断面が六角形であるが、11のみ八角形で、他の2倍程度の重量をもつ。いずれも片側穿孔である。穿孔面と反対側の孔の周囲は欠損が目立つ。

　12～18は碧玉製の管玉である。直径0.62～0.75cm、高さ0.20～0.35cmで、表面を丁寧に研磨している。穿孔はすべて片側からである。

　19～28は丸玉である。いずれも変質凝灰岩製で、黒色あるいは暗褐色を呈する。直径0.93～1.0cm、高さ0.25～0.31cmである。両端は面取りされている。

第3節 出土遺物　71

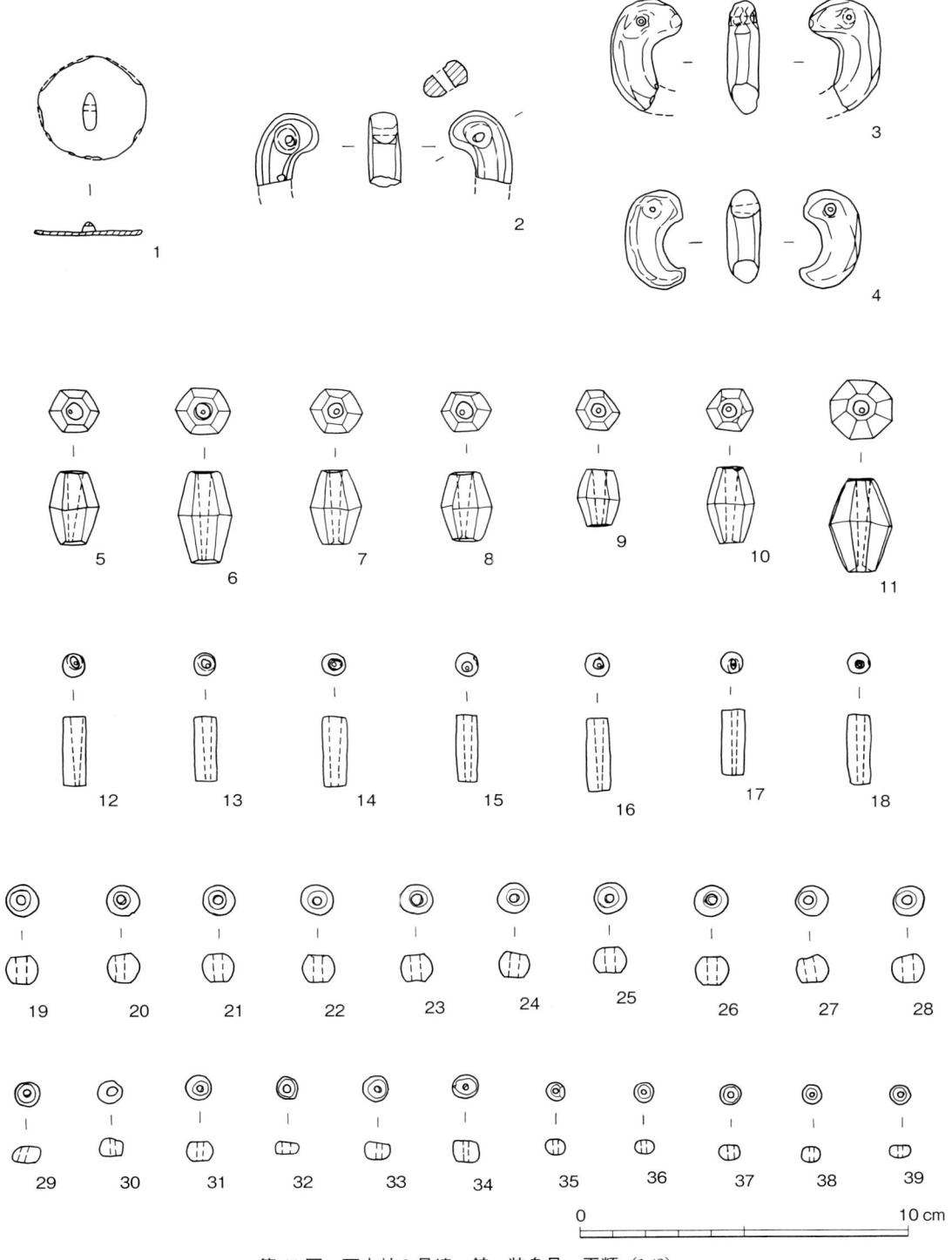

第41図　下中林2号墳　鏡・装身具・玉類（1/2）

　29～39はガラス製の小玉である。そのうち、29～34は直径0.69～0.79cm、高さ0.38～0.61cmで、濃紺色を呈する。一方、35～38は緑色で、直径0.60～0.65cm、高さ0.43～0.46cmと、濃紺色のものと比べてやや大型である。39は直径0.61cm、高さ0.44cmで、黄色を呈する。

　以上の玉類のうち、ガラス製勾玉の出土は注目される。弥生時代から古墳時代前期には西日本を中心に出土が確認されているが、古墳時代中期以降は出土数が限られる。静岡県内の後期古墳出土例としては静

第13表　下中林2号墳出土玉類観察表　　　　　　　　　　　　　　　　　（単位 cm・g）

図	番号	種類	材質	色調	計測値				備考
					直径・長さ	孔径	高さ・厚さ	重量	
41	2	勾玉	ガラス	緑色	2.25	0.25	0.91	5.21	1/3欠損
41	3	勾玉	瑪瑙	乳白色	3.50	0.31	0.92	7.87	1/5欠損
41	4	勾玉	瑪瑙	乳白色	3.02	0.87	0.97	7.76	
41	5	切子玉	水晶	透明	2.31	0.42	1.51	5.94	
41	6	切子玉	水晶	透明	2.83	0.50	1.59	8.78	
41	7	切子玉	水晶	透明	2.29	0.31	1.50	6.16	
41	8	切子玉	水晶	透明	2.15	0.42	1.45	5.32	
41	9	切子玉	水晶	透明	1.82	0.41	1.23	3.77	
41	10	切子玉	水晶	透明	2.41	0.34	1.31	5.67	
41	11	切子玉	水晶	透明	2.90	0.34	1.92	13.01	
41	12	管玉	碧玉	深緑色	0.69	0.34	2.20	1.91	
41	13	管玉	碧玉	深緑色	0.75	0.26	2.06	1.68	
41	14	管玉	碧玉	深緑色	0.62	0.36	2.18	1.63	
41	15	管玉	碧玉	深緑色	0.65	0.31	2.16	1.72	
41	16	管玉	碧玉	深緑色	0.62	0.23	2.35	1.83	
41	17	管玉	碧玉	深緑色	0.70	0.20	2.08	2.14	
41	18	管玉	碧玉	深緑色	0.63	0.25	2.20	1.66	
41	19	丸玉	変質凝灰岩	黒色	0.98	0.27	0.85	1.21	
41	20	丸玉	変質凝灰岩	暗褐色	0.97	0.25	0.87	0.87	
41	21	丸玉	変質凝灰岩	黒色	0.93	0.31	0.86	1.10	
41	22	丸玉	変質凝灰岩	黒色	0.98	0.27	0.84	1.25	
41	23	丸玉	変質凝灰岩	黒色	0.96	0.29	0.78	1.08	
41	24	丸玉	変質凝灰岩	黒色	0.94	0.30	0.84	1.13	
41	25	丸玉	変質凝灰岩	黒色	0.96	0.30	0.83	1.18	
41	26	丸玉	変質凝灰岩	黒色	1.00	0.31	0.86	1.23	
41	27	丸玉	変質凝灰岩	黒色	0.97	0.29	0.85	1.20	
41	28	丸玉	変質凝灰岩	黒色	0.96	0.30	0.85	1.10	
41	29	小玉	ガラス	濃紺色	0.79	0.23	0.49	0.49	
41	30	小玉	ガラス	濃紺色	0.73	0.30	0.54	0.40	
41	31	小玉	ガラス	濃紺色	0.76	0.19	0.58	0.47	
41	32	小玉	ガラス	濃紺色	0.69	0.23	0.38	0.26	
41	33	小玉	ガラス	濃紺色	0.77	0.21	0.51	0.44	
41	34	小玉	ガラス	濃紺色	0.73	0.16	0.61	0.51	
41	35	小玉	ガラス	緑色(不透明)	0.60	0.15	0.46	0.24	
41	36	小玉	ガラス	緑色(不透明)	0.62	0.15	0.43	0.23	
41	37	小玉	ガラス	緑色(不透明)	0.65	0.17	0.44	0.24	
41	38	小玉	ガラス	緑色(不透明)	0.62	0.15	0.45	0.24	
41	39	小玉	ガラス	黄色(不透明)	0.61	0.15	0.44	0.23	

岡市神明山4号墳、浜松市地蔵平古墳群が挙げられる（清水市教育委員会2004、浜松市文化協会1992）。神明山4号墳はガラス製勾玉以外にも圭頭大刀や金銅製馬具、挂甲小札などの副葬品が出土しており、石室規模の点からも静岡・清水平野における有力古墳のひとつと考えられている。なお、中期の例ではあるが、前方後円墳である同市三池平古墳からもガラス製勾玉が出土している。また、地蔵平古墳群出土のガラス製勾玉は、下中林2号墳出土のものと欠損部位が同じである。類例が乏しいため十分な検討にはいたらないが、故意に打ち欠いたとするならば、ガラス製勾玉の副葬行為に何らかの意味が込められていたと推測することもできよう。

4　武　器

　鉄　刀（第42図1・2、図版35-2）　2点が出土している。1は、石室南半部の東壁際から出土した小刀である。現状では身部の中程で分離していて互いに接合しないが、残存部分をあわせた長さは28.2 cm である。身部幅は1.7〜2.1 cm、棟幅は0.4〜0.5 cm で、関部近くには直径0.5 cm ほどの円孔が認められる。茎部長は7.4 cm、茎部幅は1.4〜2.0 cm で、丸味を帯びた茎尻の近くには目釘が残存している。関部は

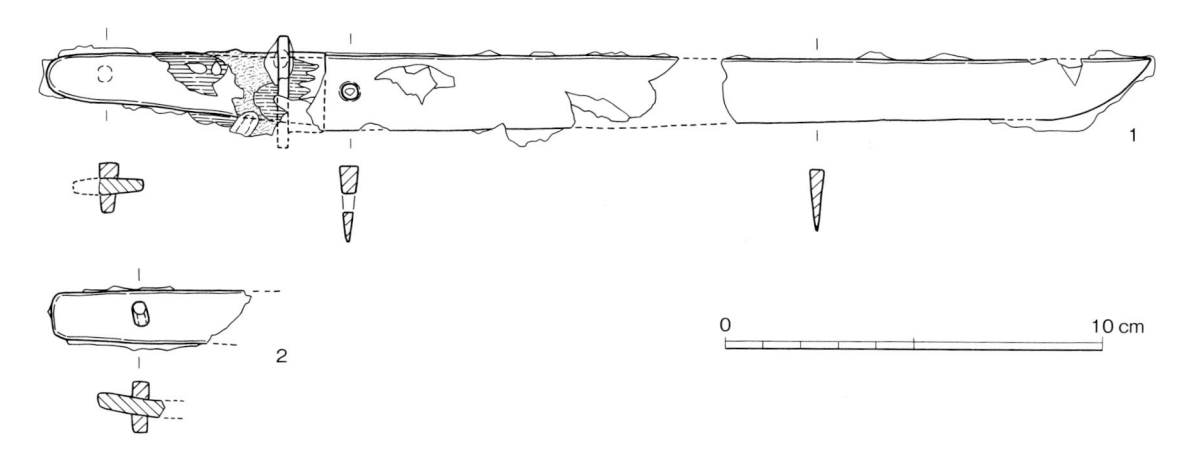

第42図　下中林2号墳　鉄刀（1/2）

浅い両関とみられ、鎺の一部が残存している。鎺は側面幅1.3cmほどで、茎部側の縁を0.4cmほど外側に折り曲げて鐔状にしている。この鎺には鞘の一部とみられる木質が付着しており、茎部には把木の一部が残存している。

2は茎部の破片で、残存長は5.4cmである。茎尻はほぼ直線的で、そこから2cmほどの位置には目釘が認められる。残存部分の茎部幅は1.3～1.5cm、棟幅は0.5cmである。

鉄　鏃（第43図1～24、第14表、図版35-3、36-1）　大半が石室奥壁近くの西壁際で出土しており、完形に近いものが多い。鏃身部から確認できる個体数は20本である。

1～17は、鏃身部が柳葉形をなす尖根系の鉄鏃である。すべて1ヶ所から出土しており、ほぼ全形を知りうるものが12本ある。鏃身部はわずかに外反する腸抉をもつものが多く、茎関はいずれも棘状関をそなえている。全長は最大で15.7cmを測り、おおむね15cm前後とみられる。鏃身部長は4cm前後のものがほとんどであるが、例外的に5.0cmを測るものも認められる。頸部長は4.8～5.6cmで、5cm台の前半が主流である。

18は、鏃身部が長三角形をなす平根系の鉄鏃である。鏃身部の上半と頸部以下を欠損している。鏃身部には明確な腸抉が認められる。

19は、鏃身関部が撫関をなす両刃の尖根系鉄鏃である。この破片1点のみが確認できる。

20は、鏃身部が片刃形をなす尖根系の鉄鏃である。鏃身関部をもたず、鏃身部の先端が直線的になるタイプである。この破片1点のみが確認できる。

21～24は、頸部から茎部にかけての破片である。いずれも棘状関をそなえている。

以上の鉄鏃のうち、主体を占める柳葉形の尖根鏃は、ひとまとまりの鏃束として須恵器や馬具とともに奥壁近くに副葬されたものとみられる。一方、石室の開口部側では、鏃身部形態不明の鉄鏃片が耳環や玉類などとともに散在的に出土している。このことから、少なくとも2回の埋葬に際して鉄鏃の副葬が行われたものと推定される。

両頭金具（第43図25～31、第15表、図版36-2）　7点が出土している。いずれも鉄製で、弓の木質が遺存しているものもある。欠損もしくは変形しているものが多く、全形を知りうるものはほとんどない。両頭部が残存しているものの観察から、大きさは長さ3.3cm前後、筒金径0.5～0.6cm、芯棒径0.35cm前後である。花弁部はほとんどが欠損しているため不明である。

これらの両頭金具のうち、25～27の3点は石室奥壁近くの西壁際でまとまって出土しており、28～31

74　第Ⅴ章　下中林2号墳の調査

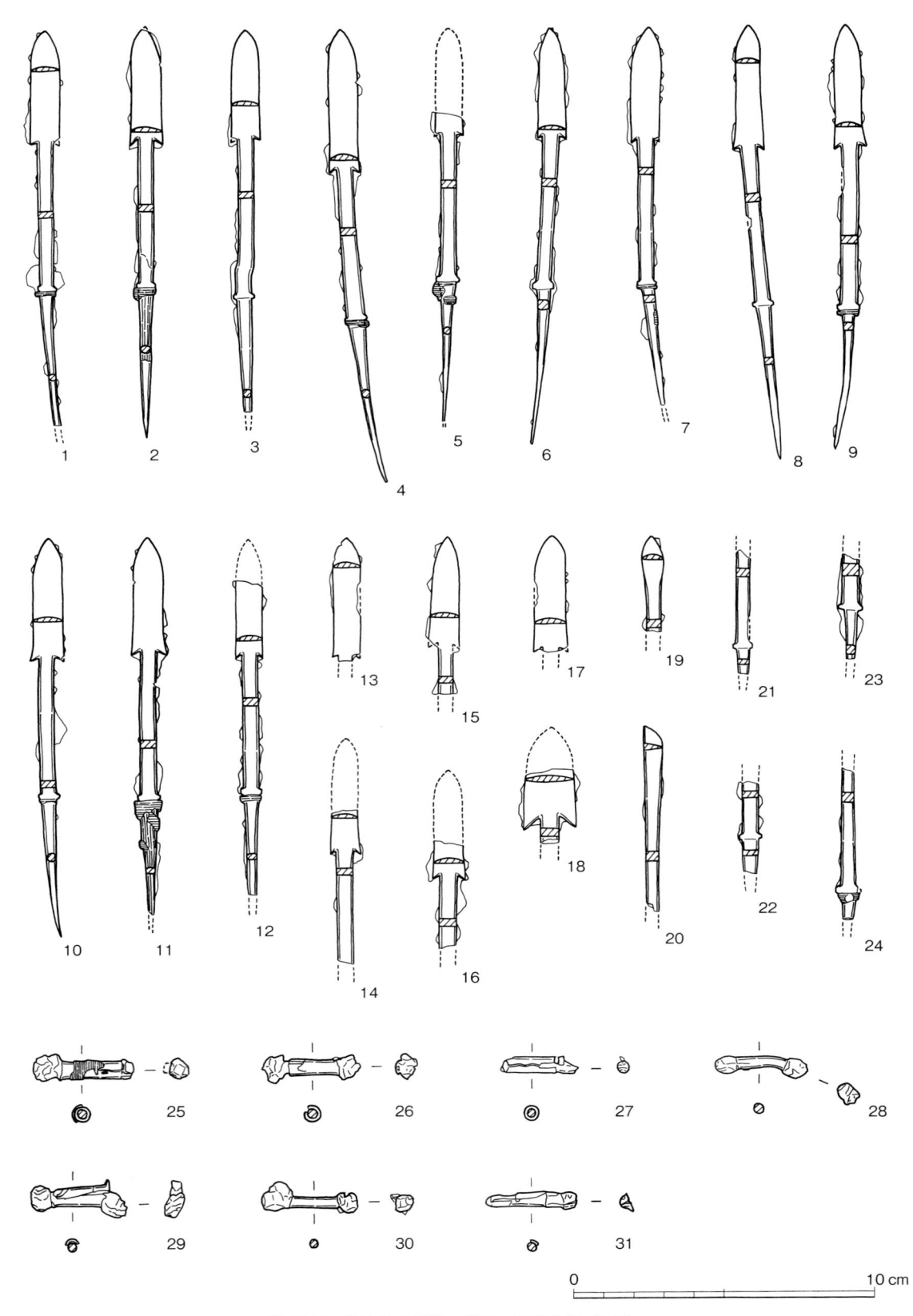

第43図　下中林2号墳　鉄鏃・両頭金具（1/2）

第14表　下中林2号墳出土鉄鏃観察表　　　　　　　　　　　　　　　　　　　　　　　（単位cm）

図	番号	鏃身形態	鏃身関形態	鏃身断面	茎関形態	残存長	鏃身長	鏃身幅	旧番号	備考
43	1	柳葉	腸抉	片丸造	棘状関	13.60	3.90	1.00	62.1-2.34	
43	2	柳葉	腸抉	片丸造	棘状関	14.00	4.00	1.05	62.1-2.35	
43	3	柳葉	腸抉	片丸造	棘状関	13.10	3.80	0.95	62.1-2.6	
43	4	柳葉	腸抉	片丸造	棘状関	15.70	5.00	0.95	62.1-2.37	
43	5	柳葉	腸抉		棘状関	10.60	−	0.95	62.1-2.38	13と錆着
43	6	柳葉	腸抉	片丸造	棘状関	14.30	3.80	0.95	62.1-2.39	
43	7	柳葉	腸抉		棘状関	13.00	4.00	1.00	62.1-2.40	
43	8	柳葉	腸抉	片丸造	棘状関	14.90	4.30	1.05	62.1-2.41	
43	9	柳葉	腸抉	片丸造	棘状関	14.50	4.20	1.10	62.1-2.42	14と錆着
43	10	柳葉	腸抉	片丸造	棘状関	13.70	4.20	1.00	62.1-2.44	15と錆着
43	11	柳葉	腸抉		棘状関	13.00	4.00	1.15	62.1-2.46	12と錆着
43	12	柳葉	腸抉	片丸造	棘状関	10.80	−	0.90	62.1-2.47	11と錆着
43	13	柳葉	腸抉	片丸造	−	4.30	(4.10)	0.90	62.1-2.38	5と錆着
43	14	柳葉	腸抉	片丸造	−	5.30		1.00	62.1-2.43	9と錆着
43	15	柳葉	腸抉	片丸造	−	5.40	3.80	1.00	62.1-2.45	10と錆着
43	16	柳葉	腸抉	片丸造	−	3.70	−	1.10	62.1-2.49	
43	17	柳葉	腸抉	片丸造	−	4.00	3.90	1.00	62.1-2.48	
43	18	長三角形	腸抉	平造	−	2.60	−	1.75	62.1-2.Z10	
43	19	三角形	撫関	片丸造	−	3.30		−	62.1-2.50	
43	20	片刃	無関	平造	−	6.40		0.65	62.1-2.Z11	
43	21	−	−	−	棘状関	4.20			62.1-2.51	
43	22	−	−	−	棘状関	3.20			62.1-2.51	
43	23	−	−	−	棘状関	3.60			62.1-2.56	
43	24	−	−	−	棘状関	5.30			62.1-2.Z13	

第15表　下中林2号墳出土両頭金具観察表　　　　　　　　　　　　　　　　　　　　（単位cm）

図	番号	全長	筒金径	花弁数	旧番号	備考
43	25	(3.35)	0.55	4弁か	62.1-2.67	木質遺存
43	26	3.30	0.60	欠	62.1-2.68	
43	27	(2.65)	0.55	欠	62.1-2.69	
43	28	3.20	0.35～0.40	欠	62.1-2.70	
43	29	3.20	[0.55]	4弁以上	62.1-2.71	
43	30	3.15	不明	欠	62.1-2.72	芯棒径0.35cm
43	31	(3.00)	不明	欠	62.1-2.73	芯棒径0.3～0.35cm

※計測値の（　）は残存値、[　]は推定値

の4点は、そこから6m近く離れた石室開口部寄りで出土している。本石室の副葬品は石室中央部を挟んで大きく2群にわかれることから、両頭金具をそなえた飾弓についても、2張が副葬されていたものと考えられる。

5　馬　具

轡（第44図1、図版37-1）　鉄製の環状鏡板付轡1点が出土している。現状では、保管箱から取り出せないほどに劣化が進行しているため、計測可能な残存部分から模式図を作成した。鏡板は、鉸具付きの環状鏡板で、残存する環状部は幅約5.5cm、高さ約5cmである。鉸具立聞は、幅3.3cm、高さ2.8cmで、長さ2.5cmほどの刺金をともなっている。銜は二連で、左右それぞれの長さは約10cmである。計測可能な引手は長さ約14cmで、引手壺が外方に折り曲げられたくの字引手である。

鞍（第44図2・3、図版37-2）　ほぼ完形の鉄製輪金2点が出土している。いずれも上部が左右に張り出す形状で、2は長さ5.3cm、幅4.5cm、3は長さ4.6cm、幅4.0cmである。2の下部には棒状の細片が付着しているが、本来のものかは定かでない。現在これらの輪金に脚や座金具などは認められず、大きさも異なっている。そのため、一対の鞍とするにはやや難があるが、奥壁近くで20cmほどの間隔をおいて出土している点を重視し、ひとまず鞍にともなう鞍と判断した。

76　第Ⅴ章　下中林2号墳の調査

鉸　具（第44図4、図版37-2）　鉄製の輪金とみられるもの1点が出土している。残存する輪金は左右で直角に折り曲げられており、全体として長方形をなすものとみられる。残存長は4.8cm、幅は3.5cmである。

飾金具（第44図5〜11、図版37-2）　4種類の鉄地金銅張飾金具7点が出土している。

5は、一辺3.7cmの座金具に4鋲を配した飾金具である。鉄製の座金具は高さ0.8cmの台形状で、上面に金銅板を施したのち、頭部に金銅を被せた鋲を配したものとみられる。ただし、鋲の頭部はすべて失われている。

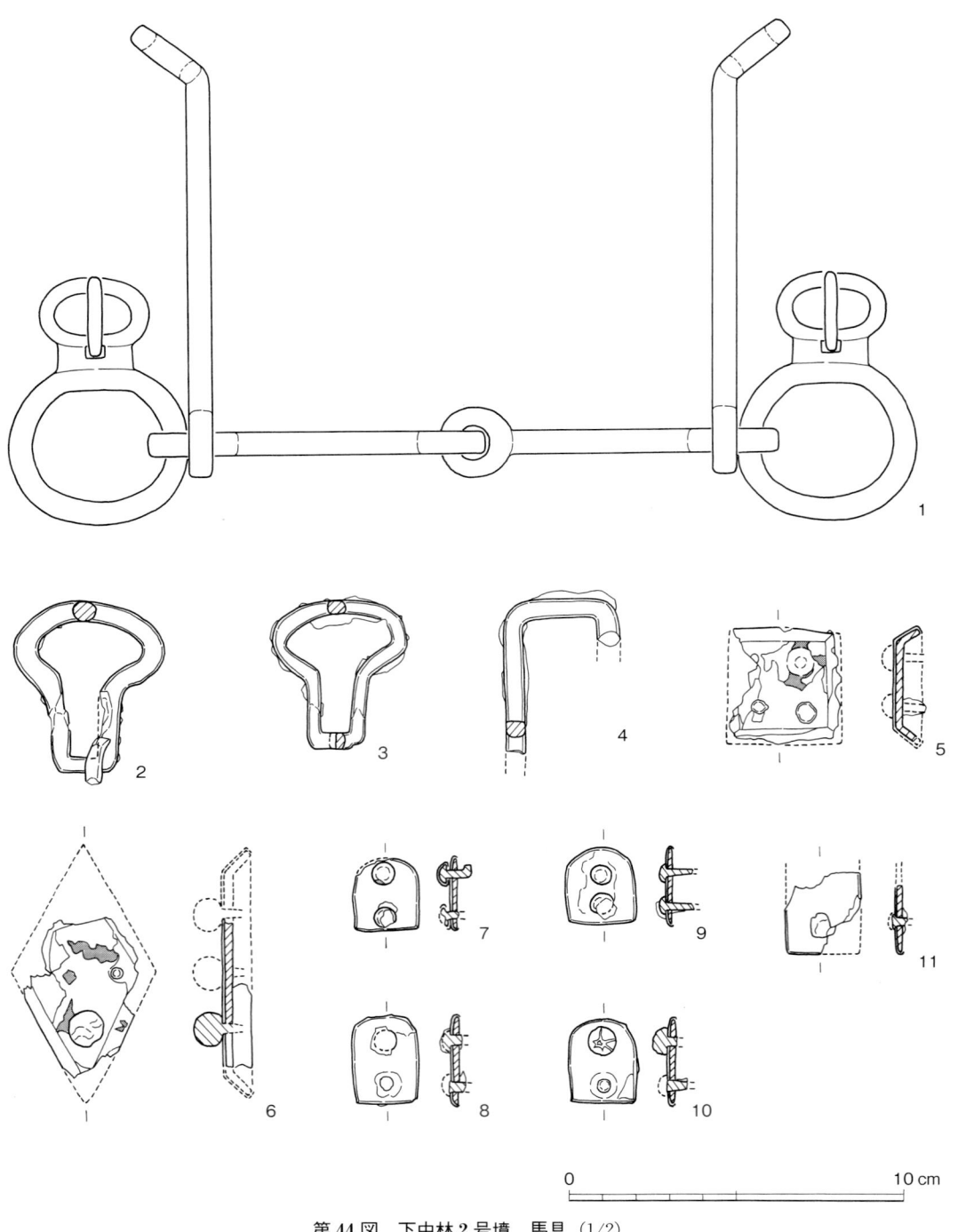

第44図　下中林2号墳　馬具（1/2）

6は、5と同じつくりの飾金具で、菱形の座金具をもつ。四隅を欠いているが、復原による長さは8.0cm、幅は4.3cmである。上面には菱形に4鋲を配したものとみられ、直径約1cmの鋲が1ヶ所残存している。

7~10は、革帯の先端に取り付けられたとみられる飾金具である。いずれも一端が弧状になった爪形で、長さは2.3~2.6cm、幅は2.0~2.1cmである。板状の本体表面に金銅板を施したのち、頭部に金銅を被せた直径0.6cmほどの鋲を縦2ヶ所に配したつくりで、7には折り曲げられた鋲脚が残存している。

11は、7~10と同じつくりの飾金具で、幅と長さが異なっている。欠損により全体の形状は不明であるが、鋲の残存状況からみて長さが3cmを上回ることは確実で、幅も2.3cmと大きい。

以上の馬具類は、1点の鉸具をのぞいて、すべて石室の奥壁近くで出土している。それらは、盗掘等により散逸したであろうものを含め、本来一式の馬装を構成していたものと想定される。

6 工 具

刀子（第45図1~4、図版36-3） 鉄製刀子4点が出土している。1は切先を欠損した身部の破片で、残存長は7.6cmである。2はほぼ完形である。全長は10.8cmで、身部長は7.0cm、茎部長は3.8cmである。両関を有し、身部と茎部には木質の付着が認められる。3・4は、切先と茎尻を欠損した身部から茎部にかけての破片である。いずれも両関を有し、身幅1cm程度のやや小ぶりな刀子である。3の残存長は5.7cm、4の残存長は5.3cmである。3の関部には、長径1.1cm、側面幅0.5cmの小さな鎺が付属している。

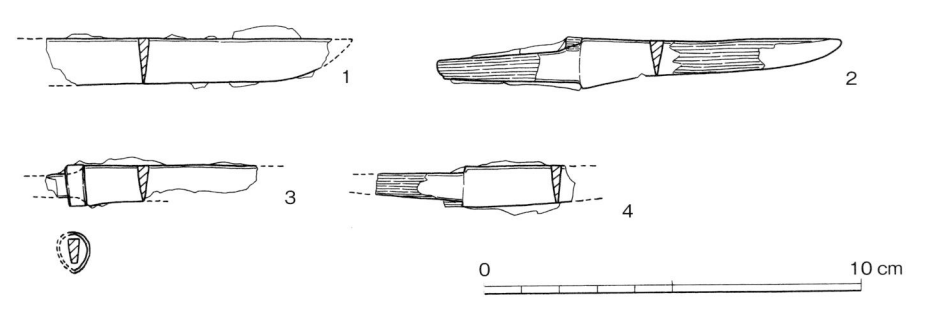

第45図　下中林2号墳　刀子　（1/2）

7 土 器

須恵器（第46図1~21、第47図1、第16表、図版38~40） 22点以上の須恵器が出土している。個体が確認できるものの内訳は、坏蓋3点、坏身1点、高坏蓋4点、高坏6点、脚付短頸壺1点、坩1点、盌1点、埦1点、平瓶2点、フラスコ形長頸瓶1点、提瓶1点である。

第46図1~3は坏蓋である。1は口縁部内面に強いナデが施されて凹み、口縁部の形状は内湾する。天井部外面には「λ」のヘラ記号が施される。2の口縁部はほぼ直立するが、わずかに外反する。口縁部に沈線が1条施される。3の口縁部内面は2条の強いナデによって凹み、口縁部は外反する。

第46図5も坏蓋の可能性がある。全体に扁平な形状を呈し、口縁部はやや外反する。天井部内面には静止ナデが施される。

第46図4は坏身である。全体にやや扁平な形状を呈する。

第46図6~8は高坏蓋である。6・7は法量・形状ともに酷似する。両者とも、口縁部は外反し、口縁

部と天井部の境に 1 条の沈線が施され、天井部内面には静止ナデが施される。つまみの中央部に凹みをもつ。また、胎土はともに直径 1～4 mm 程の白色礫を多く含む。8 は、6・7 と形状は似ているが、口縁部にわずかな段をもつこと、口縁部と天井部の境が明瞭でなく、また、沈線をもたないこと、つまみが 6・7 より大きいが、中央部の凹みがわずかであること、胎土は直径 1～2 mm 程の白色礫をわずかに含むものであるということなどの相違点がある。しかし 8 も天井部内面の静止ナデは施される。

第 46 図 9～14 は高坏である。9 の口縁部はやや外反し、坏部外面に 2 つの稜をもつ。脚部は 2 段 2 方透しで、下方の透しの下端に 1 条、及び上下の透しの間に並行する 2 条の沈線が施される。10 は口縁部の破片である。口縁部端は丸く収められ、わずかに外反する。胎土には直径 1～4 mm 程の白色礫を多く含む。11 は 2 段 3 方透しである。口縁部端は丸く収められ、外反する。裾部に 1 条の沈線を、透しと透しの間、上部透しの下端、下部透しの上端に計 3 条の沈線が施される。坏部内面には静止ナデが施される。12・13 は 2 段 3 方透しで、上部透しの下端、下部透しの上端および下端に計 3 条の沈線が施される。13 も 12 と同様の位置に沈線が施されるが、下部透しの下端の沈線は 2 条である。また、脚部の外面調整が、12 はナデであるのに対し、13 はハケ状工具を用いている。14 は、裾部のみであり、透しの下端に 1 条の沈線が施される。また、12・14 は、ともに胎土に 1～4 mm 程の白色礫を多く含む。これに対して 13 は胎土に直径 1 mm 程の白色粒を少量含む。

第 46 図 15 は脚付短頸壺である。1 段 2 方透しで、口縁の一部を外反させる。底部内面には静止ナデが施される。透しの下端に 2 条の沈線が施され、その間が突出する。また、体部外面に布目圧痕が観察される。胎土は 1～4 mm 程の白色礫を多く含む。

第 46 図 16 は坩である。内面肩部付近まで暗褐色の付着物が観察される。

第 46 図 17 は盌である。外面のケズリが明瞭である。胎土は 1～3 mm 程の白色礫を多く含む。

第 46 図 18 は塊である。口縁部は外反する。底部は無調整である。

第 46 図 19・20 は平瓶である。19 は全体に丸みを帯びた形状で、口縁部は内湾する。体部はカキメが明瞭である。口縁部外面には 2 条の沈線が施される。20 は 19 に比べやや肩が張る形状で、肩部には 2 条の沈線が施される。

第 46 図 21 はフラスコ形長頸瓶である。胴部は扁球形で、底部は平坦面をもち、底部外面には「／」のヘラ記号が施される。

第 47 図 1 は提瓶である。口頸部外面には並行する 2 条の沈線、体部側面外面には並行する 2 条の沈線、体部外面中心部には 2 条の沈線がめぐらされる。

(滝沢　誠・福島志野・村田　淳・前田　健)

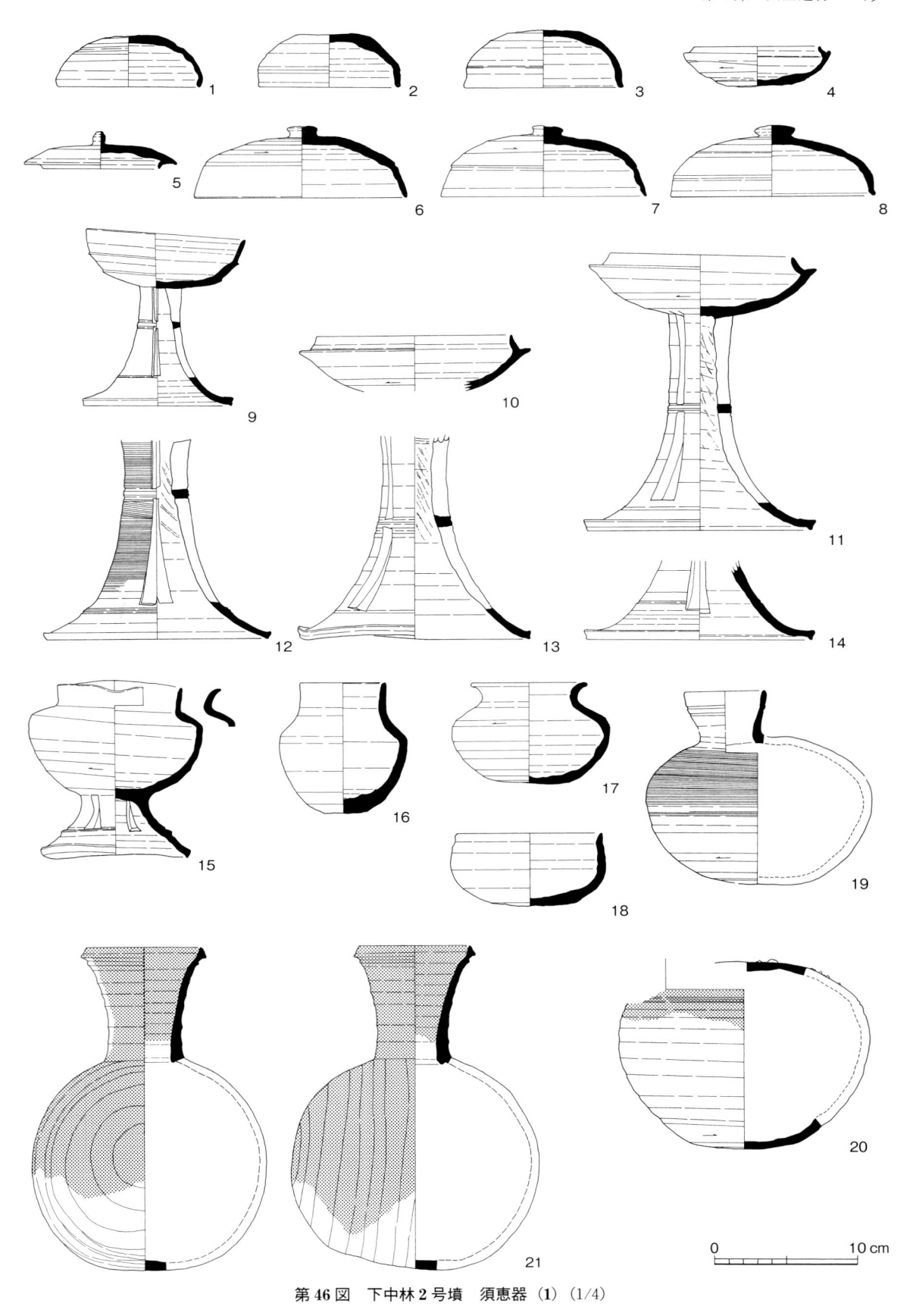

第46図　下中林2号墳　須恵器（1）（1/4）

80　第Ⅴ章　下中林2号墳の調査

第47図　下中林2号墳　須恵器（2）（1/4）

第3節　出土遺物

第16表　下中林2号墳出土須恵器観察表

(単位 cm・%)

図	番号	器種	器径	器高	その他の法量	残存率	外面調整	内面調整	色調	胎土	焼成	自然釉	旧番号	備考
46	1	坏蓋	10.0	3.6		90	ナデ ケズリ	ナデ	灰褐	φ1mm 程の茶色粒、φ1mm 以下の白色粒を含む	良		62.1-2.21	天井部外面ヘラ記号 λ
46	2	坏蓋	10.0	3.5		100	ナデ ケズリ	ナデ	灰褐	φ1mm 程の白色粒を多量に含む	良		62.1-2.22	
46	3	坏蓋	11.0	4.2		100	ナデ ケズリ	ナデ	灰白	φ1mm 程の白色粒を含む	良		62.1-2.23	
46	4	坏身	10.4	2.9	口径 8.9	100	ナデ ケズリ	ナデ			良		62.1-2.18	
46	5	坏蓋	10.8	2.7	口径 8.3 つまみ径 0.8	ほぼ完形	ナデ ケズリ	ナデ	明灰	φ1mm 以下の白色粒を含む	良		62.1-2.5	天井部内面静止ナデ
46	6	高坏蓋	15.0	5.2	つまみ径 2.0	70	ナデ ケズリ	ナデ	青灰	φ1mm～4mm 程の白色礫を含む	良		62.1-2.10	天井部内面静止ナデ つまみの上面凹む
46	7	高坏蓋	14.6	5.2	つまみ径 2.2	80	ナデ ケズリ	ナデ	灰褐	φ1mm～4mm 程の白色礫を含む	良		62.1-2.27	天井部内面静止ナデ つまみの上面凹む
46	8	高坏蓋	14.1	5.2	つまみ径 2.8	ほぼ完形	ナデ ケズリ	ナデ	青灰	φ1mm～2mm 程の白色礫を含む	良		62.1-2.28	天井部内面静止ナデ
46	9	高坏	11.0	12.9	底径 17.2	ほぼ完形	ナデ ケズリ	ナデ	灰褐	φ1mm 程の白色粒を多量に含む	良		62.1-2.1	2段2方スカシ
46	10	高坏	16.2	4.0	口径 13.6	口縁部 50	ナデ ケズリ	ナデ	灰白	φ1mm～4mm 程の白色礫を含む	良		62.1-2.15	
46	11	高坏	15.9	20.1	口径 12.9 底径 15.4	坏部 90 脚部 100	ナデ ケズリ	ナデ	灰白	φ1～2mm 程の白色・透明・黒色粒を含む	良		62.1-2.10	2段3方スカシ 坏部内面静止ナデ
46	12	高坏		14.9	底径 15.4	脚部 50	ナデ カキメ	ナデ	青灰	φ1mm 程の白色粒を含む	良		62.1-2.12	2段2方スカシ
46	13	高坏		14.7	底径 16.0	脚部 75	ナデ	ナデ	灰黒	φ1mm～4mm 程の白色礫を含む	良		62.1-2.17 '62.1-2.24	2段3方スカシ
46	14	高坏		5.7	底径 15.8	裾部 75	ナデ	ナデ	灰黒	φ1mm～4mm 程の白色礫を含む	良		62.1-2.24	2方スカシ
46	15	脚付盌	12.2	12.8	口径 8.6 底径 10.2	100	ナデ ケズリ	ナデ	灰黒	φ1mm～7mm 程の白色礫を含む	良		62.1-2.4	1段2方スカシ 盌部底部内面静止ナデ 口縁一部外反 盌部体部外面に布目圧痕
46	16	坩	9.0	9.6	口径 5.9	ほぼ完形	ナデ ケズリ	ナデ	灰褐	φ1～2mm 程の白色粒を含む	良		62.1-2.3	内面肩部以下に暗褐色物質付着
46	17	盌	10.0	10.5	口径 8.2	ほぼ完形	ナデ ケズリ	ナデ	青灰	φ1～3mm 程の白色粒を含む	良		62.1-2.7	
46	18	盌	10.3	5.3	口径 10.3	ほぼ完形	ナデ ケズリ	ナデ	灰褐	φ1mm 程の白色・黒色粒を含む	良		62.1-2.2	
46	19	平瓶	15.8	14.1	口径 5.5 体部高 10.7	口頸部 40 体部 60	口頸部ナデ 体部上半カキメ 下半ケズリ	口頸部ナデ	灰白	φ1mm～4mm 程の白色半透明礫を含む	良	体部上面一部	62.1-2.9	
46	20	平瓶	17.5	13.5		体部 60	ナデ 体部下半ケズリ		灰白	φ1mm～4mm 程の白色礫を含む	良	口頸部内面上部・胴部外面	62.1-2.16	
46	21	長頸瓶	16.4	23.2	口径 8.0	100	ナデ ケズリ	口頸部ナデ	明灰白	φ1mm 以下の白色粒を含む	良	口頸部内面上部・胴部外面上部全体、口頸部外面50%	62.1-2.20	
47	22	提瓶	左右24.9 前後20.6	31.9	口径 10.7 体部平坦面径 15.0	ほぼ完形	口頸部ナデ 体部タタキ→ナデ	ナデ	明灰	φ1mm 程の白色粒・発泡黒色粒を含む	良	口頸部内面50%外面10%、体部上半30%	62.1-2.6	

第 VI 章　論　考

第 1 節　有度山北麓古墳群出土の須恵器について

1　はじめに

　本節では、今回報告の古墳群から出土している須恵器についてまとめてみる。

　静岡県内最大の須恵器生産古窯跡群である、湖西窯出土須恵器についての編年研究を進めている後藤建一の編年観（後藤1989）によれば、今回報告した4基の古墳では、II 期-第3小期（6世紀後半）から III 期-第2小期（7世紀後半）にかけての須恵器が出土している。このうち下中林1号墳からは最も古い段階の須恵器が出土していて6世紀後半の時期におかれるが、これと同時期及びそれ以後の須恵器を出土している下中林2号墳、さらに II-4 小期のほぼ単独の時期の上中林古墳の須恵器が続き、金山1号墳からは、II 期-第5小期、II 期-第6小期、III 期-第1小期、同第2小期の四時期にわたる須恵器が多量に、しかも器種も豊富に出土している。この金山1号墳の III 期-第2小期は、7世紀後半の時期に位置づけられるものであるので、今回報告の古墳群については、6世紀後半から7世紀後半頃にかけての約1世紀にわたって、古墳の築造時ないし横穴式石室への二次的な埋葬時に供献されていたこととなる。

　ところで駿河西部地域での古墳出土須恵器については、後藤建一によれば、その胎土、成形技法などから7地域の須恵器生産地の製品が認められるという（後藤2000）。その地域とは、旧清水市秋葉山窯を核とする庵原地域（庵原系）、旧清水市天神山窯、静岡市谷田窯の存した有度山北〜東麓地域（有度山北麓系）、窯体の存在は確認されていないが類似の須恵器が古墳から多く出土する静岡・清水平野の西側地域（賤機山古墳出土須恵器に代表されることから、賤機系）、同じく窯体の確認がないが志太平野の瀬戸川流域の河口や上流域の古墳から特徴的に出土する須恵器（瀬戸川系）、同じく窯体の確認はないが島田市大津谷川流域にみられる須恵器（大津谷系）、さらに島田市向山窯の所在する大井川西岸域（大井川西岸系）及び遠江の一大須恵器生産地である湖西窯地域（湖西窯産）の7地域が想定されるとしている。この分類を試みるには多くの古墳群出土品を観察しなければ不可能なことであり、その比定については観察眼の一定した視点のもとに行わなければならず、ここでは、明瞭に識別できる範囲での分類を試みる程度のこととなるが、以下に各古墳にみられる須恵器の特徴とその生産地の系譜、そしてそれらの編年的な位置について眺めてみることとする。

　なお、以後の時期表記は、すべて後藤による古墳時代須恵器の I〜III 期とその各期を細分した第1〜第6小期の時期区分について II-3 小期、II-5 小期、III-2 小期などとする記号表記をもちいて記述することにした。

2　下中林1号墳出土の須恵器（第35図）

　II-3 小期の段階のやや新しい段階の形態をとる坏蓋、𤭯口頸部、提瓶、平瓶のほか、壺胴部といった須恵器が奥壁右側手前から出土している。

このうち坏蓋（第35図1）及び壺（同図2）は胎土から在地窯産（有度山北麓系）とみられる。甑（同図3）は胎土が細かく緻密なもので、後藤のいう賤機系に属するものかも知れないが、遠隔地からの搬入も考えられるものである。提瓶（同図4）は胎土も細かく、賤機系ないし瀬戸川系須恵器とみられるが、自然釉のよく掛かった痕跡から東海西部の古窯跡産の可能性もある。平瓶（同図5）は、器表面の調整方法から在地窯産とみられ、賤機系ないし瀬戸川系の可能性が高い。

　口径が13cmほどで肩部に段を明瞭に有する坏蓋の類似品は、周辺の古墳群では、有度山西麓の駿河丸山古墳（静岡市教育委員会・静岡工業高校1962）の初葬時期にあたる一連の出土須恵器中の坏蓋にあり、また平瓶、甑にも類品があって、築造時期が丸山古墳とほぼ似かよっていることを示している。また平瓶は静岡市賤機山古墳（静岡県教育委員会1953）出土耳付平瓶のプロポーションによく似ているものの、器形的にやや扁平形をとってきていること、また坏蓋にやや後出的な要素があり、本古墳については賤機山古墳の第2次葬である家形石棺構築直後の段階に築造されたとみることができ、後藤のいうⅡ-3小期の後半期にあたるもので、6世紀後半段階にあたるとみられる。ここでは、少量の須恵器しか残存していなかったことから盗掘を受けている可能性が高いが、出土の須恵器からは湖西窯産と確定できるものは出土していない。

3　下中林2号墳出土の須恵器（第46・47図）

　本古墳では、奥壁左隅と、石室中央やや奥寄りの右側、その手前の左側、羨道部入口付近の計4ヶ所から21点の須恵器が出土しており、四時期にわたる各器種の須恵器がみられる。すなわちⅡ-3小期の時期に当たる須恵器とⅡ-5小期、Ⅱ-6小期、Ⅲ-1小期にあたる須恵器群である。

　Ⅱ-3小期のものは有蓋高坏（第46図6～8が蓋、同図10～14が高坏脚部）、無蓋高坏（同図9）、脚付盌（同図15）、坩（同図16）、盌（同図17）、平瓶（同図19）がこれらにあたる。有蓋高坏の大半は胎土の細かい在地産とみられるもので脚部に細かいカキ目がみられるところから瀬戸川系ないし賤機系とみられ、他の器種は有度山北麓系かと思われる。有蓋高坏はほぼ固まって石室前部左側及びその手前右側から、脚付盌と坩、盌の2点、無蓋高坏は奥壁左隅からの出土とやや異なった場所の出土状態で、追葬段階に最初の位置から動かされている可能性がある。

　Ⅱ-5小期にあたるものは、坏蓋（第46図3）と提瓶（第47図1）である。坏蓋は羨道入口から出土し、提瓶は石室中央やや奥より右側から単独の出土である。特に提瓶は大型品でこの時期の特徴品とみられ、有度山西麓にあった駿河丸山古墳で出土している提瓶とよく似ている。

　Ⅱ-6段階の須恵器としては蓋坏（第46図2、4がセットとみられる）とフラスコ形長頸瓶（同図21）がある。両者とも羨道入り口からの出土で、ともに湖西窯製品と考えられる。長頸瓶は自然釉の全体によく掛かったもので、器形もよく整い、出土須恵器中でも美しいものである。また出土位置が不明であるが、この時期と思われる平瓶（同図20）も、口頸部を欠くが湖西窯の特徴的な胎土と黄褐色の自然釉が胴部上位に顕著に認められるものである。

　Ⅲ-1小期には坏蓋（第46図5）がある。坏蓋は摘みが付き、端部に折り返しがつくもので、坏身の内面に蓋端部の折り返しが入り込むものである。これに伴うと考えられる坏身は第46図1の形態の上下を逆転させたものが湖西窯出土品にみられる通常のものであるが、この坏蓋（第46図5）と坏身とみられるもの（同図1）の出土位置は大きく離れている（5は奥壁左隅、1は羨道入口）ことからセットとはならないよ

うである。坏蓋の出土位置付近から出土している盌（同図18）がこれとセットとなる杯身の可能性が高い。ともに湖西窯産とみられる。この古墳は下中林1号墳とほぼ同時期に築造され、7世紀中頃すぎの時期まで追葬が行われたものとみられる。

4 上中林古墳出土の須恵器（第29図）

奥壁寄りには須恵器が検出されておらず築造時期のものとするには躊躇されるが、II-4小期の段階の須恵器が主体と思われ、下中林1号墳にやや遅れた時期に築造された古墳かと考えられる。出土須恵器5点のうち耳付提瓶（第29図4）、甕（同図5）を除き、3点は石室中央部でまとまって出土している。脚付盌（同図2）は砂質の富む胎土で、表面全体は自然釉の熔けきらない黄味の強い黄緑色の発色を示していて、明瞭な湖西窯産の須恵器である。脚付盌の脚部の透かしのないことや、盌の口径が小さい点などもやや時代が下がることを見て取れる。提瓶（同図3）は、胴部が下中林1号墳出土の提瓶に近い形態を示すが、口頸部がやや開き気味となり後出的な傾向をもつ。甕（同図5）には、口縁下部を突帯状に肥厚させる様子が認められ、この時期以後の平瓶や長頸瓶の口頸部に現れる、二段状の口縁の初現的な形態をみせている。なお、石室入り口の詰め石外から出土した土師器碗は、須恵器の器形を模倣しており、脚付盌の盌部と酷似の器形をみせる。

産地については、短頸壺（第29図1）が有度山北麓系とみられるほかは、賤機系ないし瀬戸川系と湖西窯産が認められる。湖西窯産は前述の如く、脚付盌、甕がそれにあたる。前述の提瓶（同図3）は、胎土の細かく緻密な製品で、賤機系ないし瀬戸川系須恵器とみられるが、自然釉が温度上昇によって釉剥げを起こし、口頸部から肩部にかけての自然釉の剥落した部位の痕跡がめだつところから下中林1号墳と同様東海西部産の可能性もあるものである。

もう一つの耳付提瓶（第29図4）は、小石を含みながらも表面を滑らかに仕上げており、在地産の瀬戸川系とみられる。なお短頸壺の胎土には大石を含んでおり、色調にやや違いがあるが、表面の仕上げに瀬戸川系の須恵器の特徴を示しており、ともにII-4小期の時期におかれる。

上中林古墳では、以上のように湖西窯の製品が徐々に流通する傾向を認めることができ、後藤のいう駿河西部域諸窯の生産が縮小し代わって湖西窯の生産が高まり、駿河西部の古墳に副葬されだすのがII-4小期とみられるとすることに一致している。従って本古墳出土の須恵器は、湖西窯製品の駿河西部地域へ供給されだす初期の現象を示しているとみられる。

5 金山1号墳出土の須恵器（第14～21図）

金山1号墳からは、総数79点の須恵器の内、蓋坏のセットが多数出土していて、時代判定に欠かせない資料となっている。大半が湖西窯で焼成されたものと思われる一群で、後藤の湖西窯編年に合わせれば、II-5小期からIII-2小期の四時期にわたる須恵器の副葬が認められる。これらは、横穴式石室の前室部分から出土していて、前室の羨門近く（入り口寄り）左側（A）、中央部分右寄り（B）、奥室寄りの右側（C）の、合わせて3ヶ所からまとまって検出されている。これらがA（第14図）、B（第14～16図）、C（第17図）群の3群に区別して取り上げられている。また、石室前庭部にもまとまった須恵器（第18～20図）が出土していて、石室出土品よりも古い段階のものが認められる。A群はIII-1小期の単一時期の須恵器で占められているが、他の出土箇所は2～3時期にわたる須恵器が混在していて、それぞれが時期差をもっ

て副葬された場所という確認は出来ない状況である。以下に時期別の須恵器について眺めてみる。

II-5 小期の須恵器　前庭部から出土している有蓋高坏（第 18 図 11）、甑（同図 12）がこの時期に比定されよう。甑は II-4 小期の様相を残すもので、II-5 小期でも古い時期のものといえよう。この時期の蓋坏としては第 18 図 1・5 が該当するものとみられる。なお、甕のうちの口縁を肥厚させる第 19 図 7 もこの時期にあたるものであろう。有蓋高坏、甑とも胎土がよく似ており、賤機系の須恵器とみられ、湖西窯産の須恵器はこの段階のものに含まれていない。

II-6 小期の須恵器　石室内の須恵器の大半はこの時期から III-1 小期の時期にわたるもので占められている。追葬の際に一部移動されているようで、混在した状況で出土している。

蓋坏（第 14 図 1~7、同図 8~13、第 17 図 1~8）は A 群、B 群、C 群からともに出土していて、一応 II-6 小期の時期に何体かの追葬があったものとみられる。玄室内ではわずかに新しい時期の平瓶しか出土していないので、築造時期が II-5 小期とすると、その時期の土器類は石室外へ運び出されたか、盗掘の被害にあった可能性が高い。また II-6 小期の蓋坏が追葬に際して何点のセットで供献されたかを知る手がかりは、出土位置からは類推出来ないが、群単位で蓋坏のまとまりが 3~4 セットであることから、一追葬者への供膳具として蓋坏が 4 セット前後供献されたものとみられる。この時期にあたるものとして、無蓋高坏（第 14 図 24・25、第 17 図 14・15）が B、C 群で出土している。そのほかに、甑（第 14 図 26、第 17 図 17）が同様に B、C 群で出土している。高坏の脚部下部に沈線を入れ、突帯または段状にするもの（第 17 図 14）は、賤機系須恵器のグループにみられる脚部技法で、この時期まで生産が続いていることを示すものといえよう。この高坏を除けば、この時期に属する須恵器は、すべて湖西窯産のものばかりで他の在地窯産に代わって圧倒的な割合を誇るようになる。

もう一つ供献されている特徴的な須恵器にフラスコ形長頸瓶（第 15 図 1・2）がある。ほぼ II-5 小期から III-1 小期に集中して生産されているようで、金山 1 号墳では、II-6 小期から III-1 小期に比定されるものが大半である。このうち、第 15 図 1 と 3 が出土位置的にセットとなりそうであるが、同図 1・2 はこの II-6 小期にあたり、同図 3 は III-1 小期のグループに属するようである。いずれも胎土の良質な自然釉のよく掛かった長頸瓶で、湖西窯の特徴をよく示している。

そのほか、胎土、器形とも湖西窯産の特徴を示す平瓶（第 17 図 18）が、やはり自然釉のよく掛かった製品として出土している。

III-1 小期の須恵器　蓋坏の典型例の出土が無く、おそらく II-6 小期のグループのうち、小型のものがこの時期に位置づけられるものであろうが、これをセットとして区別できる大きさの分類はむつかしい。後藤によれば、坏蓋の口径が 9 cm 前後とするが、II-6 小期との差は本古墳では明瞭にはしがたい。この時期を特徴づけるものとして、無蓋高坏のグループが挙げられる。無蓋高坏（第 14 図 22・23）がこの時期に比定されるものである。半球形の坏部の内側口縁直下に、ヘラ状工具で沈線を上下に入れ、その間を突帯状に仕上げた高坏で、大小の大きさの差があるが、湖西窯で特徴的に生産されたことが知られるものである。

甑（第 14 図 27、第 17 図 16）は、胴部の肩がやや角張って制作されることをこの時期の特徴としてもつもので、B 群、C 群でともに先の II-6 小期及び当該期に 1 個ずつ認めることが出来るものである。また底部は平坦な部分を意識的に作り出していて安定した器形に近づいている。

この時期のフラスコ形長頸瓶（第 15 図 3、第 16 図 1・2、第 17 図 19・20）は 5 個体出土していて、B 群、

C群で2点一組のごとく近接して出土している。須恵器全体としては混在した状態で出土していて、追葬のたびごとに片付けられた様相をみせ時期的なまとまりがないが、長頸瓶に関しては比較的近い位置関係をもって出土していることから、2点一組のセットとしての意識が片付ける際にも働いているようである。平瓶（第21図1・3）は胴部上半に平坦面を作り出し、角張って胴下半へ移る器形をもつもので、この時期から顕著になる形である。このうち第21図1は玄室から出土とされていて、次の段階とした平瓶（第21図2）とともに、玄室からの数少ない出土須恵器である。

III-2 小期の須恵器 蓋坏（第14図14〜18、第17図9〜11）は摘みを有し口縁端に返りが付く蓋と、返りのない坏身がセットとなる蓋坏で、下中林2号墳の坏蓋（第46図5）がIII-1小期で、それに次ぐ段階のものである。B群で坏蓋3・坏身2、C群で坏蓋2・坏身1が出土している。蓋の数のセットがあったのであろう。小形無蓋高坏（第14図19〜21、第17図12・13）は、角張った坏部に低い脚部の付く高さ5.8〜6.6cm、口径8.5〜8.9cmの小形品で、湖西窯産の胎土で割に丁寧な仕上げを施したものである。

フラスコ形長頸瓶（第18図13）は前庭部から出土したもので、先の長頸瓶に比べやや細身で、高さもやや低いものである。おそらくフラスコ形長頸瓶の最後の器形で、このあと高台が付き、胴部も長胴型になっていき、奈良時代の長頸瓶へと変身を遂げていくものであろう。平瓶（第21図2）は玄室中央で取り残されたように出土したものである。追葬の最終段階の供献品とみられ、玄室に最後の追葬が行われたように思われる。もっとも平瓶一つのみの副葬とは考えられないので、盗掘などの被害にあっているのであろう。この時期のものもすべて湖西窯産の須恵器である。

なお、前庭部からは多くの甕片が出土しているが、実測された口頸部の破片から類推すると、大甕がほぼ6個体以上の数、存在したものと考えられる。それらは、口径23.2cmのものから口径43.0cmのものまで、各種類が墓前供献具として追葬ごとに置かれたものと思われる。このうち、さきに述べたように、第19図7は叩きの調整技法の残存からII-5小期にあたるが、このIII-2小期におかれるものは、櫛歯状工具で口縁直下から列点文を二段ほどに付して羽状にみせている第20図1の大甕である。これらの甕類は、表面に細かい左下がりないし右下がりのタタキ目、内面に青海波の当て具痕を大きくなで消す様相を概ね残している。

以上が出土した須恵器の特徴であるが、II-5小期以降に湖西窯が駿河西部一体に独占的な流通を見せることについては、後藤建一による解釈がある（後藤2000）。すなわち、それまで在地首長層とそれに隷属する構成員によって須恵器生産とその周辺への供給が行われていたが、6世紀後半に倭政権から直接駿河西部に派遣された賤機山古墳被葬者が、出自の異なった首長層を編成し、最小40キロ、最大50キロ（富士川から大井川まで）の間の首長間に密接な関係を構築したという。この物部一族とされる賤機山古墳被葬者は、やがて587年の物部宗家の滅亡により（畿内の中心勢力が）蘇我氏に取って代わられると、蘇我氏の領導に結びつくこととなるという（明快な表現はなく、これは筆者の類推である）。そしてその後において倭政権が主導する湖西窯の一元的供給、一元的分配が行われ、新たな古墳築造階層に対して容易に上下関係を構築させ、出自の異なる首長支配領域を横断した手工業生産物の一元的収奪を実現させ、地域社会を支える人々をも直接に掌握したと述べる。

ここでは賤機山古墳被葬者にかわる支配者の表現がなく理解に苦しむが、7世紀に入ると広汎な地域を直接支配する構造が進展し出すということのようである。確かに現象的に湖西窯製品の供給が一元的に広がるのは事実であるが、なおその緩やかな時間幅や古墳群の盛衰を眺めると、在地の首長層を支配下に納

める中央集権的な支配構造の確立には、まだ少し時間が必要であったと思われる。

　特にこの金山1号墳や有度山西麓の駿河丸山古墳にみられるように、時間を追って副葬品が徐々に湖西窯産須恵器一色になっていく過程があり、そのことは倭王権への服従を物語るのではなく、在地首長権力の政治的地位の高まりをも示すもので、律令国家確立前夜の交易流通の現象とみるべきであろう。

6　金山1号墳・下中林2号墳出土の長頸瓶について

　湖西窯製品として遠江から関東地方にかけての古墳からの出土品に多く認められるものに、フラスコ形長頸瓶がある。特に駿河にも多く出土例があり、この地域に搬入された特徴的なものであることから、すこし時代的な変遷とその特徴について考えてみたい。

　そもそも長頸瓶はその形状が化学実験のフラスコに似ていることから、東海地方でフラスコ瓶と通称されているものであるが、その名称は田辺昭三『須恵』（陶磁大系4　1975年・平凡社）において東海地方の独特の器形として「フラスコ形瓶」、同『須恵器大成』（1981年・講談社）において「フラスコ形長頸壺」という名称を冠したことから広く通称されるようになった。

　今回報告した金山1号墳には8例のフラスコ形長頸瓶があり、その変遷をたどるのに好例であるので、下中林2号墳例を含め変遷図（第48図）を掲載する。すなわち提瓶にかわる形態が、東海地方ではこの長頸瓶へと変化したもので、II-5小期からこの形を取りだし、II-6小期に口縁部に複合的な二重口縁を形成させる。これは装飾的な面を強調したもののようで、再び縁帯のみで細身の頸部となり、奈良、平安時代の長頸瓶へと変化する。この装飾性が古墳被葬者への液体供献用瓶としての価値を高め、2個一対という

第17表　湖西窯編年と他窯編年対比表（後藤1995より抜粋）

88   第Ⅵ章　論　考

Ⅱ－6小期

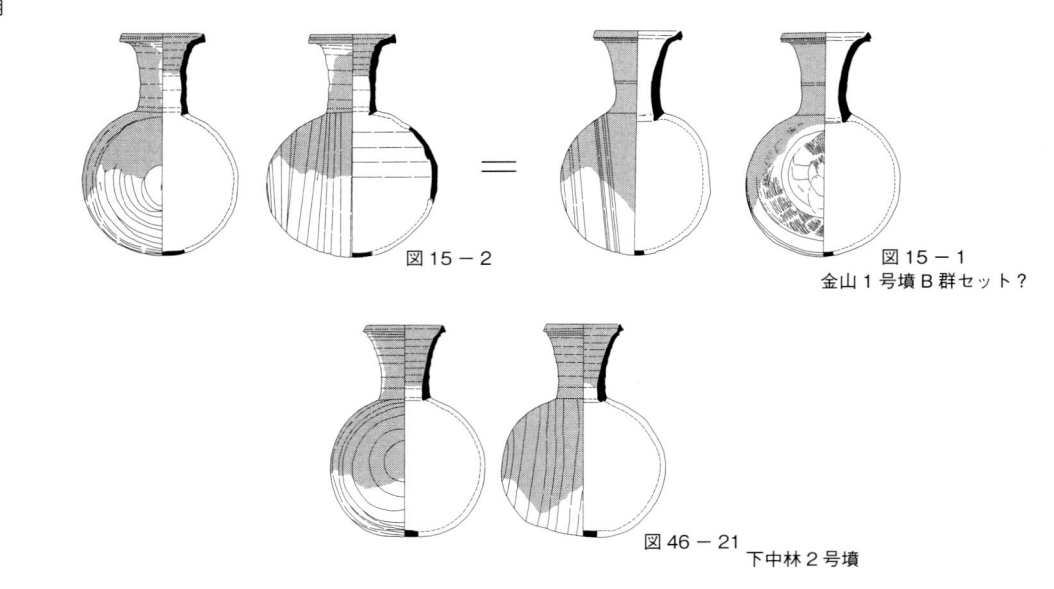

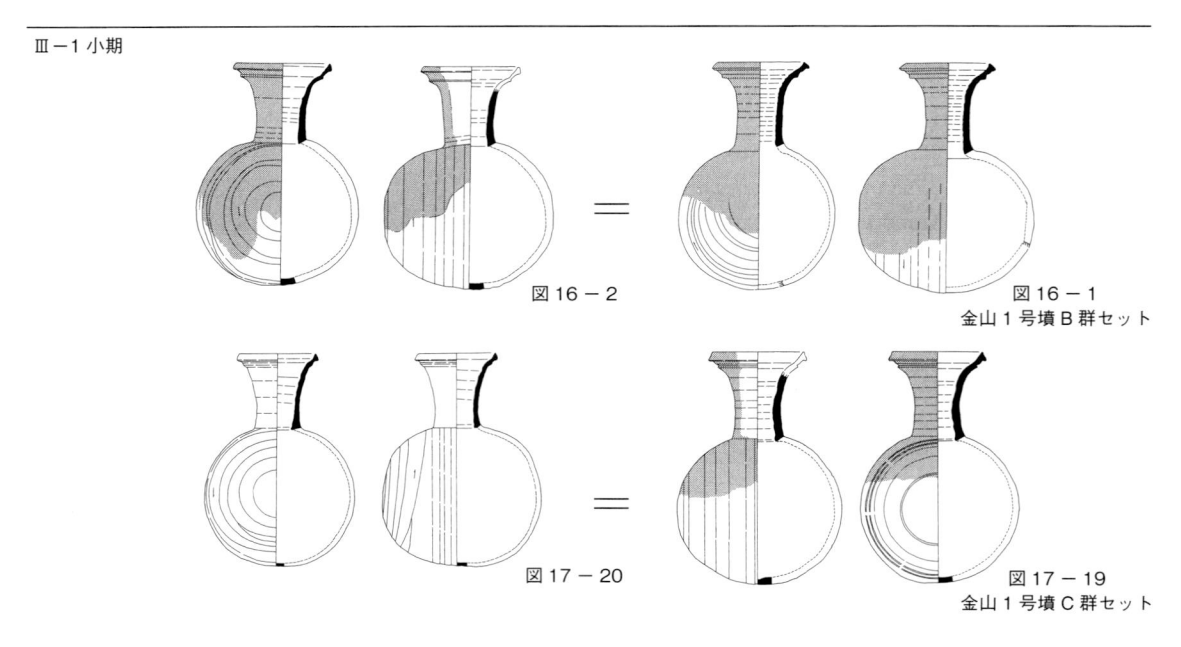

図15－2

図15－1
金山1号墳B群セット？

図46－21　下中林2号墳

Ⅲ－1小期

図16－2

図16－1
金山1号墳B群セット

図17－20

図17－19
金山1号墳C群セット

Ⅲ－2小期

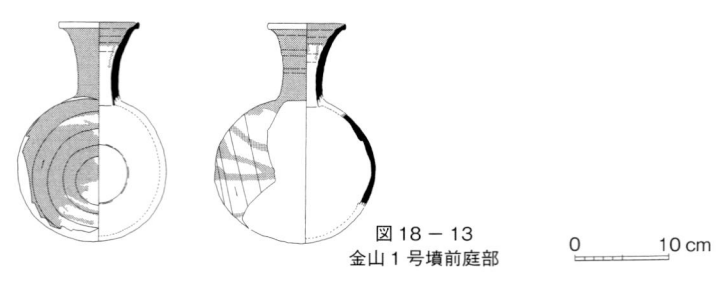

図18－13
金山1号墳前庭部

0　　　10 cm

第48図　フラスコ形長頸瓶変遷図（1/8）

セットを生み出していった。すでに6世紀前半頃から、装飾付須恵器が供献品として各地の有力古墳へ副葬されるが、それらの中に横穴式石室内で遺体の近くで一対の形を取っている例がある（柴垣1998）。そうした風習の継続がこうした現象を伝統的なものにしていったと思われる。

　ところで後藤建一による編年は、田辺昭三の陶邑編年や東海西部の猿投窯編年とどの時間巾で一致しているかについては、後藤によって作成された対比表（第17表）がある（後藤1995）。表では画期の設定に地域差があることを示していて、必ずしも統一的な編年上の画期とはなっていない。したがって、研究者によって年代に若干の差があることとなっている。ここでは湖西窯編年を採用して記述してきたが、この湖西窯編年によれば、横穴式石室をもつ有度山北麓の古墳群の築造は、最初に述べたように、II-3小期の6世紀後半から始まり、II-5小期の7世紀前半の金山1号墳に至って徐々に数を増し群集墳を形成した。なかでも金山1号墳は西麓の丸山古墳に次ぐ豊富な副葬品を有する古墳であったといえる。

（柴垣勇夫）

参考文献

後藤建一　1989　「湖西古窯跡群の須恵器と窯構造」『静岡県の窯業遺跡』（本文編）、静岡県教育委員会

後藤建一　1995　「東海東部（静岡）」『須恵器集成図録3』東日本編 I、雄山閣出版

後藤建一　2000　「古墳出土須恵器にみる地域流通の解体と一元化」『日本考古学』9号、日本考古学協会

静岡県教育委員会　1953　『静岡賤機山古墳』

静岡市教育委員会・静岡工業高等学校　1962　『駿河丸山古墳』

柴垣勇夫　1998　「装飾付須恵器の系譜と地域性について」『楢崎彰一先生古希記念論文集』

第2節　横穴式石室からみた有度山北麓の古墳

1　はじめに

　本書で報告した4基の古墳が所在する静岡市域(以下、静清地域)において、古墳時代後期の主体埋葬施設として採用されるのは、横穴式石室と横穴墓である(第49図)。このうち、前者は平野を取り巻く丘陵と独立丘陵に分布するが、後者は有度山西麓の限られた範囲に集中する傾向がある。面的に広がる横穴式石室と、局所的な分布の横穴墓といえる。本書で報告した4基の古墳は、いずれも横穴式石室を主体部に採用する古墳である。

　静清地域における横穴式石室を袖部の造作にもとづいて分類すると、形態別に消長をとらえることができ、特徴的な分布を示すものもある。そこでここでは、本書で報じた4基の古墳が静清地域においてどのように位置付けられるのか、横穴式石室を主眼として考えてみたい。なお、静清地域は地形や古墳の分布状況から10前後の小地域に区分される場合が多いが(中野1984ほか)、大きくは、安倍川西岸、有度山西～北麓、平野中央部と巴川上流域、庵原川周辺と巴川中流域北岸の4地区に区分できる。本書で報告した4基の古墳は有度山西北麓地区といえる。

2　静清地域の横穴式石室概略と各古墳の位置付け

　形態分類　静清地域における横穴式石室(以下、石室)の多くは上部を破壊されており立面構造、特に天井構造の把握は困難である。そのため、袖部の造作や平面形が石室分類の中心となってきた経緯があり(植松1994・菊池2003)、ここでもこれを踏襲する。

　まず、静清地域の石室は、袖部の造作とその有無により、両袖式といわゆる擬似両袖式、無袖式に大別できる。それぞれには、玄室平面形が長方形となるものと胴張形となるものがあり、細別できる。なお、当地域では、佐渡山2号墳がその可能性を指摘されているものの、片袖式と断定できる資料を欠く。また、擬似両袖式の中には、玄門部に加え、開口部寄りにさらに一対立柱石をもつタイプがみられる。「羨門区画系の擬似両袖式」とも呼称される複室系の石室である。遠江における横穴式石室の系譜を論じた鈴木一有は、複室構造の影響を認めながらもこのタイプの石室を単室構造としてとらえ、擬似両袖式石室として位置付けている。本稿もこのタイプを擬似両袖式石室の範疇としてとらえる。なお、これについては後で検討を行う。

　以上の観点から、静清地域の横穴式石室の形態は8類(第50図)に分類が可能である[1]。本書で報じた、金山1号墳は擬似両袖式A1類、

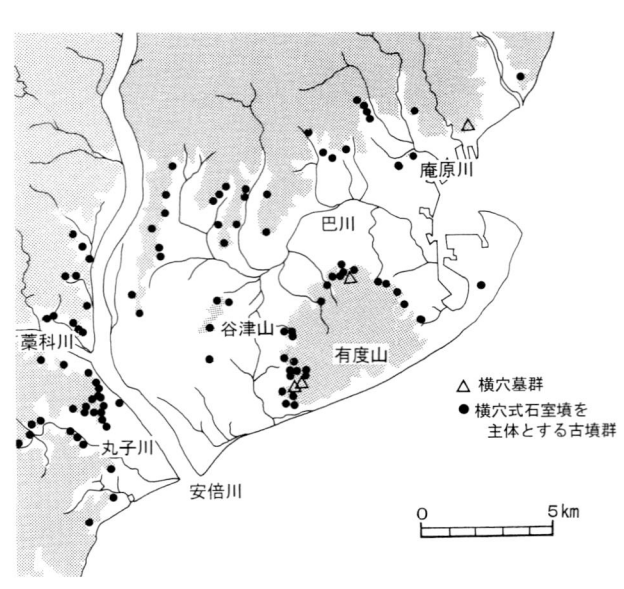

第49図　静清地域の後期古墳分布図

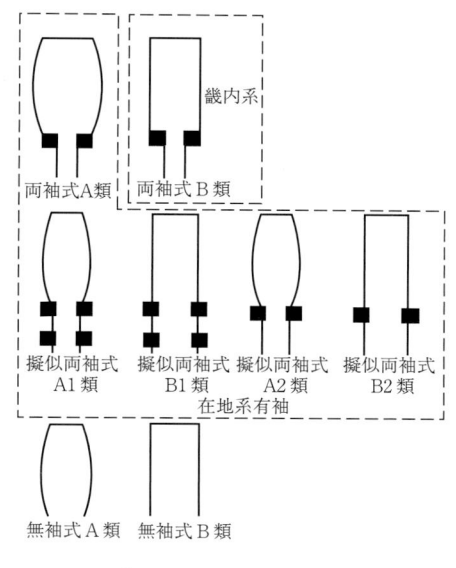

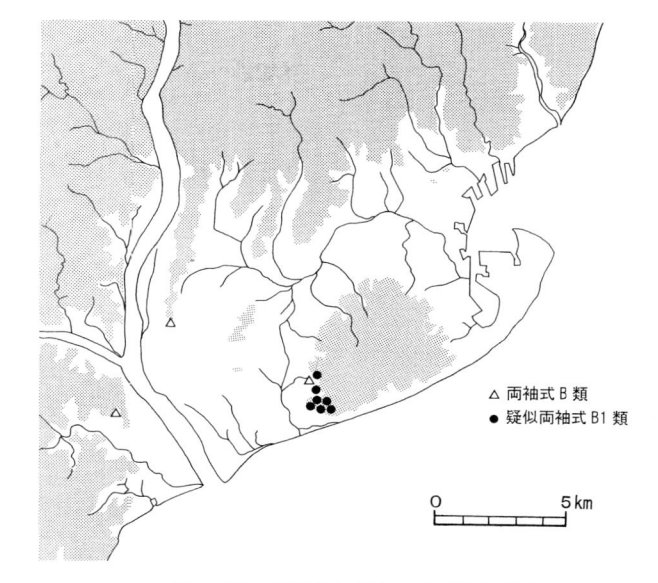

第 50 図　石室形態分類　　　　　　　第 51 図　特徴的な分布を示す石室形態

上中林古墳が無袖式A類、下中林2号墳は無袖式B類にそれぞれ分類できる。なお、袖を持つ石室は系譜的に見た場合、畿内系と在地系に大別できる[2]。畿内系が両袖式B類、その他の袖を有するタイプが在地系である。金山1号墳は在地系といえる。

石室形態の消長　上記の分類にもとづき、石室形態の動向と特徴を順に記す。まず、静清地域における横穴式石室の動向からみることにする。横穴式石室の動向は、導入期（TK43～209 形式併行期）、展開期（TK217～46 形式併行期）、終焉期（TK48～MT21 型式併行期）に大きく分けることができる。以下、それぞれをⅠ期、Ⅱ期、Ⅲ期と呼称する。なお、横穴式石室そのものの導入はⅠ期より前に遡るとみられる。しかし、当該期の古墳が未報告であることにもあるが、本格的な導入はⅠ期とみなせるものである[3]。

石室形態の消長をみると、まず、Ⅰ期（TK43～209）に擬似両袖式B2類を除く形態が現れる[4]。展開期であるⅡ期（TK217～46）になると、第Ⅰ期にみられた形態のうち、新たな築造が途絶える形態がみられる。それは、両袖式A類とB類である。なお、現状では擬似両袖式B2類はこの時期に出現する。終焉期であるⅢ期（TK48～MT21）においては、新たに築造される石室は無袖式にほぼ限られる。このように、静清地域の横穴式石室形態の消長は、複数の形態の乱立状況から、少数の形態への集約化が窺える。系譜的観点では、畿内系の築造はⅠ期にほぼ限られるが、在地系はⅠ期からⅢ期まで築造が続くといえる。本書で扱った4基の古墳はいずれもⅠ期の所産であり、各石室ともそれぞれのタイプの中では、初現的な一群といえる。なお、擬似両袖式A1類である金山1号墳は、立柱石を二対もつ石室全体の中でも、もっとも古く位置付けられる古墳の一つである。

分布状況　次に分布状況を見ると、まず、注目できるのは特徴的な分布状況を示すものである（第51図）。それは、羨門に立柱石を使用する擬似両袖式B1類である。このタイプは有度山麓の限られた範囲に分布する。上ノ山古墳群の石室形態はこのタイプに集約し、井庄段2号墳もこのタイプである。なお、この他の形態で、分布に特徴的な状況を示すものはないが、畿内系の両袖式石室は、築造数も少なく点的な分布であり、賤機山丘陵周辺と安倍川西岸中部、有度山麓に限られる。また、両袖式A類も一例のみの存在である。両袖式は畿内系・在地系を問わず、静清地域の主流とはならなかった形態ととらえることができるとともに、分布域が限られる形態と位置付けられる。

92　第Ⅵ章　論　考

埋葬施設と階層　静清地域における横穴式石室の形態は上記のように8つに分類できるが、先述のとおり、畿内系石室（両袖式B類）と非畿内系の有袖式石室（両袖式A類・擬似両袖式A類・B類）、無袖式石室に括ることができる。また、当地における古墳時代後期の埋葬施設としては横穴式石室の他に横穴墓がある。これらの、埋葬施設とその規模、並びに副葬品の状況から、静清地域の古墳時代後期における階層構造を大谷宏治の整理（大谷2000）にしたがって模式的にとらえたのが第52図である[5]。

　石室形態に注目すると、畿内系石室を採用できる階層は最上位とそれに次ぐ階層のみに限られ、在地系の有袖式石室は、最上位階層は採用しないものの石室墳を造り得た階層のなかでは上位層から下位層まで採用される形態といえる。無袖式は、畿内系石室よりは明らかに下位で、在地系の有袖式石室や横穴墓とほぼ重複する階層で採用される形態といえる。なお、Ⅰに該当する古墳は賤機山古墳であり、当地域の最上位首長として位置付けられる。Ⅱに該当する古墳としては宗小路19号墳・駿河丸山古墳（宮川1号墳）・神明山4号墳、Ⅲに該当する古墳としては牧ヶ谷2号墳・池田山1号古墳・伊庄谷南谷6号横穴墓・東久佐奈岐3号墳、Ⅳの古墳としては浅間坂上2号墳・小鹿堀ノ内山4号墳・伊庄谷南谷21号横穴墓などが代表例である。概ね、Ⅲの階層が有力古墳群の盟主的なもの、Ⅳの階層が一般的な古墳群の盟主的な古墳である。

　なお、この階層モデルはⅠ〜Ⅲ期を一括したものであり、Ⅱ期以降はⅠの階層に位置付けられる古墳は築造されない。Ⅰ期は上位首長である賤機山古墳を頂点とし、小地域や有力群集墳の盟主がその下位層を形成するという階層秩序が形成されるが、Ⅱ期になると、小地域あるいは群集墳の盟主的な古墳が並立する状況を呈し、Ⅲ期になると古墳間の差がより少なくなるといえる。また、小地域別に見た場合、最上位となる有力墳のあり方や、石室形態に違いが見られる。注目できる小地域としては、賤機山古墳を有する平野中央部を除くと、階層Ⅱの中でもより上位に位置付けられる古墳をはじめ、有力墳が多い安倍川西岸の中部と有度山麓の中でも特に西麓があげられる。

　本書で報じた4基の古墳は、鉄製の馬具を出土し全長10ｍを越える石室の金山1号墳が最も上位で、Ⅲの階層に位置付けられ、有力古墳群の盟主的な古墳と理解できる。

小　結　以上が静清地域における横穴式石室の概要であるが、有度山北麓の4基の古墳は、次のようにまとめることができる。まず、石室形態はそれぞれ異なり、金山1号墳が擬似両袖式A1類、上中林古墳が無袖式A類、下中林2号墳が無袖式B類である。各古墳とも第Ⅰ期の築造であるために各類型の中でももっとも古い段階のものといえる。階層的には、金山1号墳、上中林古墳、下中林1・2号墳の順でとらえられるが、首長墳に位置付けられるものはない。最上位

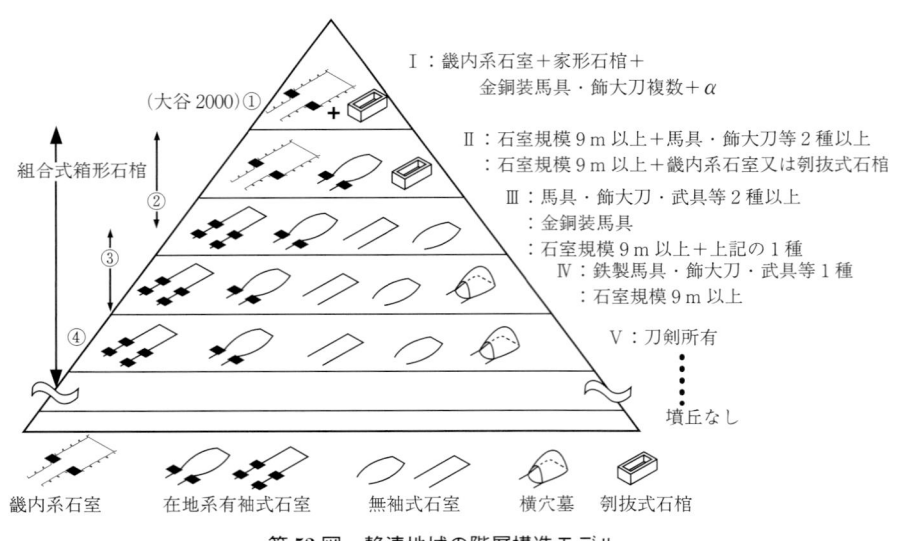

第52図　静清地域の階層構造モデル

Ⅰ：畿内系石室＋家形石棺＋金銅装馬具・飾大刀複数＋α
Ⅱ：石室規模9ｍ以上＋馬具・飾大刀等2種以上
　：石室規模9ｍ以上＋畿内系石室又は刳抜式石棺
Ⅲ：馬具・飾大刀・武具等2種以上
　：金銅装馬具
　：石室規模9ｍ以上＋上記の1種
Ⅳ：鉄製馬具・飾大刀・武具等1種
　：石室規模9ｍ以上
Ⅴ：刀剣所有
　　墳丘なし

畿内系石室　在地系有袖式石室　無袖式石室　横穴墓　刳抜式石棺

組合式箱形石棺

の金山1号墳でも、想定される被葬者の階層は有力古墳群の盟主的な地位である。

　いずれの古墳も、駿河における横穴式石室の傾向の中でとらえられる石室形態であり、階層的にも注目できるものは見られない。ただし、金山1号墳については、当地における横穴式石室の形態は、現段階では唯一の擬似両袖式A1類であり、「二対の立柱石を使用する擬似両袖」としては初現的なものである。また、梱石があり、これも当地においては類例を見ないものである。なお、金山1号墳と上中林古墳の奥壁は、多段多石積みで各段が一石で構成され、残る2基の古墳も同様の可能性がある。そこで、金山1号墳の石室を中心にこれらの3点の特徴について検討を加えたい。

3　複室系の擬似両袖式石室

　先述したように、金山1号墳は玄門に加え、開口部側にさらにもう一対の立柱石をもつことが特徴である。静清地域において、同様の特徴を看取し得る擬似両袖式石室としては、上ノ山1・5～7号墳、井庄段2号墳があげられ、アサオサン古墳（宮川7号墳）・上ノ山2号墳もその可能性が高い。このタイプの石室は以前から注目され、他にもいくつかの古墳がその可能性をもつことが指摘されている（植松1994）。ただし、確実視ができるのは上記の7古墳であるといえよう[6]。

　このタイプの石室の類似例は遠江にも見られ、研究の俎上に載せられている（鈴木敏則1988・土井1989・鈴木一有2000a・2000b）。いずれの研究においても三河との関連が指摘され、なかでも鈴木一有は、系譜的観点から三河に淵源がたどれる複室系の石室であることを指摘している。また、擬似両袖式石室の成立自

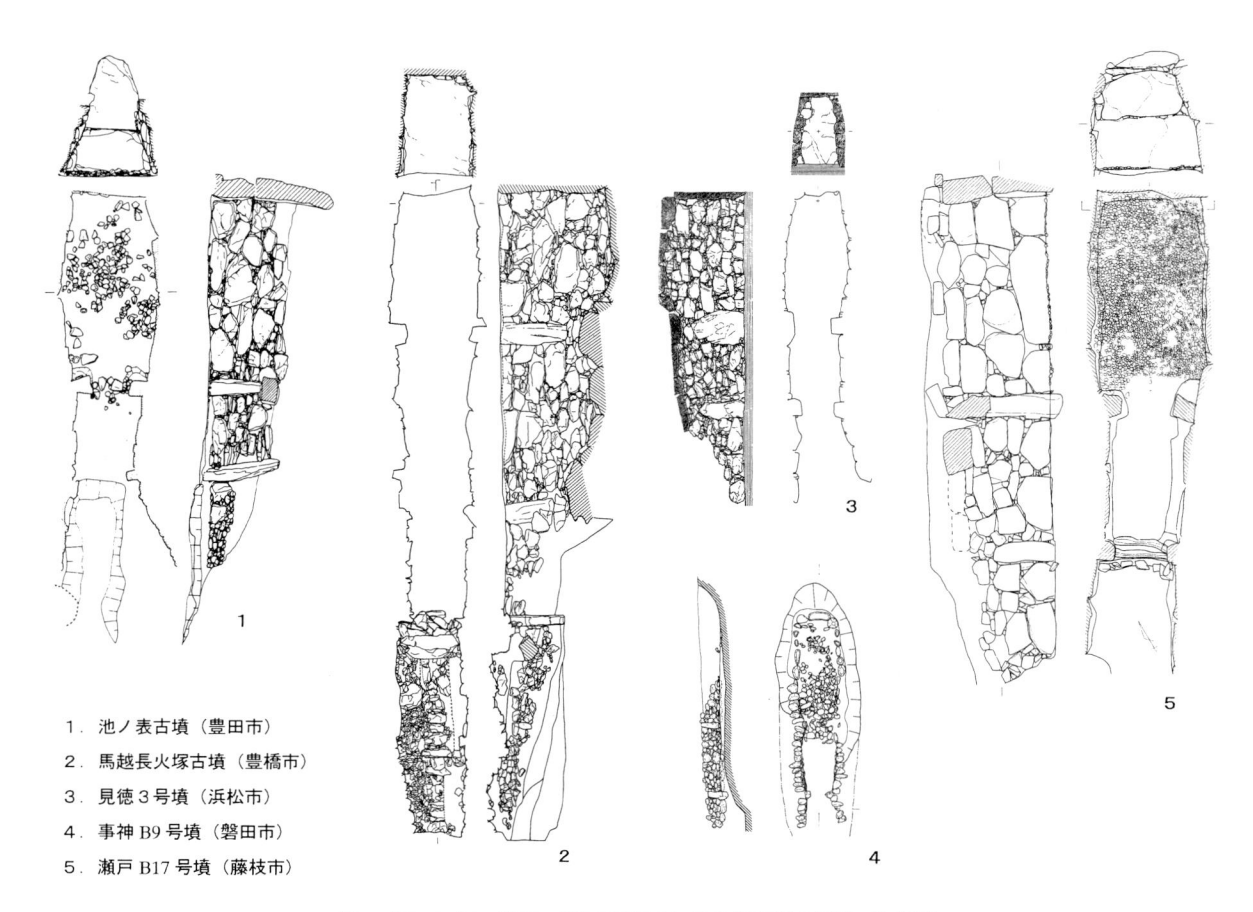

1．池ノ表古墳（豊田市）
2．馬越長火塚古墳（豊橋市）
3．見徳3号墳（浜松市）
4．事神B9号墳（磐田市）
5．瀬戸B17号墳（藤枝市）

第53図　三河・遠江・駿河西部における複室系の石室（1/200）

体と複室構造の石室は関連性が高いことも指摘されており、擬似両袖式石室を「単室系」と「複室系」に細分している。さらに、三河・遠江における「複室系の擬似両袖式石室」においては、「前室」にあたる部分が「羨道」としての機能の方が濃厚であり、「本義的には単室構造の石室」であることを指摘している。本稿でもこれらの指摘にならい、このタイプの石室を擬似両袖式石室の一形態としてとらえた。本稿の擬似両袖式 A2 類・B2 類が鈴木のいう「単室系」、A1 類と B1 類が「複室系」にあたるため、以下、後者を「複室系擬似両袖式石室」と総称する。

静清地域における複室系擬似両袖式石室の初現例は金山 1 号墳であり、I 期後半に導入される。その後、II 期に 7 基の古墳が築造されるが III 期には新たな築造がみられない。静清地域における横穴式石室の導入期には、畿内系石室と在地系石室がみられ、後者は形態的共通点から三河・遠江からの導入と考えられる（菊池 2003）。複室系擬似両袖式石室の場合も三河・遠江からの導入と考えられる。なお、複室系擬似両袖式石室の出現時期を遠江と比較してみた場合、大きな時間差を見いだせない、また、駿河西部にも同タイプの石室は数例存在するが（八木・菅原 2006）、これもほぼ同時期の所産である。これらの点から、三河から東への漸進的な伝播という状況は看取し難く、静清地域の複室系擬似両袖式石室も遠江と同様に三河を淵源とし、彼の地からの直接的な導入の可能性が考えられる。ただし、静清地域の諸例はいくつかの点において、三河・遠江における傾向とは異なる点を導入当初からもつ。それは、敷石の状況と奥壁の状況である。

三河・遠江においては「前室」にあたる部分に敷石が見られない傾向が指摘されるが（鈴木 2000a）、金山 1 号墳は開口部に至るまで礫敷きが認められる[7]。また、奥壁を見ると三河・遠江の例では鏡石を指向するが、静清地域では金山 1 号墳は各段 1 石の多段構成である。この 2 点は、三河・遠江における傾向とは異なる。この 2 点は、その後に築造される当地の複室系擬似両袖式石室でも金山 1 号墳と同様の状況を看取できる。敷石を見ると井庄段 2 号墳、アサオサン古墳は全面に施され、上ノ山 6・7 号墳もその可能性がある。奥壁については、金山 1 号墳と上ノ山古墳群例や井庄段 2 号墳のものを全くの同一物とまでは

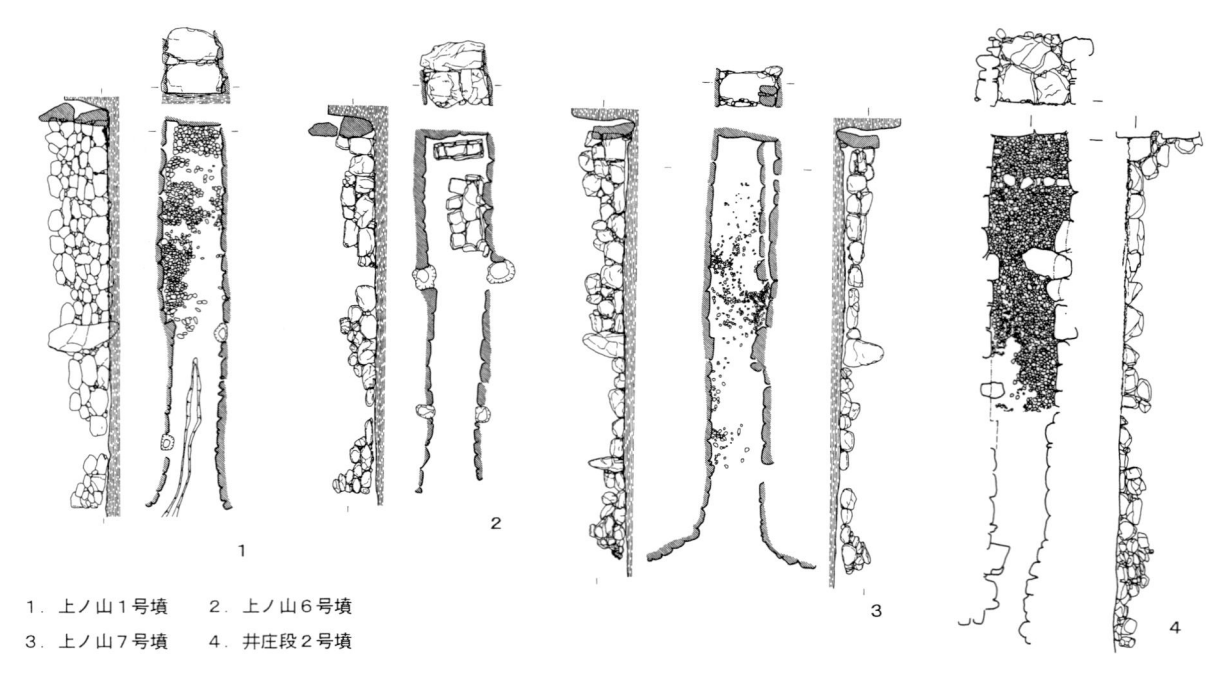

1．上ノ山 1 号墳　　2．上ノ山 6 号墳
3．上ノ山 7 号墳　　4．井庄段 2 号墳

第 54 図　静清地域における複室系擬似両袖式石室　（1/200）

見なすことはできないが、多段構成を基本とする点では共通する。

　複室系擬似両袖式石室に先行して当地に築造された石室を見ると、畿内系両袖式石室の賤機山古墳は全面に敷石があり、奥壁は各段1石の多段構成である。在地系の小鹿堀ノ内山4号墳も奥壁は各段1石の多段構成である。このように、少例ではあるが金山1号墳と同様の特徴をもつ石室が見られる。また、少例ではあるが、三河・遠江でも羨道（「前室」）まで敷石をもつものは存在する[8]。

　これらの点を勘案すると、静清地域における複室系擬似両袖式石室は三河からの直接的な伝播であるとしても、石室に関する他系統の情報あるいは技術等の影響も受け、これらが輻輳し独自の解釈が加えられた上で当地に導入されたものと考えられる。

　複室系擬似両袖式石室のうち、初現的な金山1号墳と後続する7基の古墳は、玄室平面形が異なる。静清地域では胴張形玄室が当初導入されるが、その後主流となるのは長方形の玄室といえる。三河・遠江の複室系の擬似両袖式石室あるいはその祖型的な石室は胴張形を指向するものが多く、玄室の胴張形指向は在地系石室の特徴と指摘されている（鈴木2000a）。擬似両袖式A1類の金山1号墳の方が、擬似両袖式B1類の7基よりも玄室平面形という点では三河・遠江の影響が強いといえる。

　擬似両袖式A1類と擬似両袖式B1類の関連性については、玄室平面形こそ異なるものの、共に複室系である点や敷石の状況、奥壁の基本構成は共通するなど一定程度の共通性を有し、両者の関連性は高いものと考えられる。時期的には後者が後出することから、当地において派生した可能性が考えられる。この観点に立つならば、注目できるのは擬似両袖式B1類の分布する有度山西麓の古墳群における玄室平面形である。静大構内古墳群や宮川古墳群などの上ノ山古墳群・井庄段2号墳周辺に所在する古墳群では玄室平面形が長方形を指向する傾向にある。有度山西麓に分布する擬似両袖式石室B1類はこれらの石室における玄室長方形指向と擬似両袖式A1類の両者が融合することにより、派生した形態である可能性がある。ただし、擬似両袖式B1類が擬似両袖式A1類に直接連なるものではなく、別個に導入された可能性も否

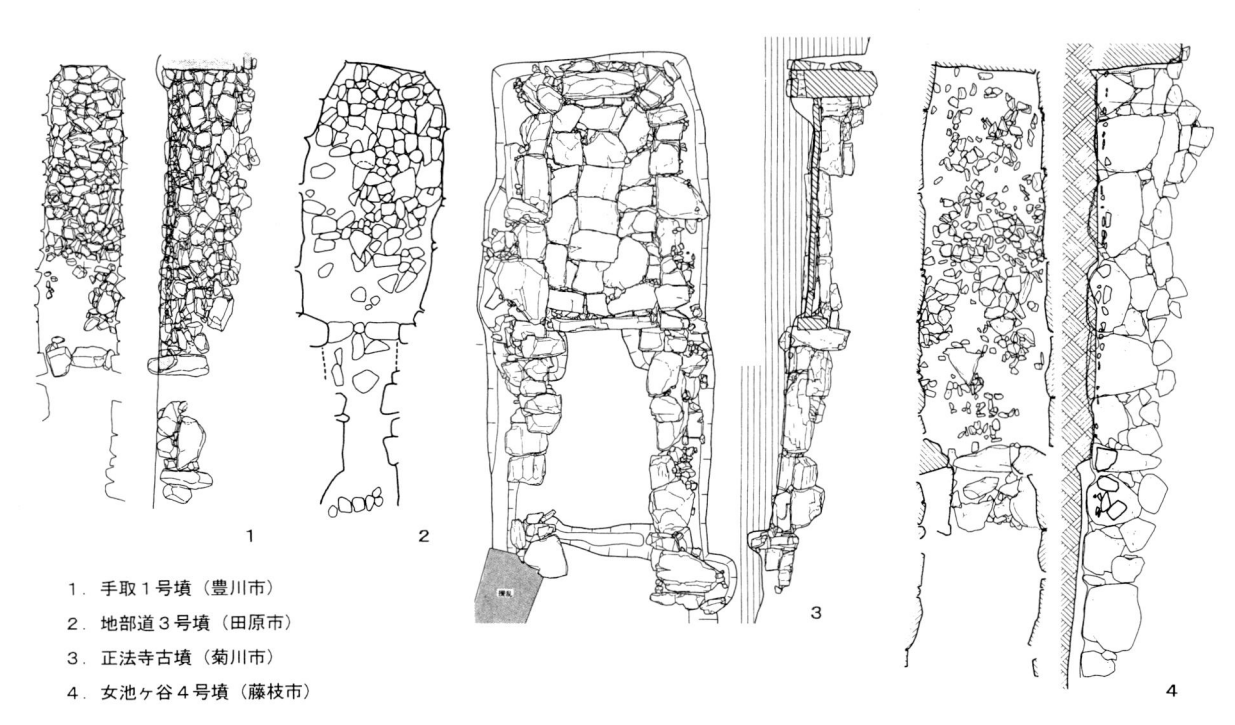

1. 手取1号墳（豊川市）
2. 地部道3号墳（田原市）
3. 正法寺古墳（菊川市）
4. 女池ヶ谷4号墳（藤枝市）

第55図　梱石をもつ石室（1/100）

96　第Ⅵ章　論　考

定できない。現状では、この問題を解決する手がかりが少なく、さらなる検討を要する。別個に導入された場合であっても他の形態からの影響を受けて成立した形態であり、いずれにせよ、擬似両袖式 B1 類は三河・遠江から伝播した形態にさらなる在地的な解釈が加えられた形態として位置付けられる。

　なお、金山 1 号墳の墳形については確証が得られていないが、先行研究においては複室系擬似両袖式石室と方墳との強い関連も指摘されている（植松 1999）。金山 1 号墳の墳形は、方墳である可能性も考慮する必要があるだろう。

4　梱　石

　梱石をもつ石室は静清地域では金山 1 号墳が初例である。ただし、視野を広げると三河・遠江において、梱石をもつ石室は散見できる。岡崎市石田 1 号墳・窪地古墳、豊橋市滝の平 A1・B1・B2 号墳・豊川市手取 1 号墳、田原市地部道 3 号墳、菊川市正法寺古墳等のほか、浜松市見徳 3 号墳も羨門に梱石をもつことが報告され、駿河西部の藤枝市女池ヶ谷 4 号墳等もその可能性がある（第 55 図）。このうち、窪地古墳、滝の平 B1・B2 号墳、見徳 3 号墳、正法寺古墳が複室系擬似両袖式石室であることは注目に値しよう。三河において梱石をもつ石室は複室系擬似両袖式石室に限定されるものではないが[9]、金山 1 号墳の梱石は複室系擬似両袖式石室に伴い伝播したものと理解できる。

　なお、女池ヶ谷 4 号墳例は梱石であるとは確定できないが、その可能性をもつ石材が玄門間に置かれ、その下部には石室主軸に直交する溝がある。駿河において、同じく玄門間に主軸と直交する溝をもつ石室としては、藤枝市白砂ヶ谷 C3・D4 号墳や静岡市楠ヶ沢 2 号墳など数例をあげることができる。ただし、楠ヶ沢 2 号墳ではこの溝の直上に閉塞石が積み上げられ、溝と梱石を直結することはできず、埋葬時にこの溝が機能していたのかも定かではない。この溝の性格については、今後検証を重ねなければならないが[10]、玄室の内外を区画する施設を床面にもつことは注目できよう。また、床面の造作によって埋葬空間と外部を区分する石室は東駿河一帯に見られる。このタイプの石室は富士市中原 4 号墳を典型例とし、

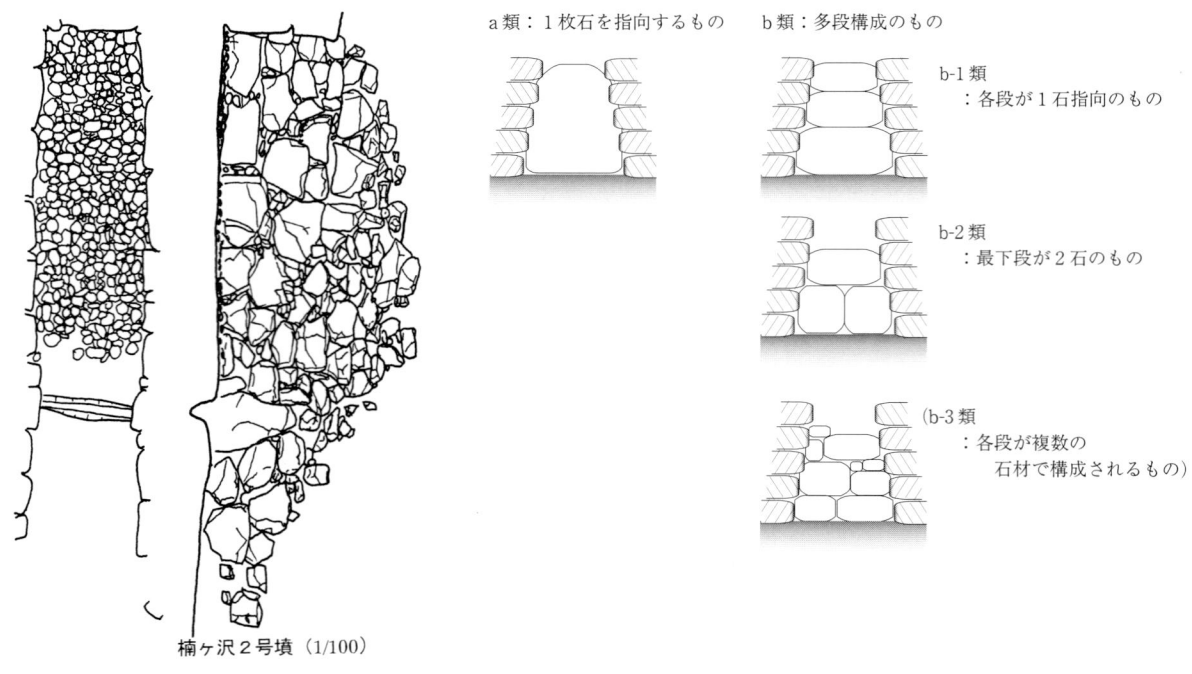

楠ヶ沢 2 号墳（1/100）

第 56 図　立柱石間に溝をもつ石室　　　　　　　　　　　第 57 図　奥壁分類

「段構造の石室」とも呼称され（井鍋2003）、西三河やさらに西日本一帯に淵源を求める見解もある（志村2003）。もっとも、このタイプの石室は駿河中西部では見られず、立柱石をもたないことが一般的であることから、金山1号墳と関連をもつ可能性は低いといえる。

5 静清地域における石室の奥壁

金山1号墳と上中林古墳は奥壁構成が近似し、下中林1・2号墳も同様のものと推測される。静清地域における石室の奥壁構成は、現在確認されている石室を基にすると、主たる構成石材が1枚石（「鏡石」）であるものと、多段構成のものに大別できる。なお、石材を小口積みするタイプの奥壁も想定されるが、当地では発見に至っていない。

多段構成のものについては、各段の状況により細分ができる。ここでは、各段が1石を指向するタイプ、最下段を2石で構成し2段目が1石で構成されるタイプ、各段が複数の石材で構成されるタイプに区分したい。ただし、多段構成のものの中には、一枚石を指向

第18表　奥壁分類

奥壁形態	玄室平面形	
	長方形	胴張形
a類	東久佐奈岐2	三滝ヶ谷5、神明山4 東久佐奈岐4
	平城4・7・8、石部4、静大1	牧ヶ谷2、大鋏3、東大谷1 神明3、東久佐奈岐1
b類 b-1類	牧ヶ谷4、楠ヶ沢2、泉ヶ谷2 浅間坂上1・3、石部6、賤機山 上ノ山1・3・7、駿河丸山 静大3・7、下中林1・2 東久佐奈岐5	千代A1、牧ヶ谷1、平城1 石部1・3、小鹿堀ノ内山4 池田山1、金山1、上中林 大林、殿沢5
b-2類	平城2、上ノ山6、井庄段2 静大2・4・5・10、石原窪1	瀬名3
b-3類	静大9、小鹿堀ノ内山1	楠ヶ沢7

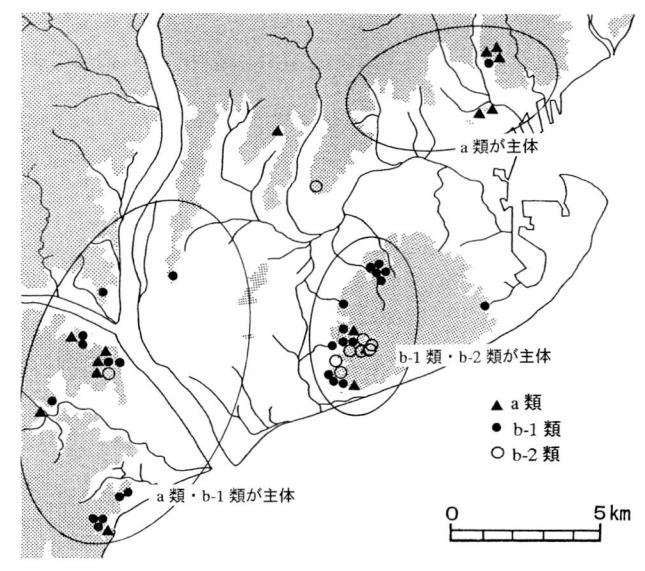

第58図　静清地域における奥壁形態の分布

しながらも入手し得る石材の都合により、多段構成となったものも存在すると考えられる。各段が1石で構成されるもののうち、石材の長辺が縦位になるように設置される段を含むものは[11]、一枚石を指向しているものととらえられる。このタイプは、多くの場合奥壁は2段構成で、基底石が縦位に据えられている。

以上の点から、静清地域における石室の奥壁構成は次のように分類したい。まず、一枚石を指向するものをa類とする。この中には、多段構成であっても1石で奥壁幅となり得る石材を縦位に設置しているものを含める。これ以外の多段構成のものをb類とする。このタイプは、各段の状況から、各段1石を指向するもの、最下段が2石のもの、各段が複数の石材で構成されるものに細分でき、それぞれを、b-1類、b-2類　b-3類と呼称する（第57図）。ただし、b-3類は、入手し得た石材の状況から結果的としてこのような奥壁構成になったものと考えられる。

各形態の時期をみると、終焉の時期には大差はないが、出現はa類がb-1類・b-2類に比べ、若干遅くII期である。ほかの2者はI期である。

奥壁形態の状況において、まず注目できるのは分布状況である。a類は、ほぼ地域全体に見られるものの、もっとも資料が豊富な有度山西～北麓では少ない。b-1類もほぼ全域に分布するが、巴川流域（北岸）から庵原側川流域にかけては少数例にとどまる。b-2類は有度山西麓に偏在する傾向にある（第58図）。この3者の分布状況から、静清地域は、a類とb-1類が主体となる地区（安倍川西岸・平野中央部）、b-1類

とb-2類が主体となる地区（有度山西〜北麓）、a類が主体となる地区（庵原川流域）、の3つの小地域に区分することができる。資料自体が偏在性をもつためにさらなる検証が必要であるが、現状では上述したような分布傾向と小地域性を指摘することができる。

　このような奥壁構成の違いは、石室の系譜に起因すると考えられる。奥壁が1枚石を指向することは在地系石室の特徴の一つであることが指摘されているが（鈴木2000a）、当地でa類となるものは、玄室平面形や袖部の状況に差異はあるものの、いずれも在地系の石室である。a類は在地系石室の伝播とともに当地にもたらされた形態ととらえられる。

　畿内系石室において採用されるのはb-1類である。ただし、b-1類は在地系石室や無袖式石室においても採用されている。畿内系、在地系ともⅠ期からb-1類が見られるが、現状ではわずかに畿内系に伴うものが先行し、当地にはまず、畿内系石室の伝播に伴い導入されたものととらえられる。在地系におけるb-1類については、畿内系からの影響を受けて出現した可能性と、これとは全く別個の情報として当地にもたらされた可能性、あるいは入手し得る石材の制約に起因する可能性などが想定できる。現状では、上記のいずれであるのかを確定することはできない。ただし、在地系石室におけるb-1類の中には、石材の制約からb-1類となったもの以外に、多段構成を築造当初から指向していたものが存在していることは充分に考えられる。特に、長方形玄室でb-1類となるものの中には、平面プランは異にしつつも奥壁は畿内系からの影響を受けているものが存在することが考えられる。

　b-2類は在地系の石室で採用されている。石材の制約によるものもあるだろうが、上ノ山6号墳、井庄段2号墳、平城2号墳、静大10号墳は最下段が2石で2段目が1石と共通性が高く、意図的にこの形態を採用していることがうかがえる。このタイプの石室の多くは玄室平面形が長方形であり、胴張形となるのは瀬名3号墳のみである。ただし、初現例となるのはこの古墳である。瀬名3号墳はの石室形態は駿河西部においても類例が見られるが、淵源を三河にもつ石室形態と考えられる。西三河においては、奥壁が縦長石の2枚構成となるものや、「横長1石と補足石」構成となるものがあり（加納1988・小林2003）、遠江でも磐田市押越古墳群に基底石に板状の石材を腰石的に使用するものがある。そのため、このタイプは三河・遠江からの石室伝播の過程で当地にもたらされた形態と考えたい。

　長方形玄室におけるb-2類は瀬名3号墳の影響を受けている可能性はあるが、瀬名3号墳と同様の石室形態は静清地域においては次代に築造が続かず、他に影響を及ぼさないタイプである。そのため、長方形玄室におけるb-2類は改めて導入された可能性を考える必要もあるだろう。ただし、先に掲げた三河・

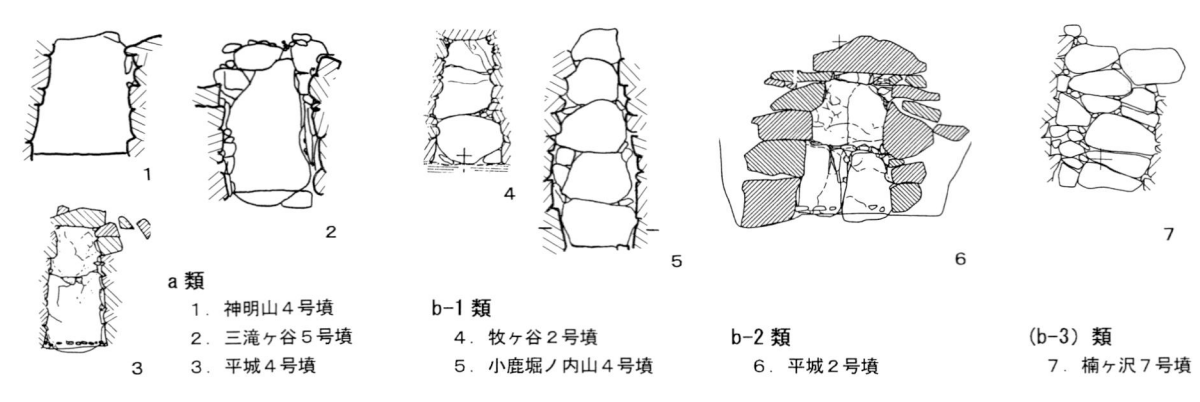

a類
1．神明山4号墳
2．三滝ヶ谷5号墳
3．平城4号墳

b-1類
4．牧ヶ谷2号墳
5．小鹿堀ノ内山4号墳

b-2類
6．平城2号墳

(b-3)類
7．楠ヶ沢7号墳

第59図　静清地域の横穴式石室奥壁（1/100）

遠江では、管見に触れる限りで同様のタイプを確認できない。淵源が異なることも考えられる。三河・遠江からの伝播であるならば、当地に導入されるにあたって、b-1類など他系統の影響を受けていると考えられる。b-2類は有度山西麓に集中する傾向があるが、この周辺はb-2類に加えて、b-1類が主体となる地域である。なお、b-2類の分布状況は複室系の擬似両袖式石室と似ており、上ノ山6号墳、井庄段2号墳は複室系の擬似両袖式石室で奥壁形態がb-2類となるものである。しかし、他の古墳をみる限りでは、両者に強い相関関係を見いだすことはできない。

　以上、奥壁を当地における現状を踏まえ分類して見た場合、形態別の分布傾向に違いから小地域性があることが把握できる。本書で報じた4基の石室は、いずれもb-1類に該当する。有度山西麓〜北麓はb類が主体となる地区であり、4基の古墳はこの傾向と合致する。有度山周辺では石室の形態こそ異なるが、奥壁については一定程度の共通性があると指摘でき、技術あるいは情報の共有化がなされていた可能性がある。ただし、奥壁形態と石室平面形に強い関連性があるとまでは言えず、奥壁形態と石室平面形態選択の背景には別個の原理が働いていた可能性もある[12]。

6　まとめ

　以上、金山1号墳を中心に有度山北麓の古墳について横穴式石室から検討を行った。本書で報じた4基の古墳は、当地の石室としては平均的なものといえ、階層的にも通有の古墳である。しかし、金山1号墳の石室は静清地域の中では特徴的な形態であることや、有度山西〜北麓の石室は一定程度の共通性をもつことなどが明らかとなった。

　金山1号墳の横穴式石室は複室系の擬似両袖式石室であるが、このタイプの石室は静清地域では数少なく、築造期間も限られ偏在的な分布状況をもつ。金山1号墳は、このタイプの石室としては、当地における初現的な古墳である。また、後続する類例とは、玄室平面形や梱石の有無により違いが看取できる。これらのことから、金山1号墳の被葬者は、静清地域の中でも比較的早い時期に、独自に石室を導入できる立場にいたことがうかがえる。石室形態の特徴から、三河地域との在地間交流のもと、当地にこのタイプの石室を導入したものと考えられる。ただし、独自色が見られる点もあり、他系統からの影響が一部に見られる。

　なお、金山1号墳と同じタイプの石室は、駿河ではこの他に西部にも存在する。藤枝市瀬戸B17号墳は複室系の擬似両袖式石室であるが、眉石をもつ。金山1号墳は天井付近の構造が不明であるが、瀬戸B17号墳のように眉石をもっていたことも考えられる。駿河における複室系の擬似両袖式石室は、全長10mを越えるものが多く、いずれも狭長である。袖部の造作を意識したものではあるが、駿河東部から関東においてみられる無袖式の長大化への指向性（井鍋2003）と着想の根底が共通するのかもしれない。また、金山1号墳には梱石がみられた。床面の造作における石室の空間区分に着目すると、駿河東部では、屍床仕切石をもつ例や、「段構造」の石室確認できるが、駿河中西部にはみられない。一方、駿河中西部では玄室内において、敷石の見られない範囲を玄門付近にもつ場合が見られる。駿河においては、地域ごとに石室形態やその消長に差異が見られるが、床面の造作による空間区分にも差異があった可能性がある。葬送儀礼や観念などの違いがその背景にある可能性も今後検討する必要があるだろう。

　金山1号墳は、当地における石室の導入・伝播をとらえる上では示唆的で、単に地域内での情報伝播ではなく、遠隔地からの石室導入が、一定程度の被葬者集団でそれぞれ独自に行われていたことを示すもの

ともいえる。階層的には群集墳の盟主クラスととらえられ、このような階層のものが、独自の導入経路をもち得ていたことをうかがわせる。なお、独自の埋葬施設導入経路を確保した集団としては、この他に有度山西麓の上ノ山古墳群を造営した集団、伊庄谷横穴墓の集団、瀬名古墳群の集団、賤機山古墳の被葬者があげられる。賤機山古墳の被葬者を除くと、各集団の最上位であっても古墳群の盟主的な階層にとどまる。これらの集団は石室導入にあたり、賤機山古墳等の既存の勢力から技術導入を図れる立場にはなかったため、独自に導入する必要があったのであろう。一方、宗小路古墳群や宮川古墳群を造営した集団は、在地間交流で石室を導入するとともに畿内系石室を二次的に受容することができる集団であったことがうかがえる。なお、静清地域では7世紀代になると、畿内からの新たな技術や形態の導入がみられず、賤機山古墳の系譜につらなるタイプの石室も築造されなくなる。古墳造営に制約が働いたことがうかがえる。

(菊池吉修)

註
1) 以前試みた静清地域の石室分類では7類に区分した(菊池2003)。金山1号墳タイプの石室が未確認であったためである。
2) ここでいう畿内系石室とは、静岡県考古学会2003にもとづく。
 在地系とは、上記の畿内系石室の範疇としてとらえられないタイプを指し、鈴木2000aにおける在地系に準拠する。静清地域の実情を踏まえると、いずれも三河地域に淵源を求められるものであり、三河系の石室ともいえる。
3) 第I期に先行する段階は、今後資料が増えるならば初現期(TK10型式併行期)として設定したい。
4) かつて擬似両袖式B1類はII期に出現すると考えたが(菊池2003)、志太地域の状況を踏まえると、I期後半に遡ることも考えられる。
5) 菊池2006(一部改変)
6) 駿河丸山古墳も二対の立柱石をもつ石室である。ただし、この石室は在地的要素が色濃い畿内系石室としてとらえられる。宗小路19号墳も同様に二対の立柱石をもつが、在地系の擬似両袖式石室ではなく、在地系の影響を受けた畿内系石室としてとらえられる。
7) 埋葬について、上ノ山6号墳は石棺があり、明らかに埋葬施設として機能している。上ノ山7号墳もその可能性がある。しかし、すでに指摘されているように(土井1989)追葬を重ねる中で埋葬空間とされたと解釈できる。
8) 岡崎市中ノ坂9号墳、磐田市社山2号墳等。
9) 単室系の擬似両袖式石室や無袖式でも見られる。西三河における梱石と框石との関連については指摘があり(小林2003)、これらとの関連も検討する必要があるだろう。なお、框構造となるものは、静清地域ではみられない。
10) 木製の床面区画施設や木製の板状閉塞施設、あるいは石室構築に関わる施設である可能性も考えられる。
11) 玄室内からの見かけ上の長短である。なお、正方形に近いものは縦位の範疇としてとらえた。
12) 奥壁の状況には、石室の横断面形や天井部、奥壁と側壁の接し方なども考慮に入れる必要があると考えられる。あるいは、これらの点を総合すれば、奥壁形態と石室平面形と関連がうかがえるのかもしれない。しかし、当地においては、これらを検討するに足る残存状況を示す石室は非常に少ない。

参考文献
愛知県教育委員会　1981　『重要遺跡指定促進調査報告』IV
赤羽根町教育委員会　1978　『鬼堕古墳』

一宮町教育委員会　2000　『手取古墳群』
井鍋誉之　2003　「東駿河の横穴式石室」『静岡県の横穴式石室』　静岡県考古学会
磐田市教育委員会　1988　『匂坂上4遺跡発掘調査報告』
植松章八　1994　「静岡平野における後期の方墳について」『転機』5号
大谷宏治　2000　「遠江・駿河における古墳時代後期の階層構造」『研究紀要』第7号　（財）静岡県埋蔵文化財調査研究所
加納俊介　1988　「石室の形状」『西三河の横穴式石室　資料編』　愛知大学日本史専攻会考古学部会
菊川町教育委員会　1997　『堀田城跡（第2次調査）』
菊池吉修　2003　「静清地域の横穴式石室の形態」『静岡県の横穴式石室』　静岡県考古学会
菊池吉修　2006　「飾大刀集成　静清地域」『東海の馬具と飾大刀』　東海古墳文化研究会
小林秀孝　2003　「矢作川上流域における横穴式石室の変遷」『勘八2号墳・滝1号墳』　豊田市教育委員会
静岡市教育委員会　1979　『駿河　井庄段古墳』
静岡市教育委員会　1984　『上ノ山遺跡発掘調査（第一次）概報I』遺構編
静岡市教育委員会　1986　『駿河　楠ヶ沢古墳群』
志村　博　2003　「富士市周辺の特異な石室構造」『静岡県考古学研究』35　静岡県考古学会
鈴木一有　2000a　「遠江における横穴式石室の系譜」『浜松市博物館報』第13号
鈴木一有　2000b　「磐田郡豊岡村神田古墳―中国鏡出土の後期古墳―　第4章第2節　石室について」
鈴木敏則　1988　「遠江の横穴式石室」『転機』2号
土井和幸　1989　「遠江における横穴式石室の一形態」『匂坂上4遺跡発掘調査報告書』II　磐田市教育委員会
豊田市教育委員会　1995　『池ノ表古墳』
中野　宥　1984　「静岡市域の古墳の分布について（前）」『学芸職員研究紀要』8
浜松市教育委員会　1995　『浜松市指定文化財―古墳―』
藤枝市教育委員会　1990　『女池ヶ谷古墳群発掘調査報告書』
三河考古学談話会　1994　『東三河の横穴式石室』資料編
八木勝行・菅原雄一　2006　「瀬戸古墳群B-17号墳」『藤枝市文化財年報』平成16年度

第Ⅶ章　総　括

　今回報告した4基の古墳は、駿河地方の後期古墳研究を進める上で欠かすことのできない貴重な資料を提供するものである。調査からすでに半世紀近くが経過しているため、遺構や遺物出土状態の把握に不十分な点があることは率直に認めざるをえないが、出土遺物については本書の中でほぼ全容を明らかにすることができた。その意味で、本書の目的は半ば達成されたものといえよう。しかしながら、あらためて明らかとなった考古学的事実をもとに当該地域の後期古墳研究を進めるという目的については、なお当面の成果が得られたにすぎない。以下、今後に向けて、本書で明らかとなった成果と課題をまとめておこう。

　年　代　各古墳から出土した須恵器の編年的位置づけが古墳の年代を知る重要な手がかりとなる（第Ⅵ章第1節）。全体としては、湖西編年（後藤1989）のⅡ期第3小期からⅢ期第2小期、遠江編年（鈴木2001）のⅢ期後葉からⅣ期後半に位置づけられる須恵器が出土しており、およそ6世紀後葉から7世紀後半の間に横穴式石室への埋葬が繰り返されたものとみられる。

　4基の中でもっとも古い時期の須恵器が出土したのは、下中林1号墳と下中林2号墳である。下中林1号墳では、湖西編年Ⅱ期第3小期（6世紀後葉）の坏蓋などが出土しており、腸抉三角形の鏃身部をもつ長頸鏃の年代もそれと矛盾するものではない。ただし、同古墳では全体に出土遺物が少なく、追葬行為の詳細を知ることはできない。

　下中林2号墳でも上記のものと同じ時期に遡る有蓋高坏や平瓶が出土した。同古墳ではさらに、湖西編年Ⅲ期第1小期までの複数時期にわたる須恵器が出土しており、7世紀半ば過ぎまで数回に及ぶ埋葬が繰り返されたものとみられる。須恵器との共伴関係は定かでないが、同時に出土した鉄鏃や環状鏡板付轡なども同様の時間幅の中に位置づけられる遺物である。

　上中林古墳では、Ⅱ期第4小期に相当する時期の提瓶や脚付盌が出土した。須恵器自体の出土量は少ないが、小型化した環状鏡板付轡などの副葬品も7世紀前半代に位置づけられる。

　金山1号墳では、大量に出土した須恵器の多くがⅡ期第6小期からⅢ期第1小期の間に位置づけられる。ただし、少量ではあるが、Ⅱ期第5小期に遡る有蓋高坏や甕も存在する。また、その一方で、Ⅲ期第2小期に下る摘み蓋や坏身も認められる。これらを総合すると、金山1号墳では7世紀初め頃に最初の埋葬が行われ、7世紀後半にいたるまで少なくとも3回以上の追葬が行われたものと考えられる。

　横穴式石室　すべての古墳で横穴式石室が確認された。残存状態はそれぞれに異なるが、金山1号墳はいわゆる擬似両袖式、上中林古墳と下中林古墳は無袖式で、もっとも残りが悪い下中林1号墳は、無袖式または擬似両袖式とみることができる（第Ⅵ章第2節）。いずれも東海地方の在地的な系譜に連なる石室であるが、とくに注目されるのは金山1号墳の石室である。

　金山1号墳の石室は、2ヶ所に立柱石を有する擬似両袖式石室で、玄室の平面形は胴張形を呈する。その系譜は、三河を中心に分布する複室系の横穴式石室に求められるが、金山1号墳の場合、本来の前室部分が長方形プランとなり、羨道化している状況がみてとれる。

　こうした複室系の石室は、静岡・清水地域の中で特徴的な分布を示し、これまでの確認例はすべて有度

山麓に存在する。その中でも年代的に先行する金山1号墳の石室は胴張形の玄室を有するが、それ以外の事例はすべて長方形の玄室である。また、当地域において金山1号墳の玄門部分にのみ認められる梱石は、三河・遠江方面に類例が散見され、その中には複室系の擬似両袖式石室も存在する。これらの点から、金山1号墳の石室は、当地域における複室系擬似両袖式石室の初現例と位置づけることができる。

　金山1号墳の石室には、三河・遠江の石室との共通点を見いだせるが、その一方でそれらとは異なる特徴も認められる。たとえば、金山1号墳の石室では床面全体に敷石を施すが、三河・遠江の複室系擬似両袖式石室ではそうした事例は一般的ではない。また、金山1号墳の石室では奥壁を多段構成とするが、三河・遠江の複室系擬似両袖式石室では一枚の大型石を使用するものがひろく認められる。これに対して、有度山麓の複室系擬似両袖式石室には、金山1号墳例以外にも、床面全体に敷石を施す事例や奥壁を多段構成とする事例が認められる。つまり、金山1号墳例を初現とする有度山麓の複室系擬似両袖式石室は、基本的に三河・遠江方面の影響を受けて成立したとみられるが、その受容にあたっては、あらたな情報もしくは解釈が加えられていた可能性がある。

　このことに関連して興味深いのは、当地域における奥壁形態の分布である。有度山麓では多段構成のものが多数を占めるが、庵原川流域では一枚石を用いるものが目立つ。また、安部川西岸域では、一枚石を指向するものと多段構成のものが混在している。奥壁以外の要素も検討しなければならないが、こうした小地域ごとの差は、地域内における石室形態の採用が一律の伝播によるものではないことを示している。今後さらに実態の把握を進めながら、その背後にある古墳造営集団の特質を探っていく必要があろう。

　出土遺物　すべての古墳が何らかの攪乱を受けていたが、下中林1号墳以外では比較的多くの遺物が出土した。以下、全体に数多く出土した遺物や注目すべき遺物について整理しておこう。

　須恵器は、今回報告したすべての古墳で出土した。とくに金山1号墳の須恵器は、静岡市賤機山古墳に次いで出土量が多く、当地域の中では古墳出土須恵器の基準資料となりうるものである。先述のように、各古墳から出土した須恵器は追葬にともなってかなりの時間幅を有しており、そこには生産地をめぐる大きな変化を読み取ることができる。

　当地域を含む駿河西部の古墳出土須恵器については、その胎土や成形技法から7つの生産地が指摘されている（後藤2000）。それをふまえて資料を観察すると、もっとも古い時期（湖西編年II期第3小期段階）の須恵器を出土した下中林1号墳には、有度山北麓系、賤機系ないしは瀬戸川系とみられる製品が存在する一方で、湖西窯産とみられる製品は存在しない。これと同じ状況は同時期の須恵器を出土した下中林2号墳にも認められるが、同古墳のII期第6小期およびIII期第1小期に相当する製品は湖西窯産で占められている。また、II期第4小期の須恵器を主体とする上中林古墳には、有度山北麓系、賤機系ないしは瀬戸川系とみられる製品に加えて、湖西窯産の製品が含まれている。さらに金山1号墳では、少量が出土したII期第5小期の製品は賤機系とみられるが、II期第6小期以降に位置づけられる大多数の製品は湖西窯産とみられる（第VI章第1節）。

　このように、今回報告した須恵器の生産地について整理すると、II期第6小期以降、湖西窯の製品が圧倒的多数を占めていく状況を認めることができる。

　鉄鏃も須恵器と同様に各古墳から出土した。鏃束としてのまとまりは、金山1号墳と下中林2号墳に認められ、前者は鏃身片刃形の長頸鏃、後者は鏃身柳葉形の長頸鏃によって占められている。とくに後者には形態的な均一性が認められ、生産段階の一括性を保持している様子がうかがえる。各古墳に副葬された

鉄鏃は、若干の平根系鏃に多数の尖根系鏃を組み合わせたものが基本とみられ、金山1号墳と上中林古墳からは、駿河や甲斐に特徴的な五角形鏃が出土している。この点は従来指摘されてきた地域的特徴（杉山1988）を追認するものであるが、他方で、今回すべての古墳に認められた片刃形の長頸鏃は、静岡・清水地域において類例が少ないとされたものである（長谷川 2003）。しかし、有度山麓では静岡大学構内古墳群にも出土例（未報告）があり、一定の分布が認められるようである。今後資料の充実を図りながら、さらに小地域単位での鉄鏃のあり方を検討してみる必要があろう。

弓の飾金具として知られる両頭金具は、3基の古墳から合計 22 点が出土した。静岡県は福岡県と並んで両頭金具の出土例が多く、これまでに 100 基近くの古墳・横穴から約 250 点の出土が確認されている（村田 2000、井鍋 2003）。今回さらに事例を追加することとなったが、注目されるのは各古墳の出土数が 6〜9 点と多いことである。各地の事例から、1張の弓にともなう両頭金具は 5 点以内とみられており、それにしたがえば、各古墳にはそれぞれ 2 張またはそれ以上の飾弓が副葬されていたことになる。

馬具は各古墳から出土した。3基の古墳から出土した環状鏡板付轡は、それぞれ形態を異にし、時期差が認められる。このほか、上中林古墳からは木装鞍にともなう鞍金具、下中林 2 号墳からは各種の金銅装飾金具などが出土した。注目されるのは、上中林古墳から出土した貝製品の破片で、貝製飾金具（または雲珠・辻金具）の一部と考えられる。静岡県内では、沼津市東原 1 号墳、富士市横沢古墳、藤枝市瀬戸 1 号墳に次ぐ事例で、当地域では初の確認例である。こうした貝製の馬具は九州と東日本に偏在し、太平洋岸では駿河以東に分布することが知られている（宮代 1989）。

装身具は、金山 1 号墳を除く 3 基の古墳から出土した。多くは後期古墳に一般的な耳環と玉類であるが、下中林 2 号墳から出土したガラス製勾玉は全国的にも希少な遺物である。静岡県内の後期古墳では、静岡市神明山 4 号墳、浜松市地蔵平 A34 号墳に類例が認められる。また周辺地域では、三河最大の後期前方後円墳、豊橋市馬越長火塚古墳に出土例がある。ガラス製勾玉は、古墳時代中期までは前方後円墳から出土する傾向があり、後期古墳においても地域の盟主的古墳（馬越長火塚古墳）やそれに次ぐ有力墳（神明山 4 号墳）などから出土している。階層的にはより上位に位置する被葬者の副葬品ととらえられ、同時に出土した金銅装馬具とともに、下中林 2 号墳に埋葬された人物の階層的位置をうかがわせるものである。

有度山麓の後期古墳　今回の調査研究により、これまで十分に把握されてこなかった谷田古墳群の具体的な内容を多少なりとも明らかにすることができた。石室の形態や規模、副葬品の内容から判断して、金山 1 号墳と下中林 2 号墳は、古墳群の中ではより上位の階層によって営まれたものと考えられる。また、貝製馬具や多くの両頭金具を出土した上中林古墳の被葬者についても、それに近い階層的位置が想定される。今後それらをふまえた上で、丘陵斜面に密集する小石室墳にどのように変遷していったのか、古墳群内での検討を進める必要がある。

先にも述べたように、静岡・清水地域の横穴式石室は、三河・遠江方面の影響を受けながら、小地域ごとに細かな形態の変異をみせる。また、具体的には今後の検討課題であるが、鉄鏃についてもそうした小地域差を内包している可能性がある。その一方で、古墳に副葬される須恵器は、7 世紀以降、地域全体が湖西窯産一色に染まっていく。こうした諸現象をどのように理解し、またそこに、やがて庵原、有度、安部の 3 郡に編成されていく古代地域集団の姿をどのように描きだすのか、有度山麓の後期古墳を手がかりとして追究すべき課題といえよう。

（滝沢　誠）

〔付　篇〕

上中林古墳出土の種子について

　上中林古墳からの出土品として、シャーレ2ケースに分けられて、小型の種子30個体ほどと大型の種子9個体が保管されていた。これらの資料がどのような状態で出土したのかについての記録は残っていないが、市原壽文氏によると、大型の種子については、石室内の開口部に近い地点において床面からやや浮いた状態でまとまって出土したとのことである。小型の種子についての詳しい出土状態は不明であるが、石室内からの出土品であると考えられる。

　これらについて国立歴史民俗博物館の西本豊弘氏、住田雅和氏に鑑定を依頼したところ、小型のものはイチイガシ果実、大型のものはトチノキ種子であり、いずれも現代のものという結果をいただいた。下の写真は両氏に撮影していただいたものである。

（滝沢　誠・篠原和大）

上中林古墳出土堅果類　1・2・3：イチイガシ果実　4：トチノキ種子　黒棒は1cm

参考文献

井鍋誉之　2003　「静岡県内の飾り弓について―両頭金具をもつ被葬者の性格―」『研究紀要』第10号　財団法人静岡県埋蔵文化財調査研究所

大澤和夫　1935　「有度山塊の考古学的調査」『静岡県郷土研究』第5輯　静岡県郷土研究協会

大谷宏治　2003　「遠江・駿河・伊豆における古墳時代後期の鉄鏃の変遷とその意義」『研究紀要』第10号　財団法人静岡県埋蔵文化財調査研究所

岡安光彦　1984　「いわゆる「素環」の轡について―環状鏡板付轡の型式学的分析と編年―」『日本古代文化研究』創刊号　古墳文化研究会

後藤建一　1989　「湖西古窯跡群の須恵器と窯構造」『静岡県の窯業遺跡　本文編』　静岡県教育委員会

後藤建一　1995　「東海東部（静岡）」『須恵器集成図録3　東日本編I』雄山閣出版

後藤建一　2000　「古墳出土須恵器にみる地域流通の解体と一元化」『日本考古学』第9号　日本考古学協会

静岡県　1930　『静岡県史　第1巻』

静岡県　1990　『静岡県史　資料編1　考古一』

静岡県　1990　『静岡県史　資料編2　考古二』

静岡県考古学会　2003　『静岡県の横穴式石室』

静岡市教育委員会　2006　『静岡市遺跡地名表』

静岡市役所　1931　『静岡市史　第1巻』

静岡市役所　1981　『静岡市史　原始古代中世』

清水市教育委員会　1984　『有度山東麓の考古資料』

清水市教育委員会　1999　『西の原1号墳・4号墳　墳丘発掘調査報告書』

清水市教育委員会　2001　『西の原2号・6号墳発掘調査報告書』

清水市教育委員会　2004　『神明山第4号墳』

杉山秀宏　1988　「古墳時代の鉄鏃について」『橿原考古学研究所論集　八』吉川弘文館

鈴木一有　2000　「遠江における横穴式石室の系譜」『浜松市博物館報』第13号

鈴木敏則　2001　「湖西窯古墳時代須恵器編年の再構築」『須恵器生産の出現から消滅　第5分冊　補遺・論考編』東海土器研究会

辰巳和弘　1975　『有度山北麓の古墳』静岡県立焼津中央高等学校郷土研究部

辰巳和弘　1978a　「静岡県中部における群集墳分析の一視点」『静岡県考古学研究』4　静岡県考古学会

辰巳和弘　1978b　「静岡県中部における群集墳の一形態」『地方史静岡』第8号　静岡県立中央図書館

辰巳和弘　1983　「密集型群集墳の特質とその背景―後期古墳論（1）―」『古代学研究』100号　古代学研究会

田中新史　1979　「古墳時代の飾り弓―鋲飾り弓の出現と展開」『伊知波良』1

田辺昭三　1981　『須恵器大成』　角川書店

長谷川睦　2003　「静岡県における鉄鏃の地域色と生産・流通」『研究紀要』第10号　財団法人静岡県埋蔵文化財調査研究所

浜松市教育委員会　2004　『有玉古窯』

浜松市文化協会　1992　『有玉西土地区画整理事業に伴う埋蔵文化財発掘調査報告書』

宮代栄一　1989　「いわゆる貝製雲珠について」『駿台史学』第76号　駿台史学会

村田　淳　2000　「静岡県内出土の両頭金具について」『静岡県指定史跡井田松江古墳群調査整備事業報告書』戸田村教育委員会

図 版

金山1号墳　図版1

1　遠景

2　墳丘調査風景

図版 2　金山 1 号墳

1　墳丘：北東部

2　墳丘：北西部

1　横穴式石室：崩落石除去後

図版 4　金山 1 号墳

1　横穴式石室：崩落石除去前

2　羨道部：須恵器出土状態（B 群）

3　羨道部：須恵器出土状態（A 群）

4　羨道部：須恵器出土状態（C 群）

金山1号墳　図版5

第10図1

1　鉄刀・鐔

2　鉄鏃

図版 6　金山 1 号墳

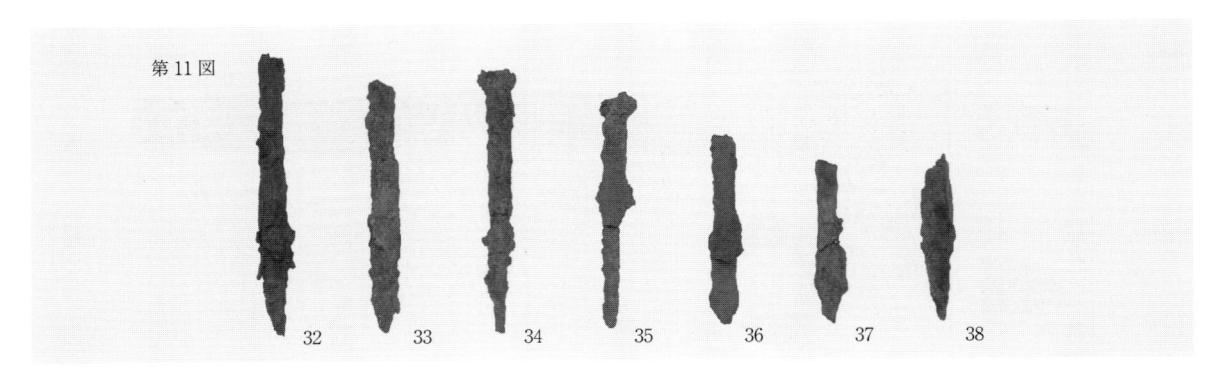

第 11 図

32　33　34　35　36　37　38

1　鉄鏃

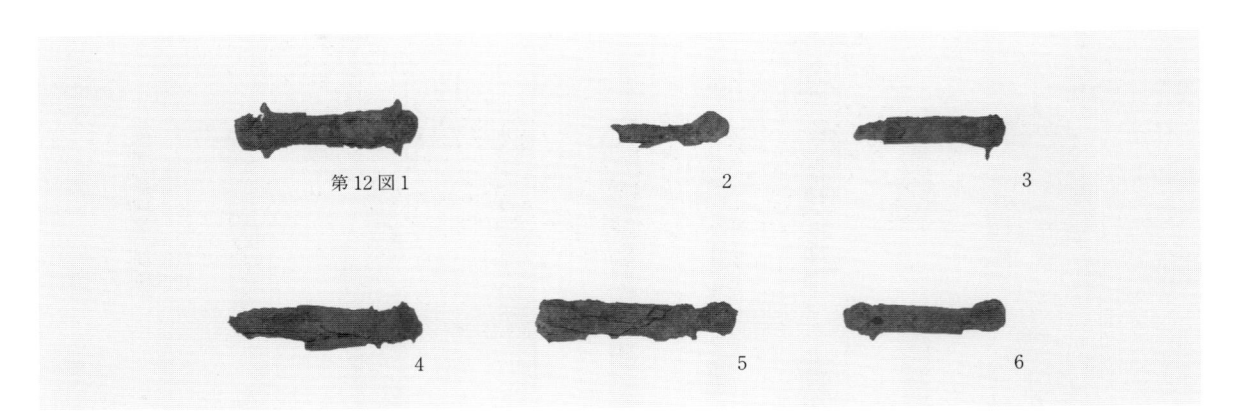

第 12 図 1　2　3

4　5　6

2　両頭金具

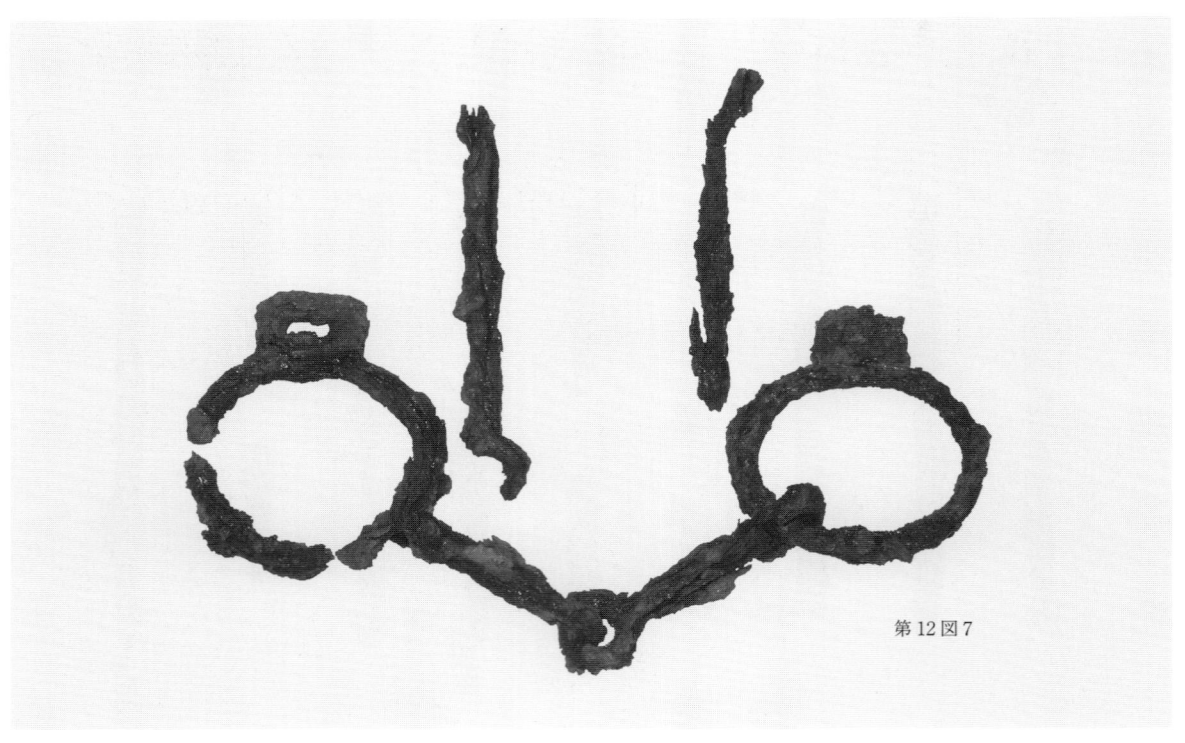

第 12 図 7

3　環状鏡板付轡

金山1号墳　図版7

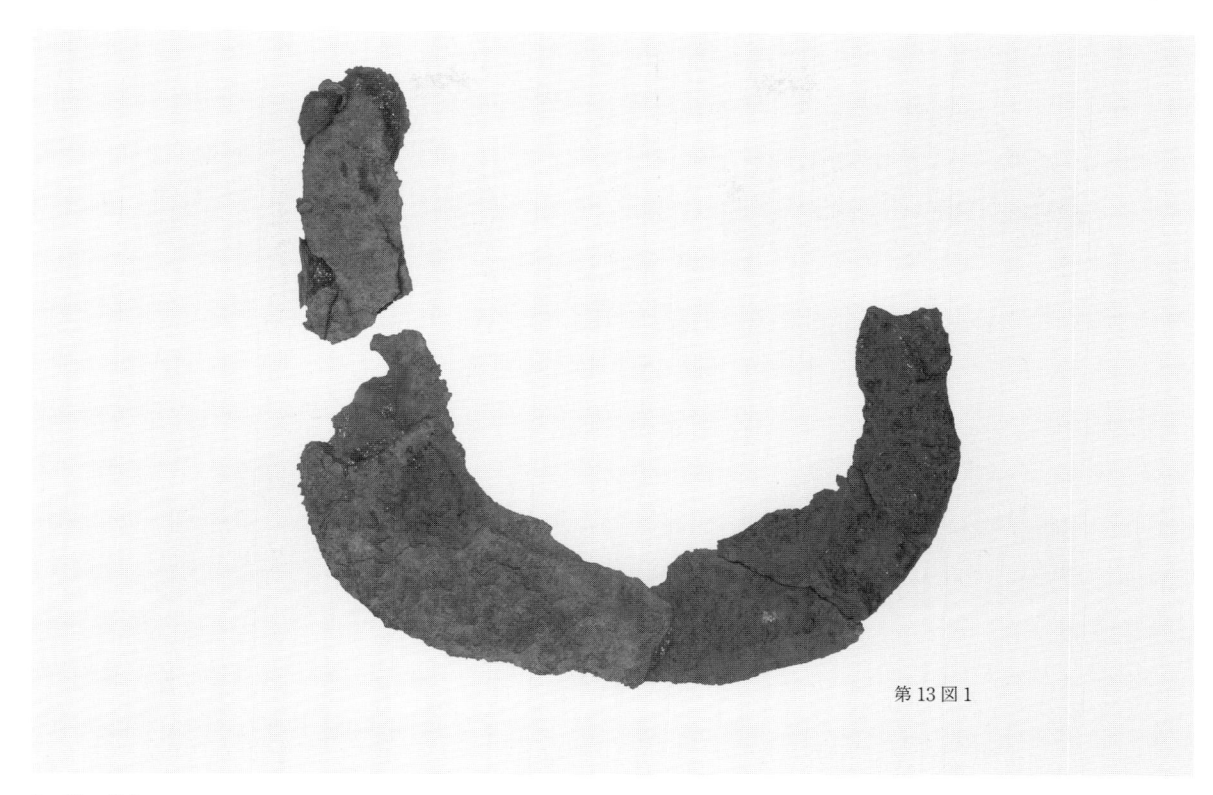

第13図1

1　鍬・鋤先

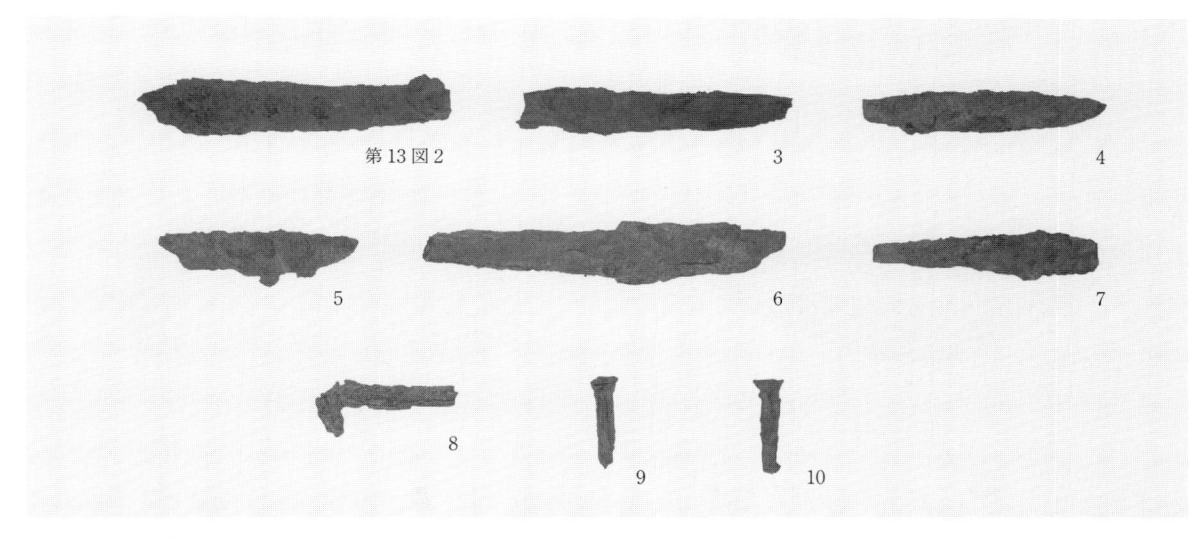

第13図2　　　3　　　4
5　　　6　　　7
8　　9　10

2　刀子・鑱・釘

図版 8　金山 1 号墳

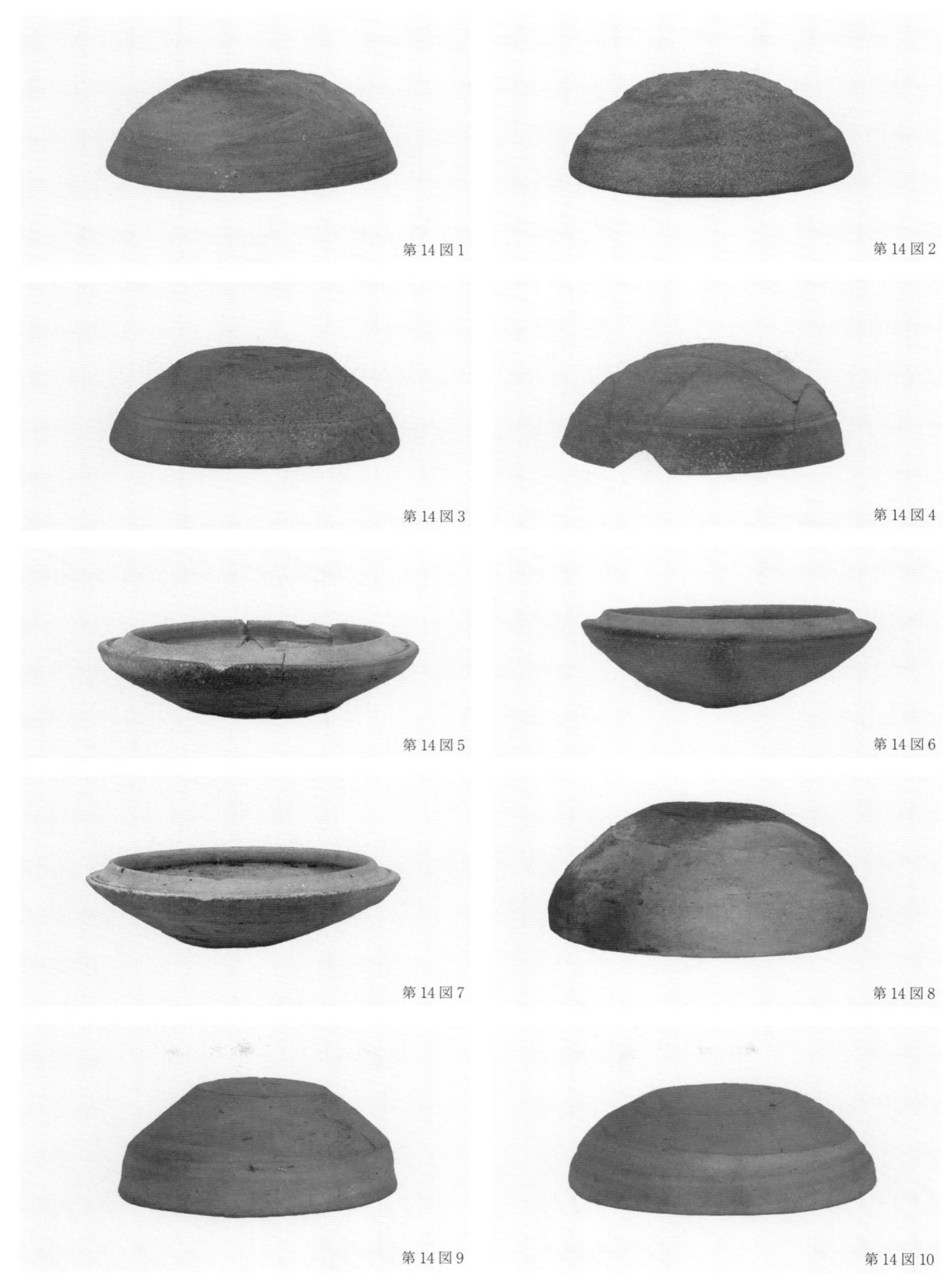

第 14 図 1

第 14 図 2

第 14 図 3

第 14 図 4

第 14 図 5

第 14 図 6

第 14 図 7

第 14 図 8

第 14 図 9

第 14 図 10

須恵器 (1) A 群・B 群

金山1号墳　図版9

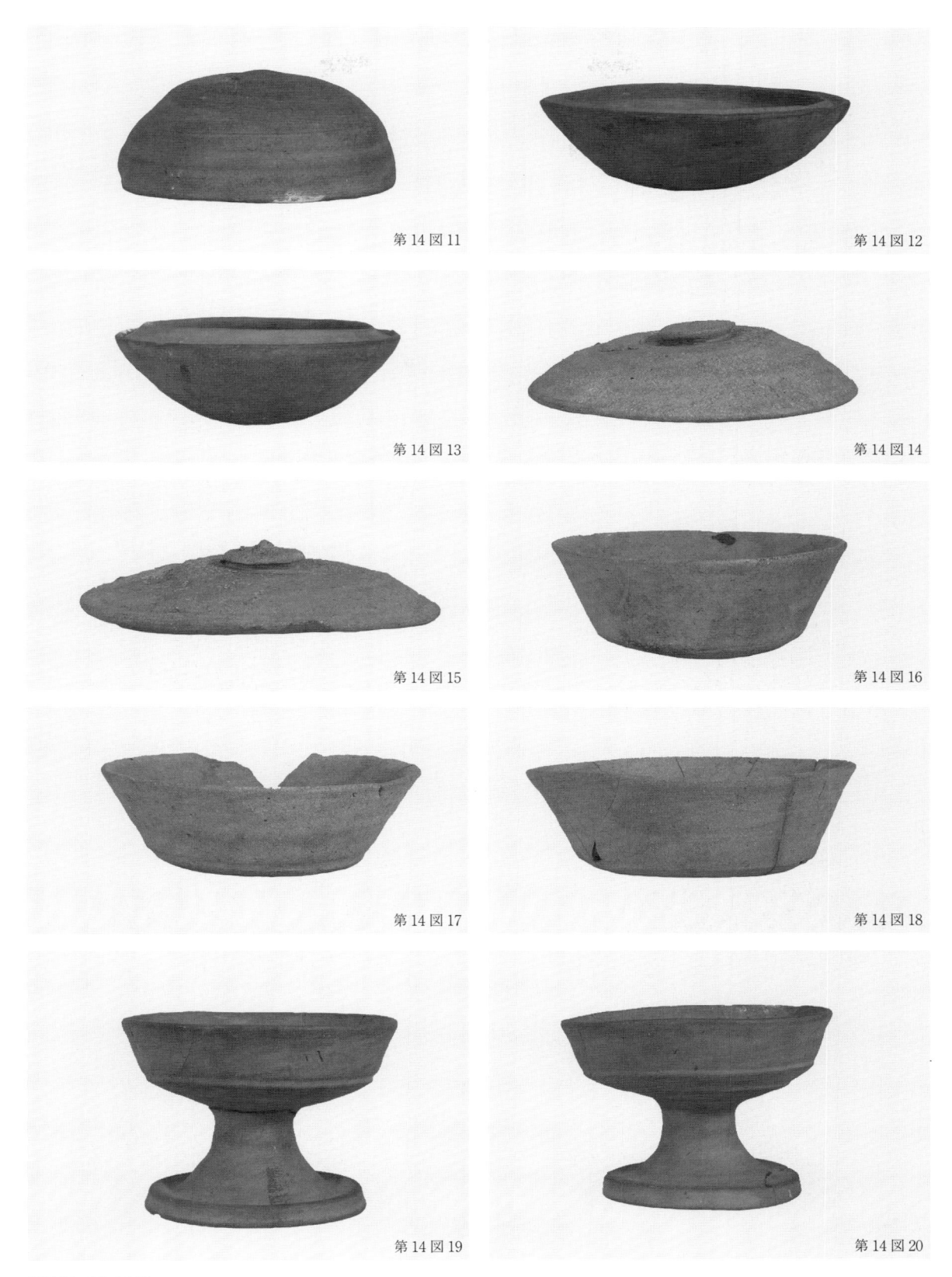

第14図11

第14図12

第14図13

第14図14

第14図15

第14図16

第14図17

第14図18

第14図19

第14図20

須恵器（2）B群

図版10　金山1号墳

第14図 21

第14図 22

第14図 23

第14図 24

第14図 25

第14図 26

須恵器 (3) B群

金山1号墳　図版11

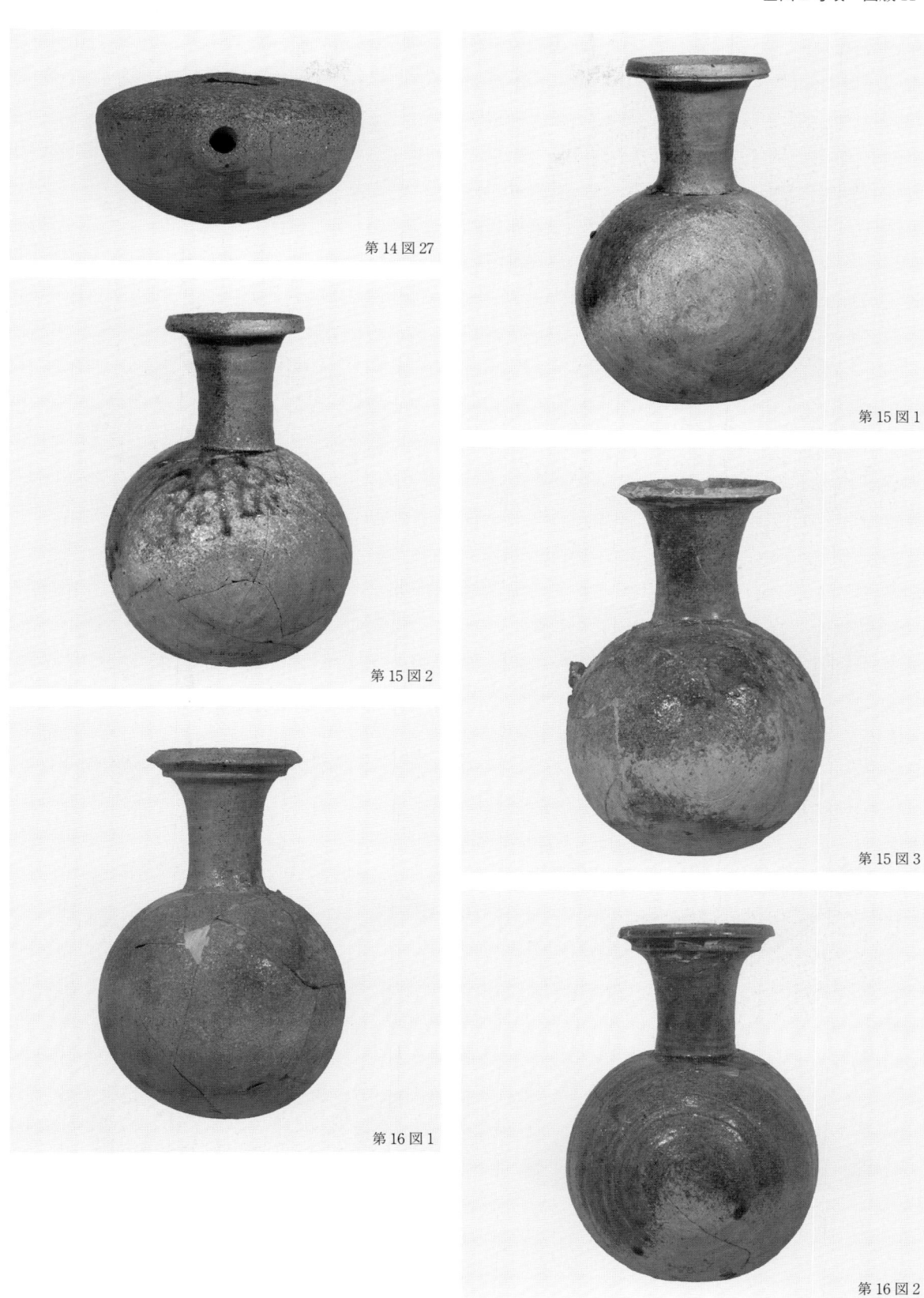

第14図27

第15図2

第16図1

第15図1

第15図3

第16図2

須恵器（4）B群

図版12　金山1号墳

第17図1

第17図2

第17図4

第17図5

第17図6

第17図7

第17図8

第17図9

第17図10

第17図11

須恵器（5）C群

金山1号墳　図版13

第17図12

第17図13

第17図14

第17図15

第17図16

第17図17

須恵器（6）C群

図版 14　金山 1 号墳

第 17 図 18

第 17 図 19

第 17 図 20

第 18 図 2

第 18 図 5

第 18 図 8

第 18 図 11

須恵器（7）C 群・前庭部

金山1号墳　図版15

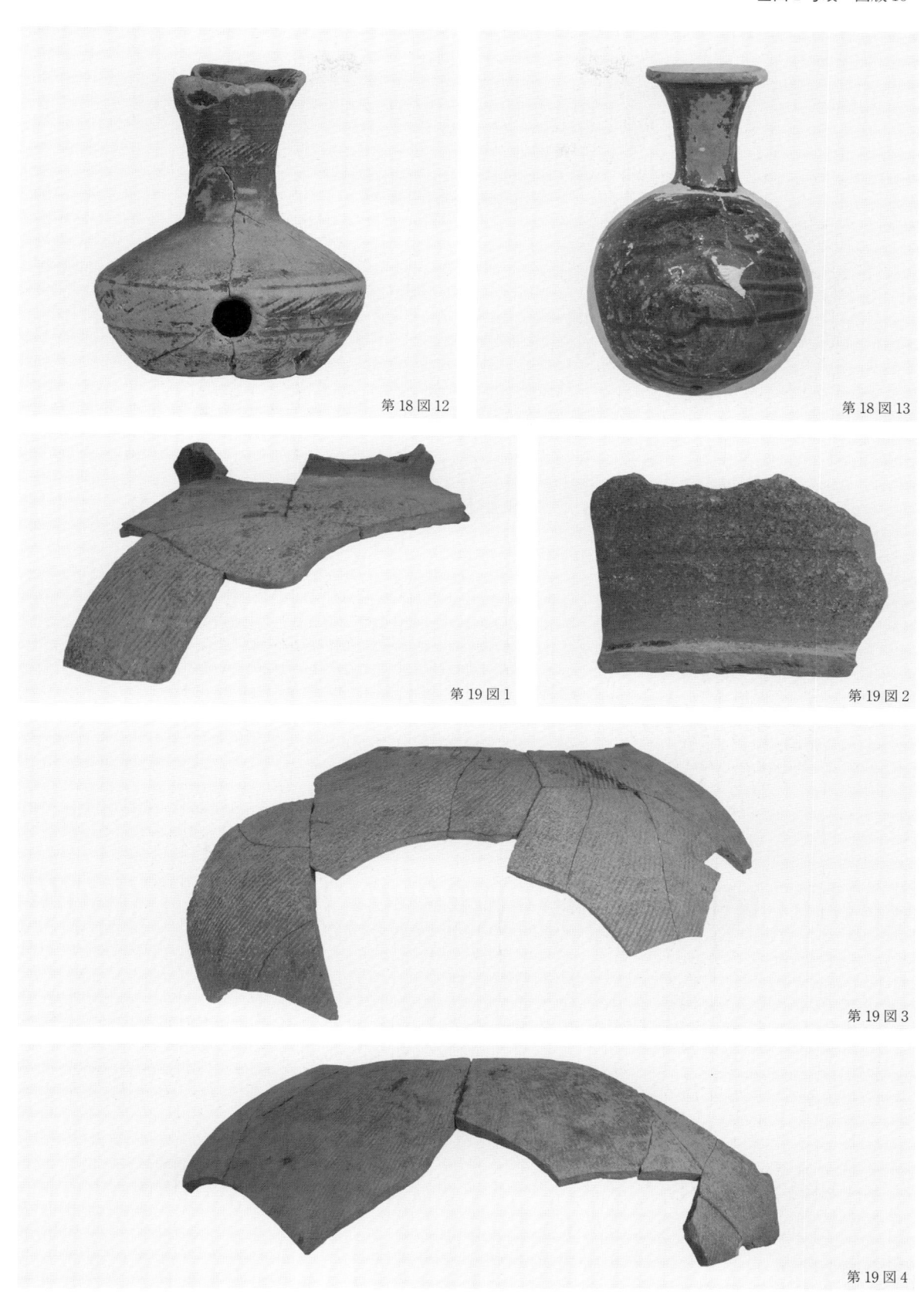

第18図12

第18図13

第19図1

第19図2

第19図3

第19図4

須恵器（8）前庭部

図版 16　金山 1 号墳

第 19 図 5

第 19 図 6

第 19 図 7

第 20 図 1

須恵器（9）前庭部

金山1号墳　図版17

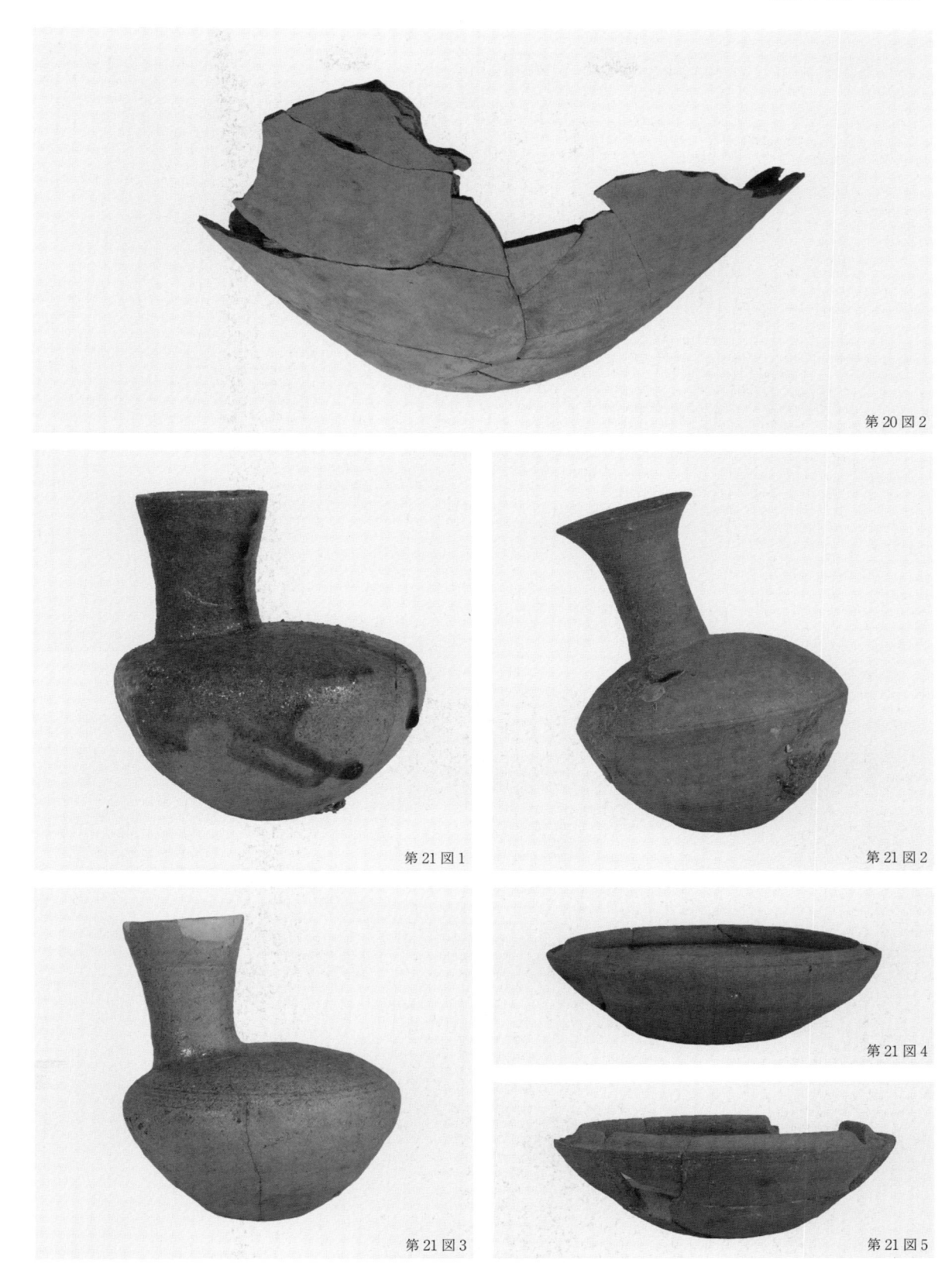

第20図2

第21図1

第21図2

第21図3

第21図4

第21図5

須恵器（10）前庭部・その他

図版 18　上中林古墳

1　横穴式石室

2　横穴式石室：奥壁

上中林古墳　図版 19

1　横穴式石室：閉塞石（南から）

2　横穴式石室：閉塞石（北から）

3　鉄刀出土状態

図版20　上中林古墳

1　須恵器出土状態

2　轡出土状態

上中林古墳　図版 21

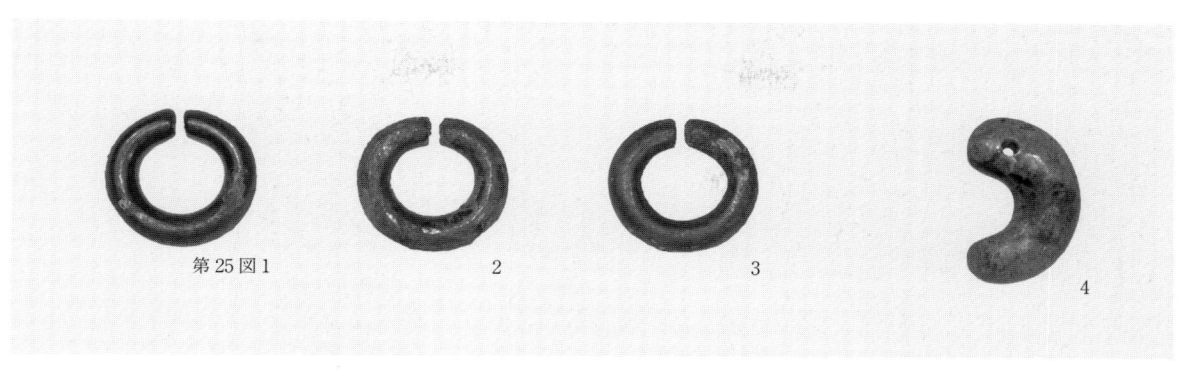

第 25 図 1　　2　　3　　4

1　耳環・勾玉

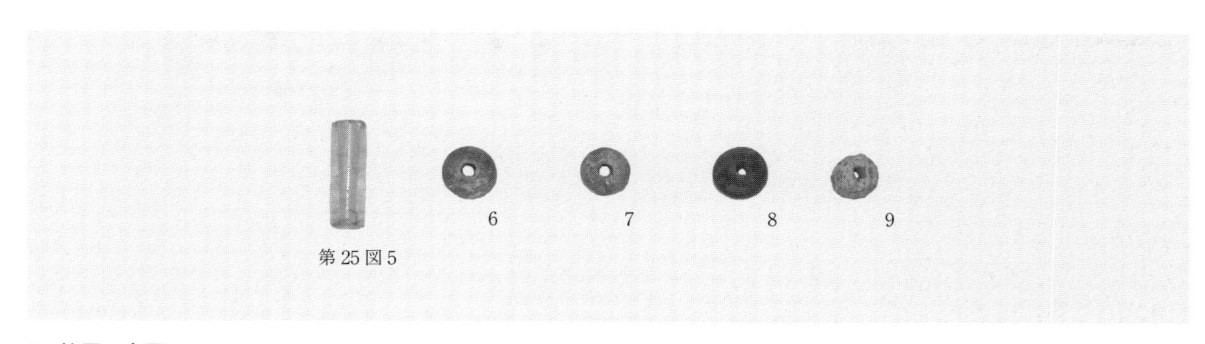

第 25 図 5　　6　　7　　8　　9

2　管玉・丸玉

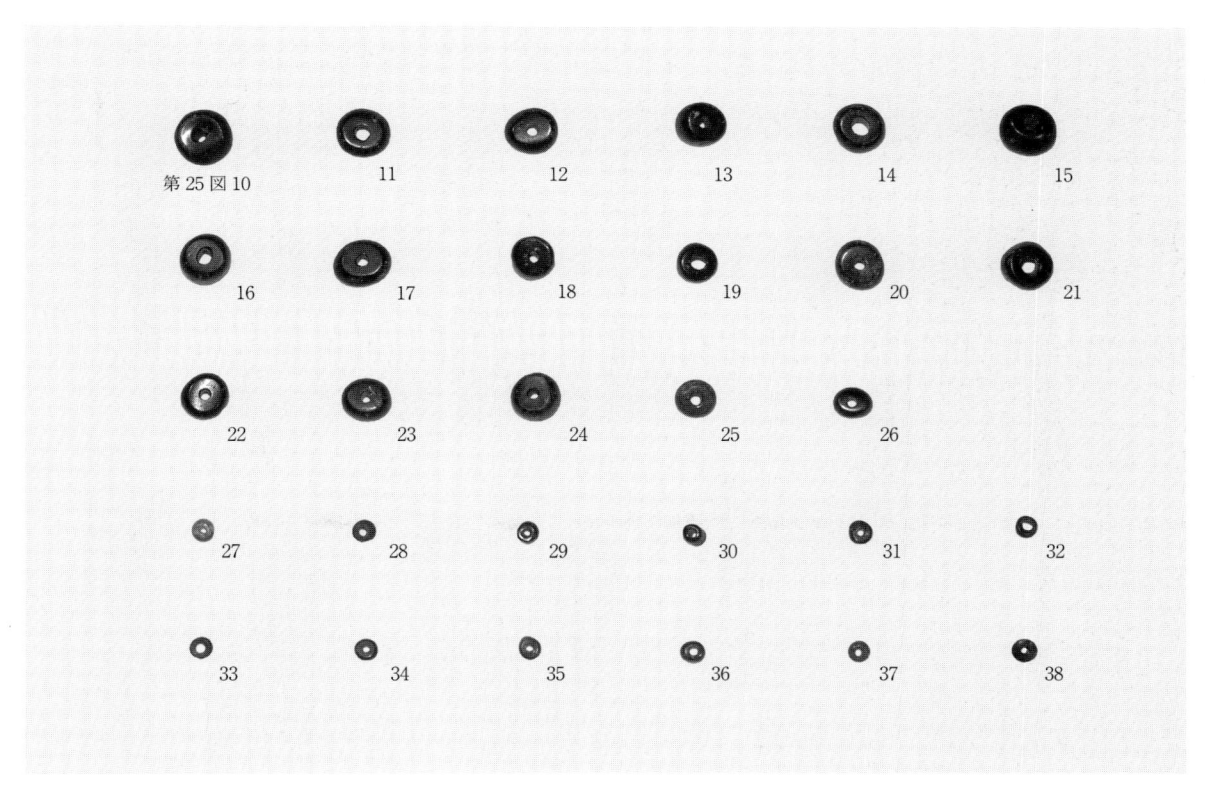

第 25 図 10　11　12　13　14　15
16　17　18　19　20　21
22　23　24　25　26
27　28　29　30　31　32
33　34　35　36　37　38

3　ガラス小玉・ガラス粟玉

図版 22　上中林古墳

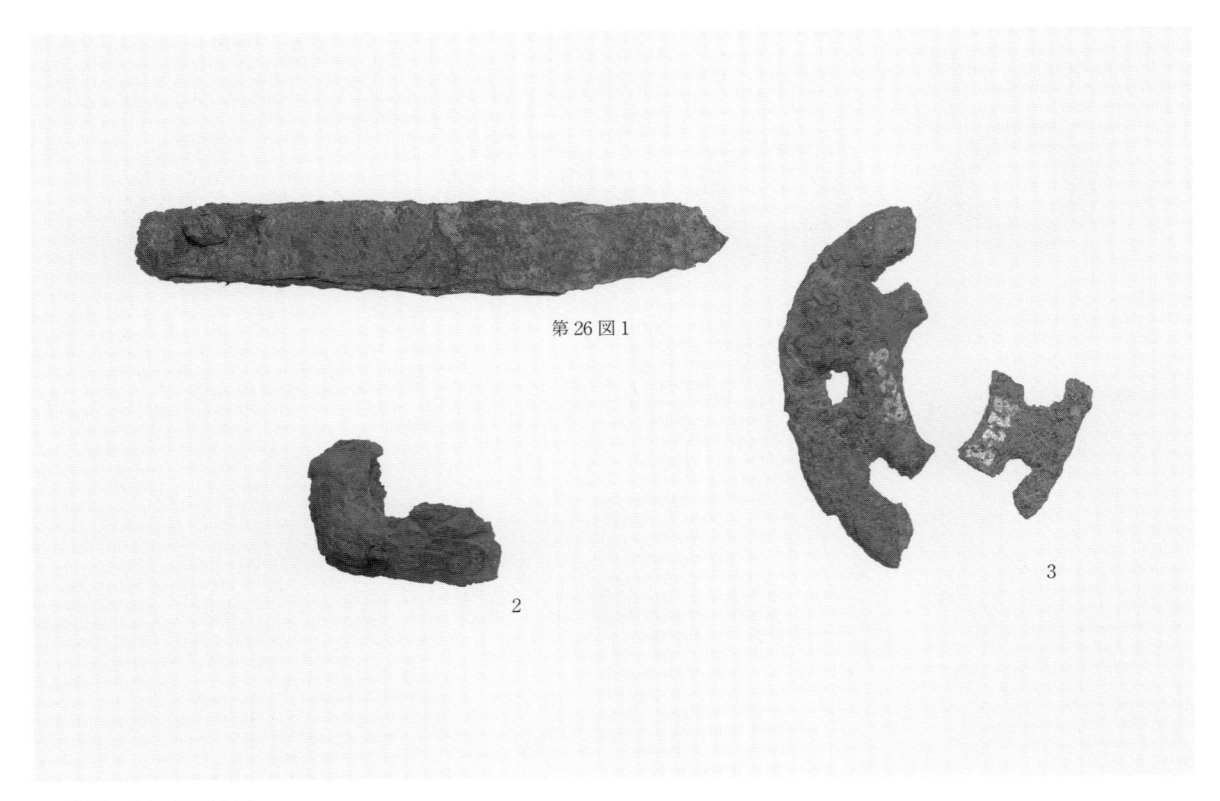

1　鉄刀・鐔・鞘尻金具

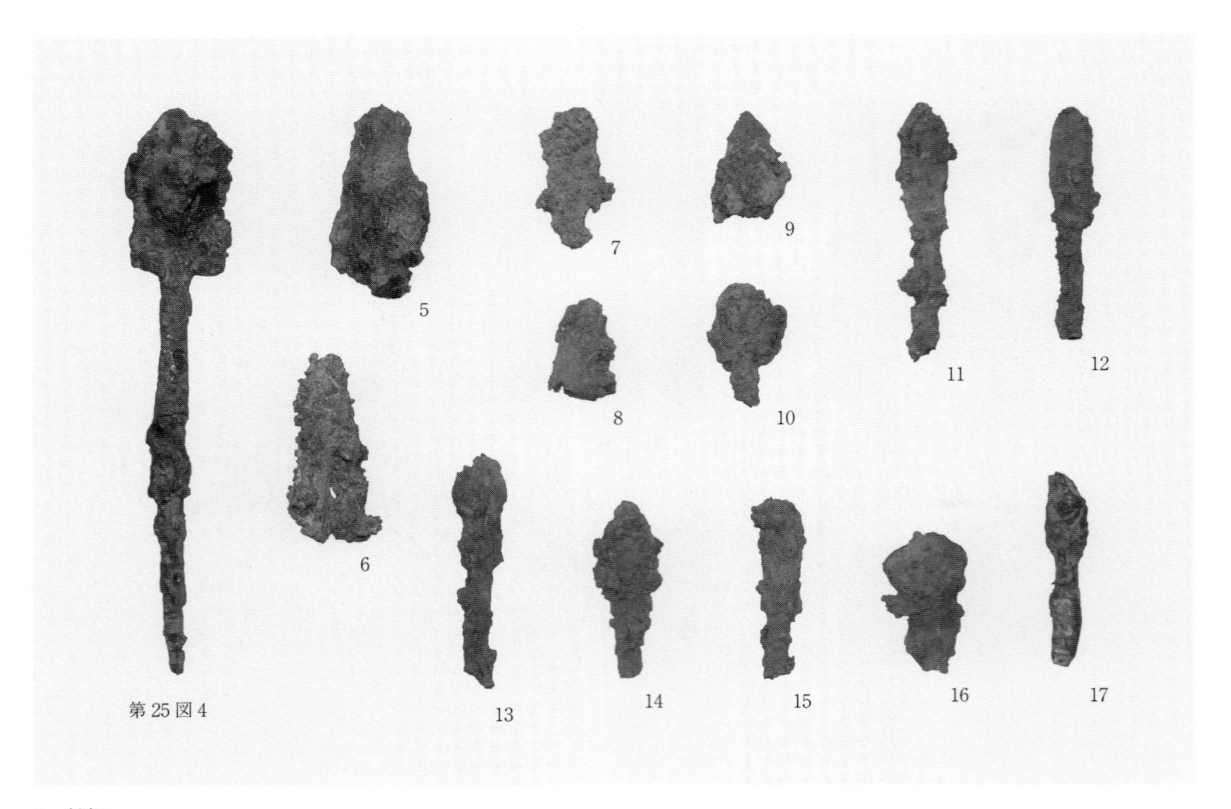

2　鉄鏃

上中林古墳　図版23

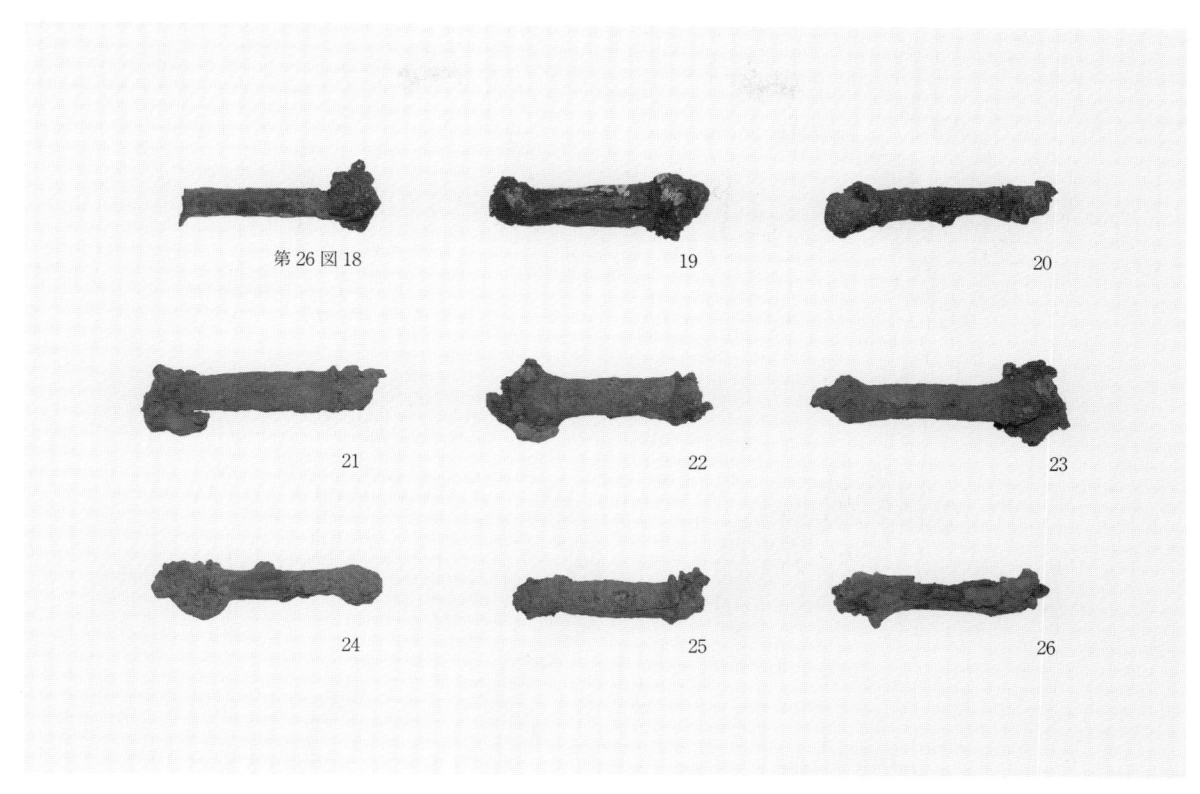

1　両頭金具

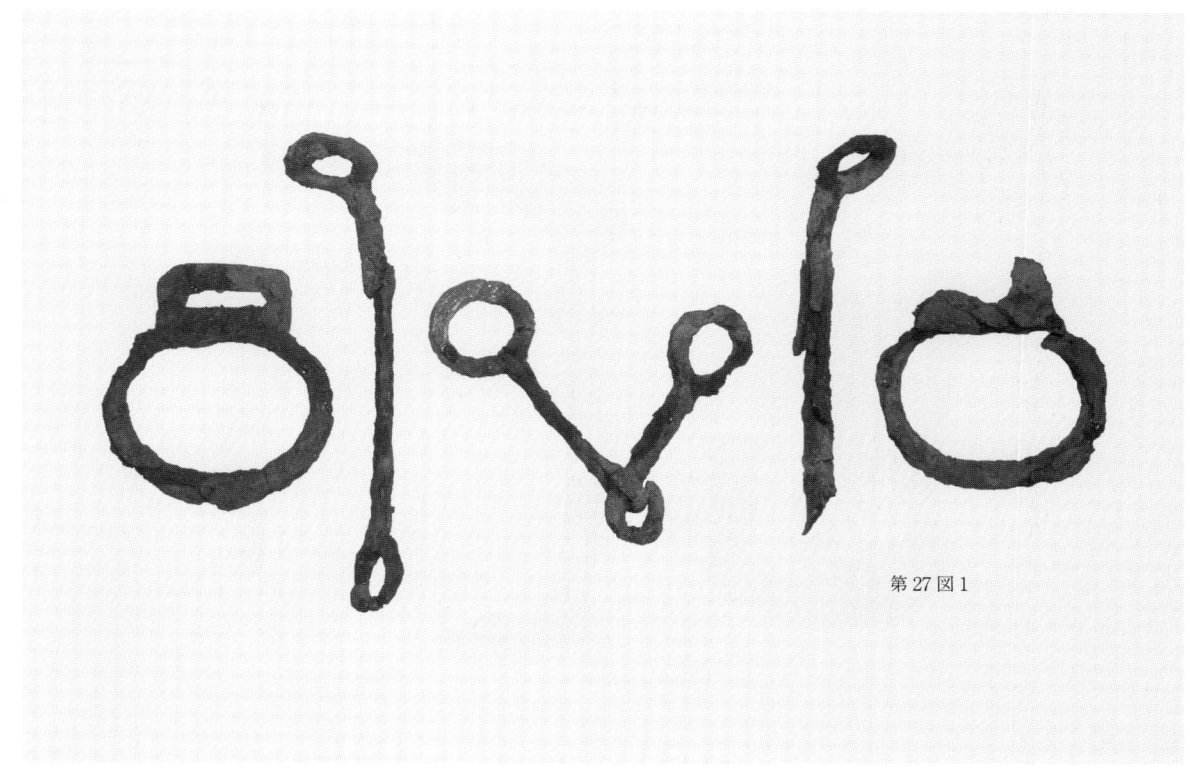

2　環状鏡板付轡

図版 24　上中林古墳

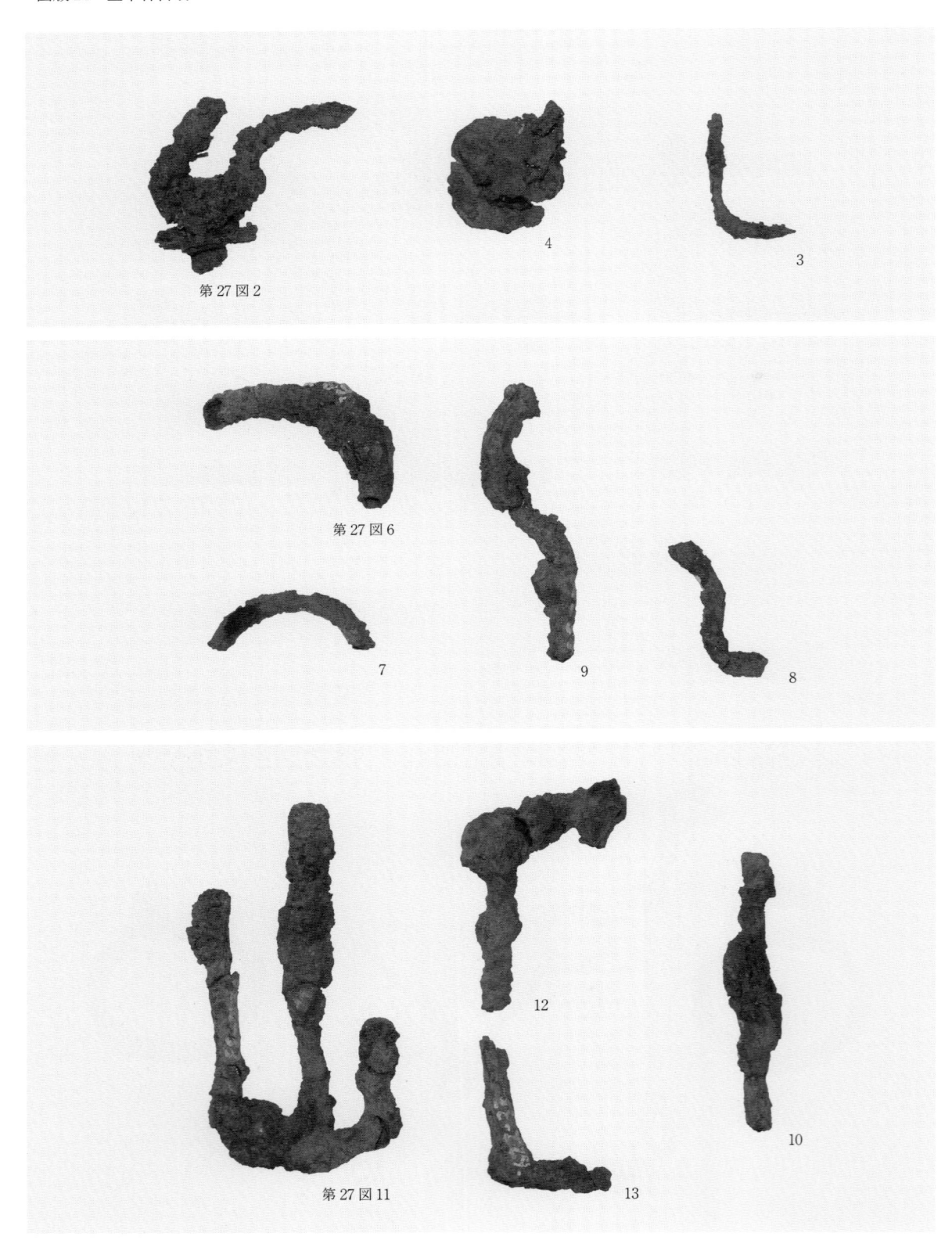

第 27 図 2
4
3

第 27 図 6
7
9
8

第 27 図 11
12
13
10

鞍・鉸具

上中林古墳　図版 25

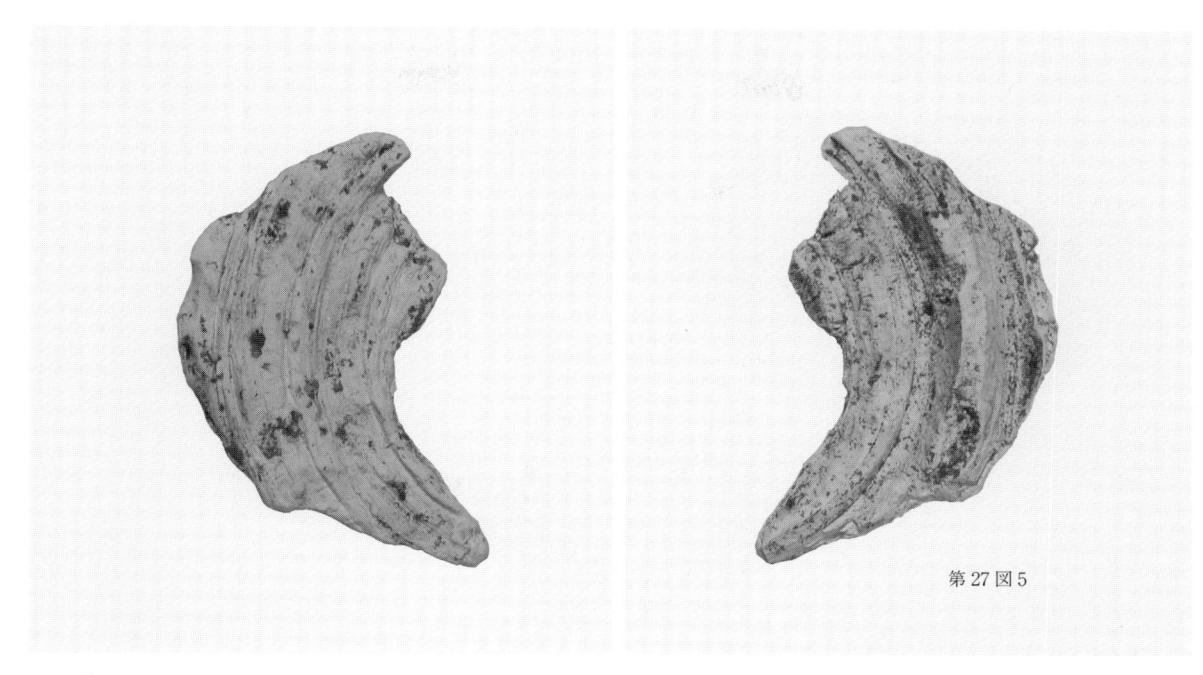

第 27 図 5

1　貝製品（表・裏）

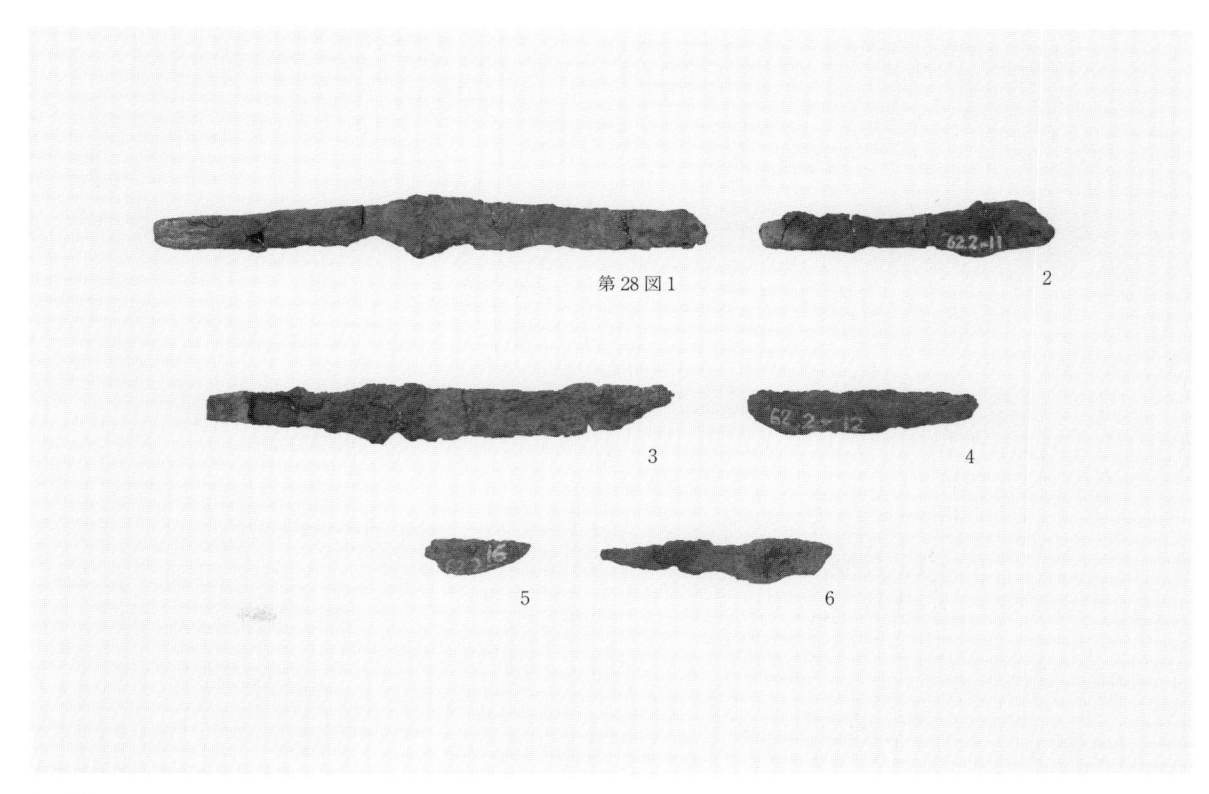

第 28 図 1

2　刀子

図版 26　上中林古墳

第 29 図 1

第 29 図 2

第 29 図 3

第 29 図 4

第 29 図 5

第 29 図 6

須恵器・土師器

下中林1号墳　図版 27

1　遠景

2　墳丘断面

図版 28　下中林 1 号墳

1　横穴式石室（北から）

2　横穴式石室：閉塞石

3　須恵器出土状態

下中林1号墳　図版29

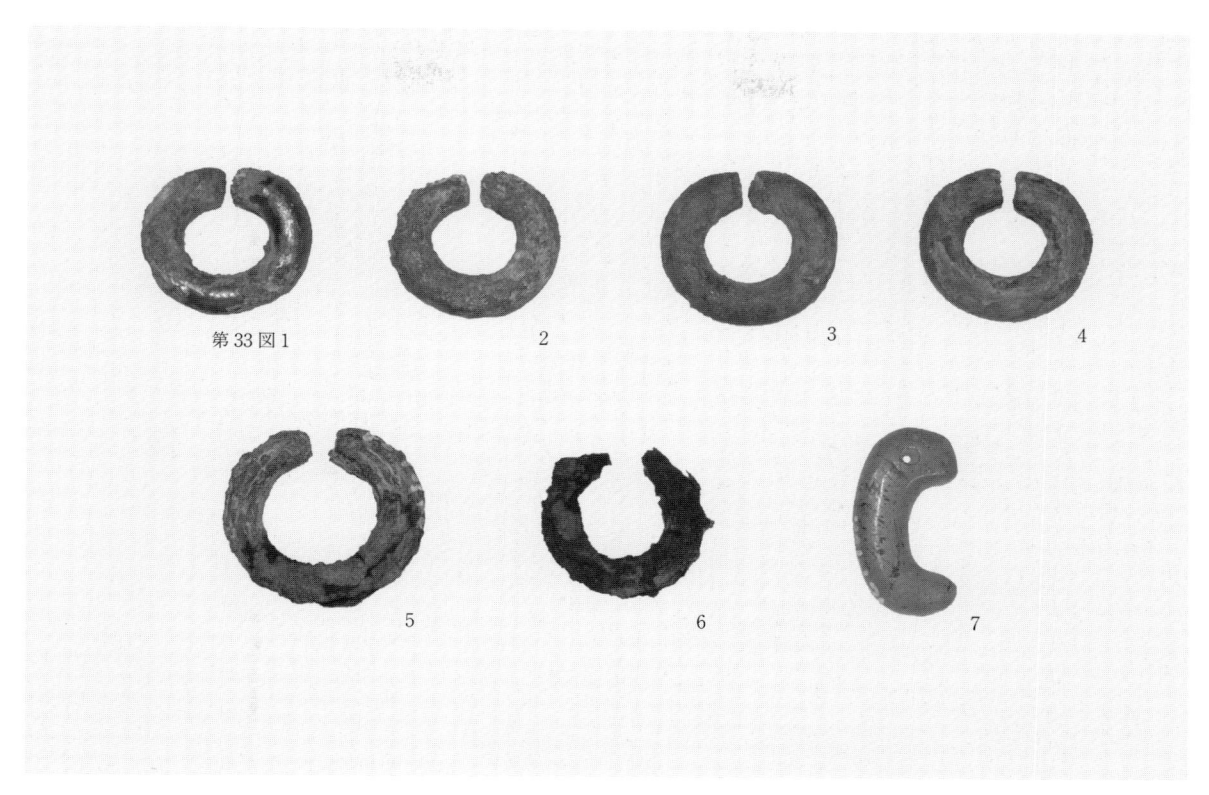

1　耳環・勾玉

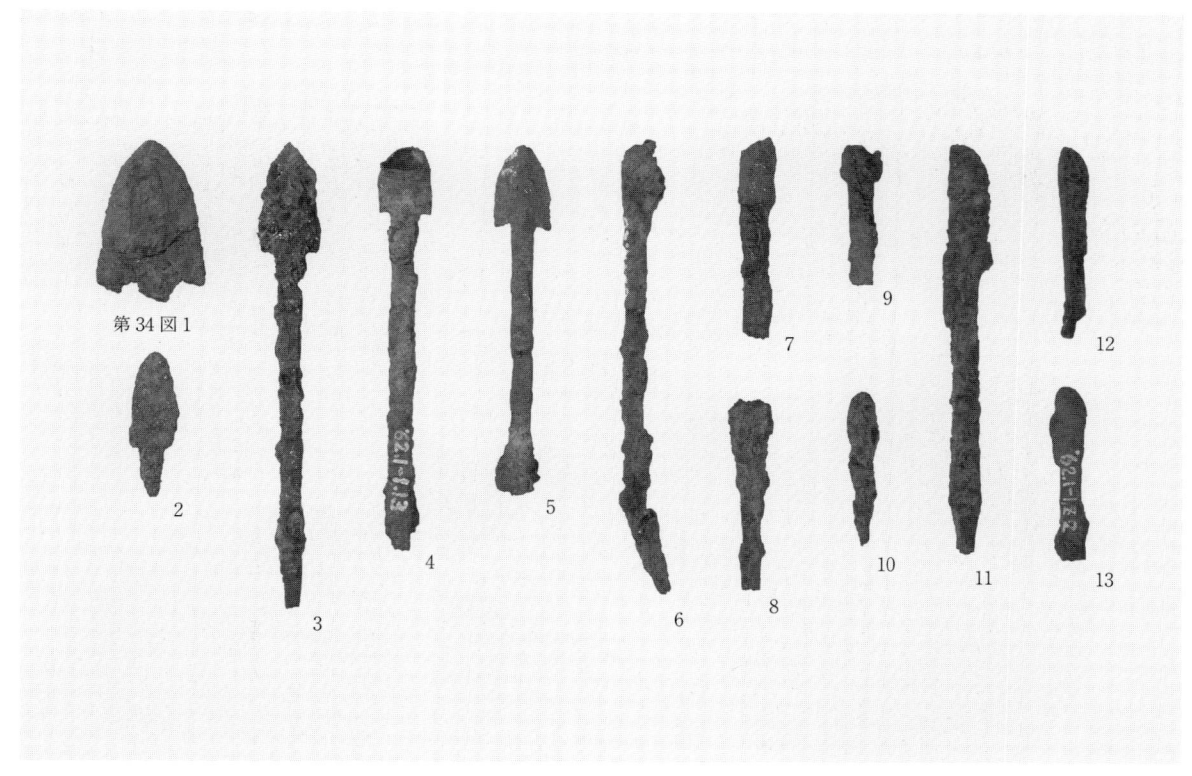

第33図1　2　3　4　5　6　7

2　鉄鏃

第34図1　2　3　4　5　6　7　8　9　10　11　12　13

図版 30　下中林1号墳

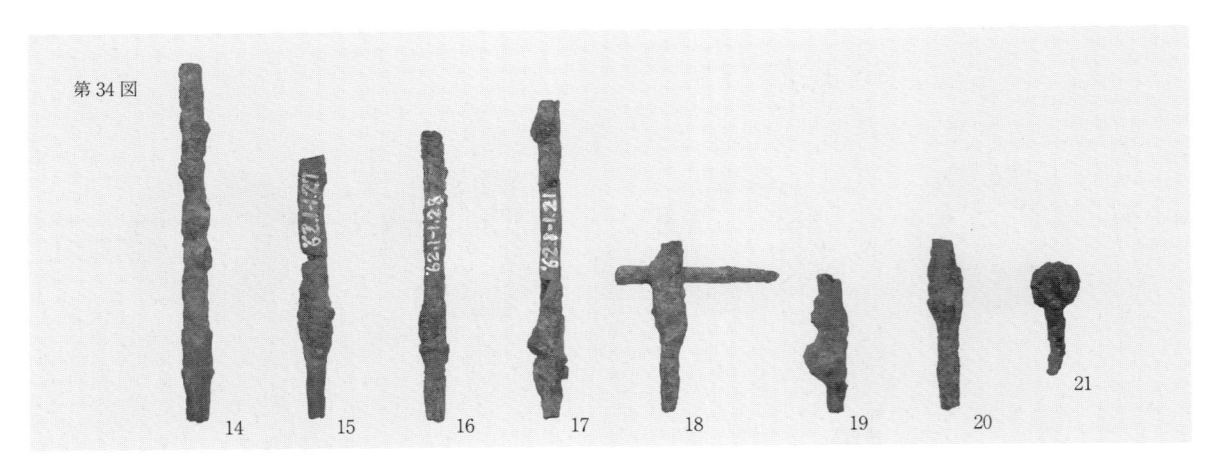

第34図

14　15　16　17　18　19　20　21

1　鉄鏃・飾鋲

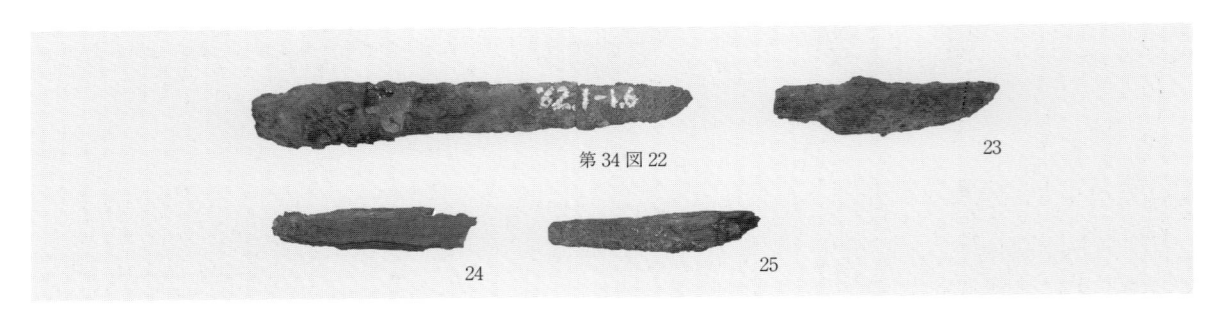

第34図22　23
24　25

2　刀子

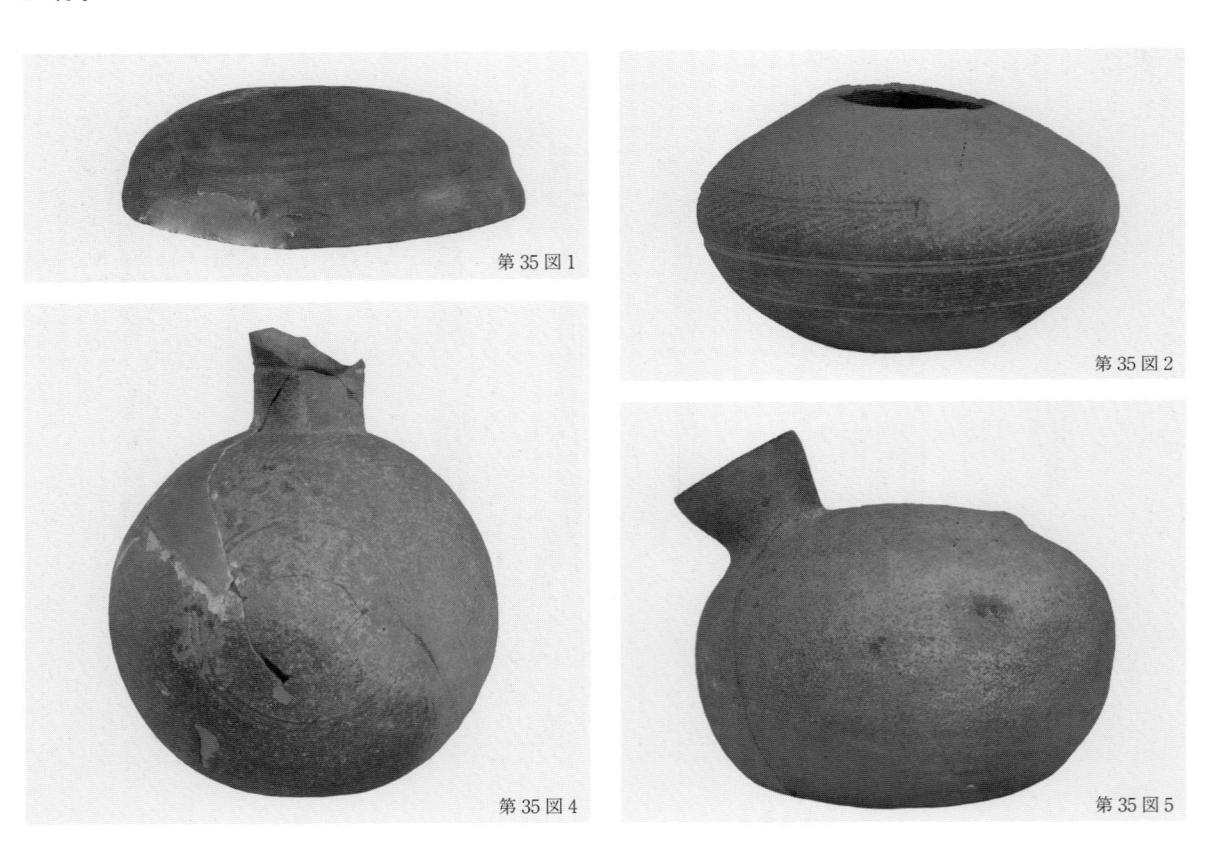

第35図1

第35図2

第35図4

第35図5

3　須恵器

下中林2号墳　図版31

1　墳丘断面：石室部分

2　横穴式石室（北から）

3　横穴式石室：閉塞石

図版 32　下中林 2 号墳

1　横穴式石室：奥壁

2　横穴式石室：床面

1　遺物出土状態：奥壁際

2　須恵器出土状態

図版34　下中林2号墳

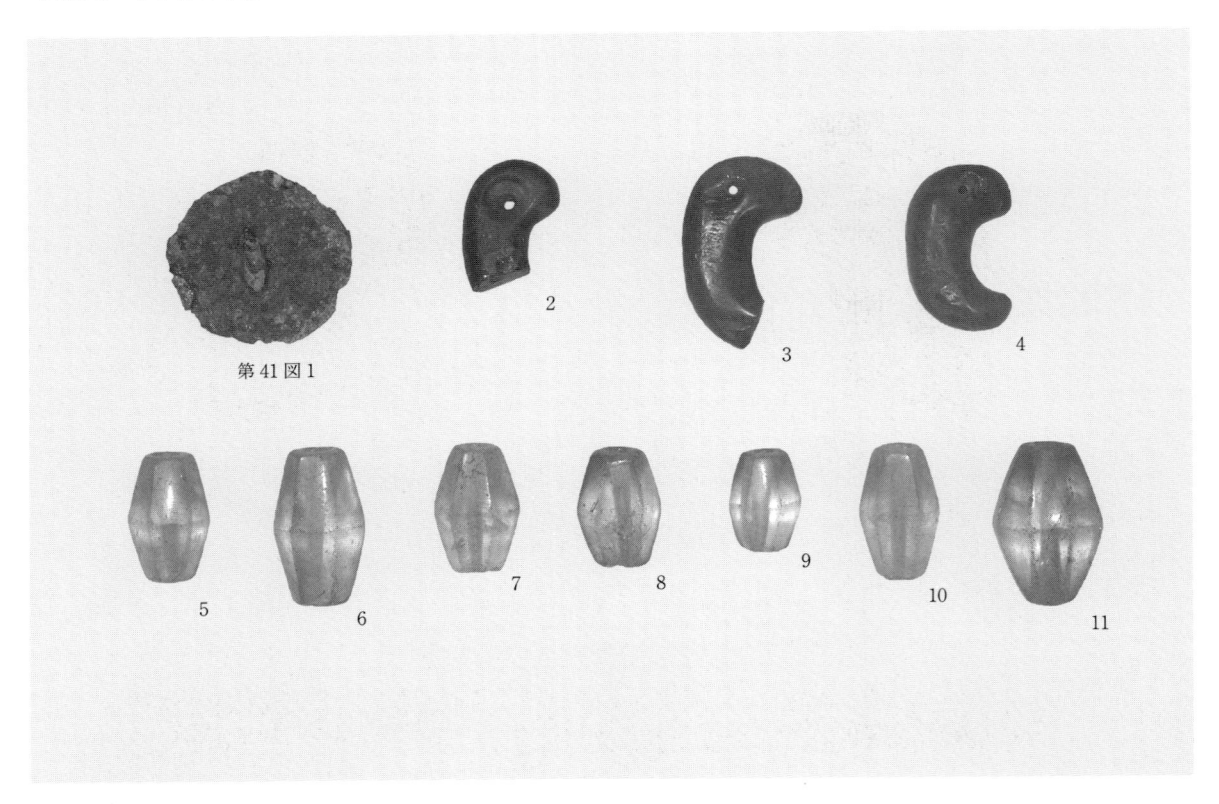

1　鏡・勾玉・切子玉

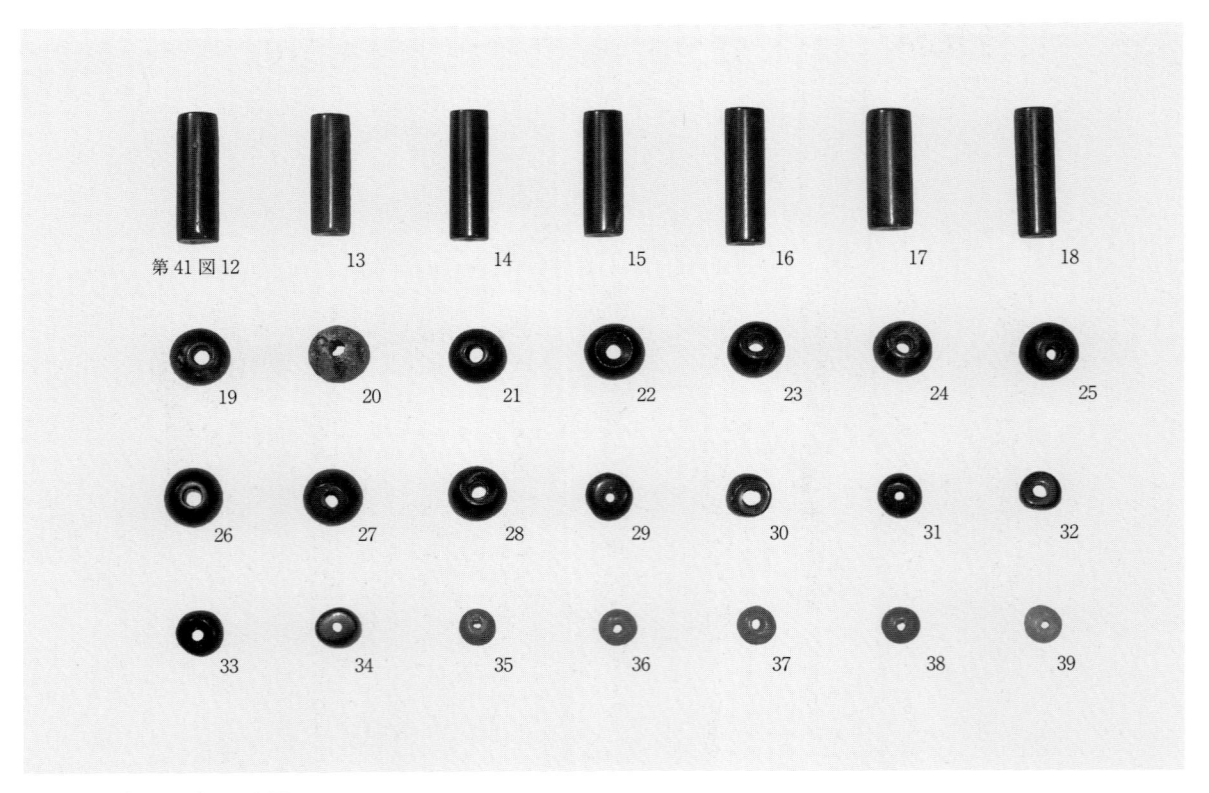

2　管玉・丸玉・ガラス小玉

下中林2号墳　図版35

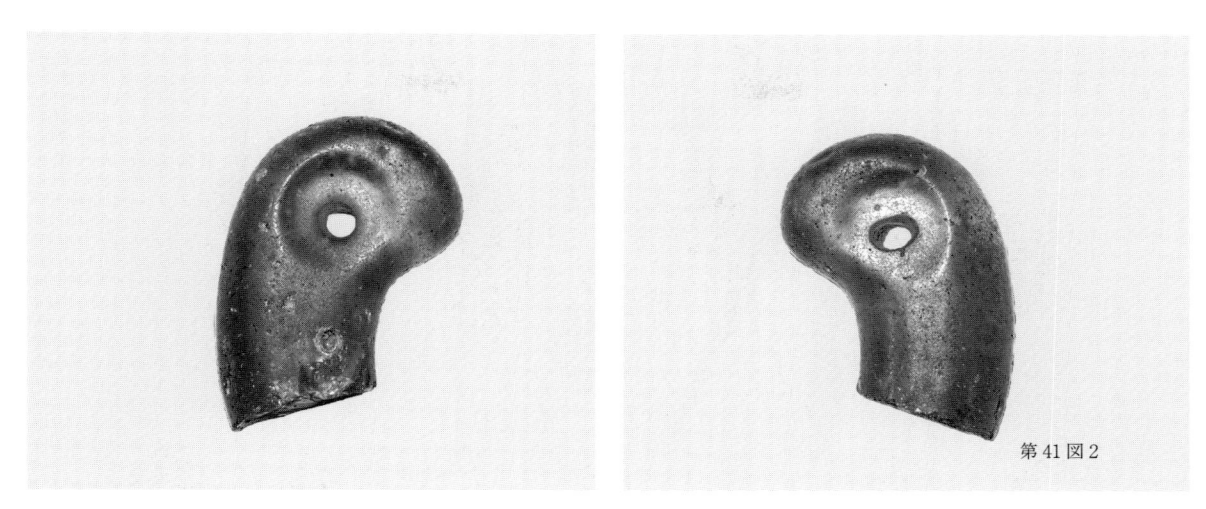

第41図2

1　ガラス製勾玉

第42図1

2　鉄刀

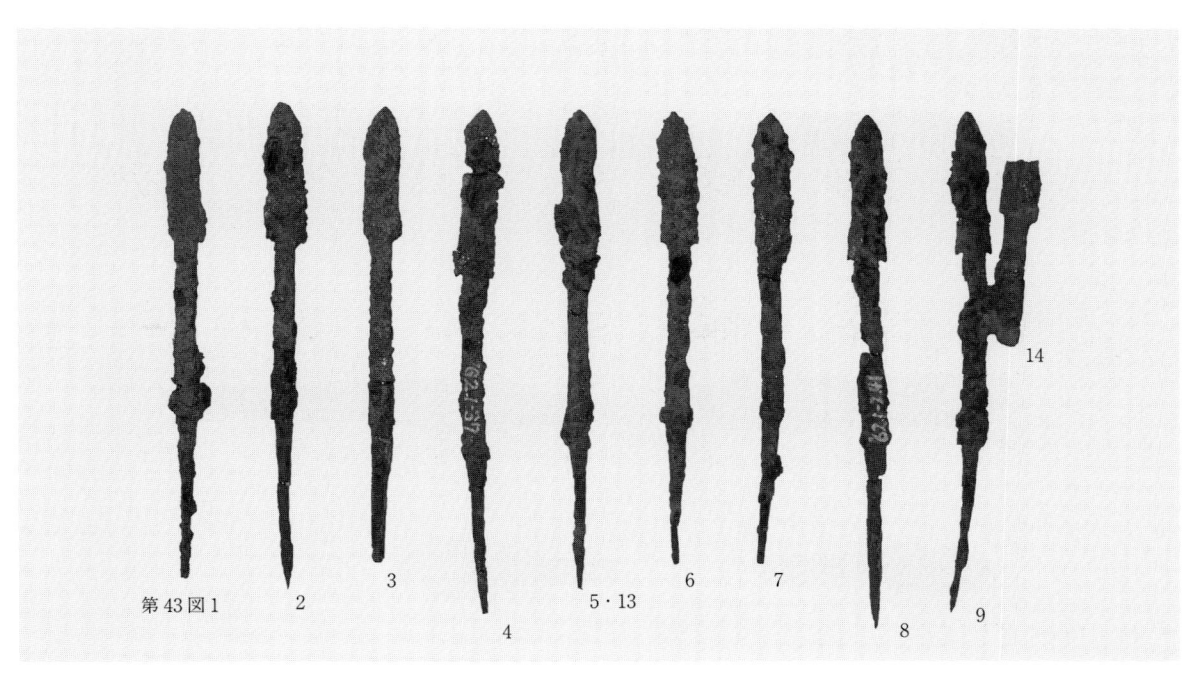

第43図1　2　3　4　5・13　6　7　8　9　14

3　鉄鏃

図版36　下中林2号墳

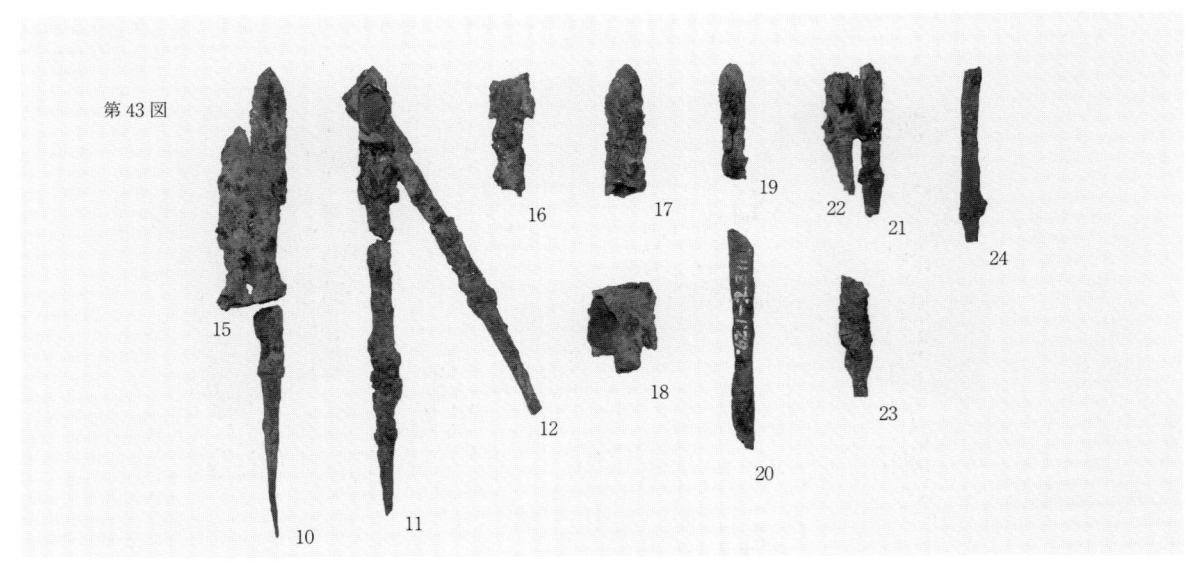

第43図

1　鉄鏃

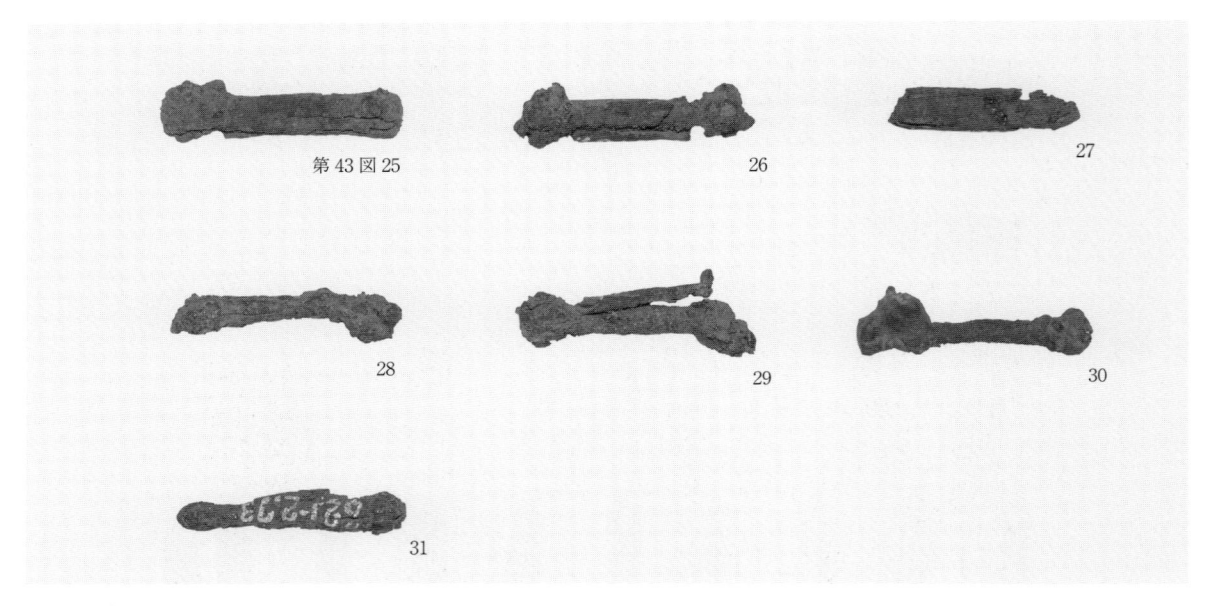

第43図25

2　両頭金具

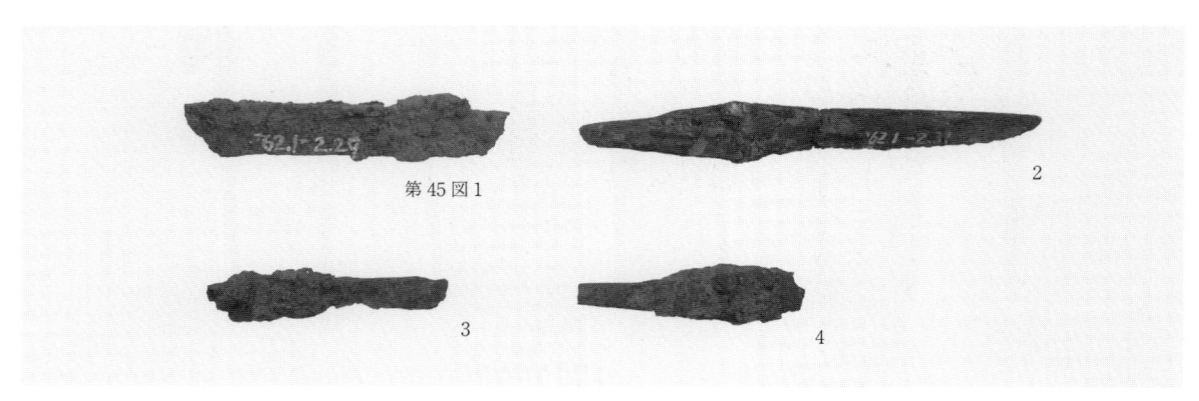

第45図1

3　刀子

下中林 2 号墳　図版 37

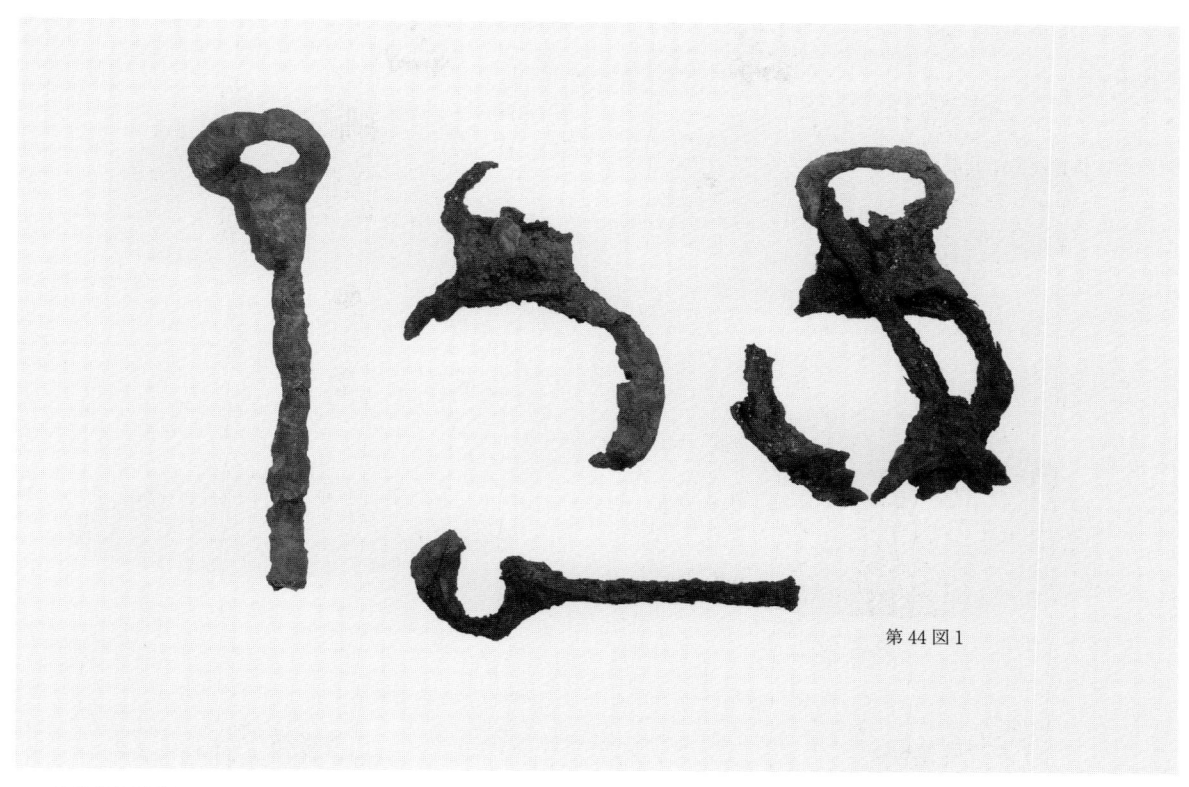

1　環状鏡板付轡

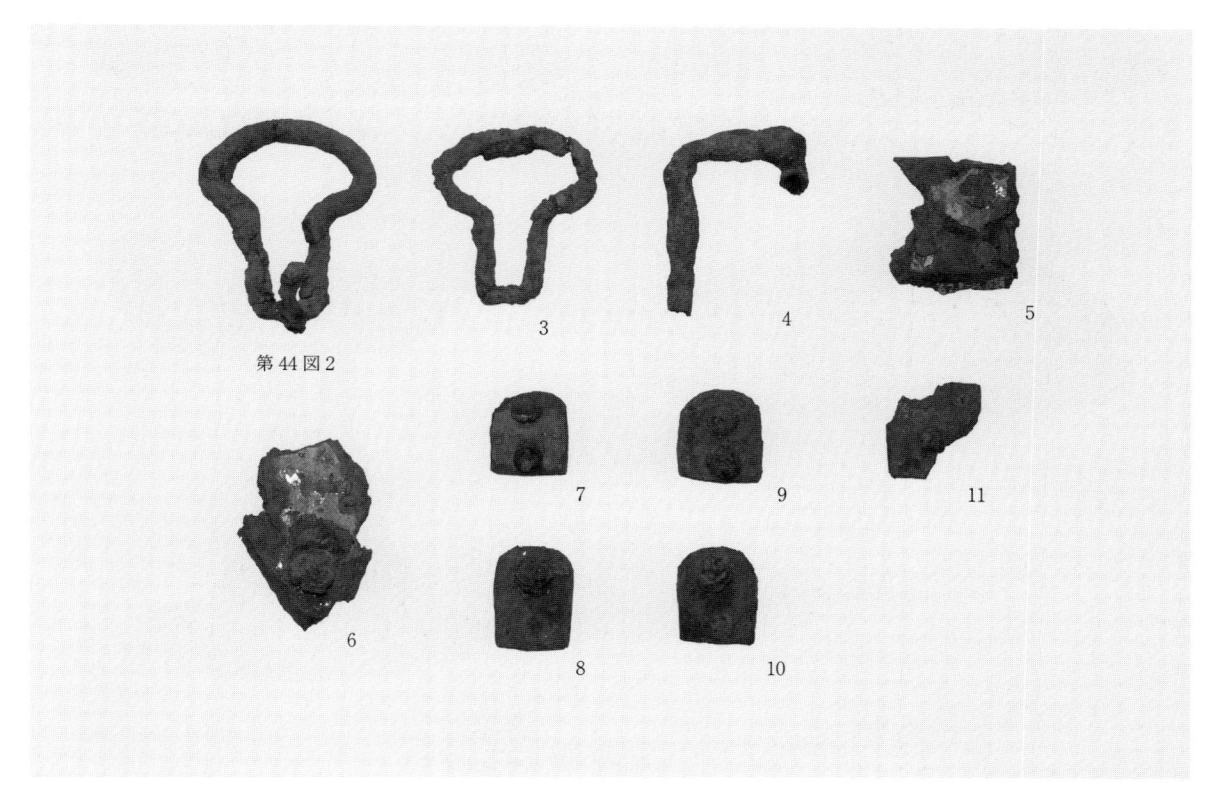

第 44 図 1

第 44 図 2

2　鞍・鉸具・飾金具

図版 38　下中林 2 号墳

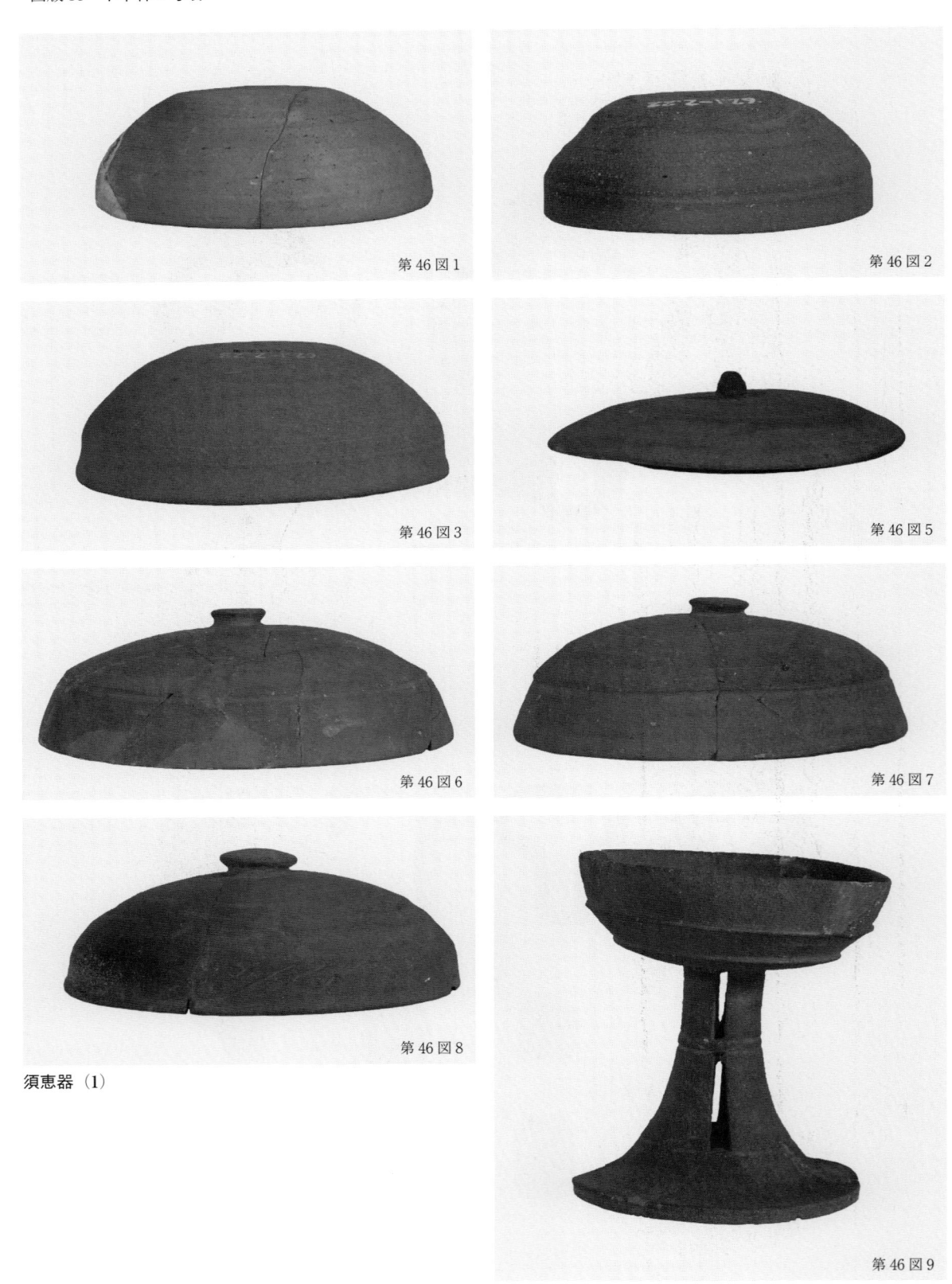

第 46 図 1

第 46 図 2

第 46 図 3

第 46 図 5

第 46 図 6

第 46 図 7

第 46 図 8

第 46 図 9

須恵器（1）

下中林2号墳　図版39

第46図11
第46図12
第46図14
第46図13
第46図15
第46図16
第46図17
第46図18

須恵器（2）

図版 40　下中林 2 号墳

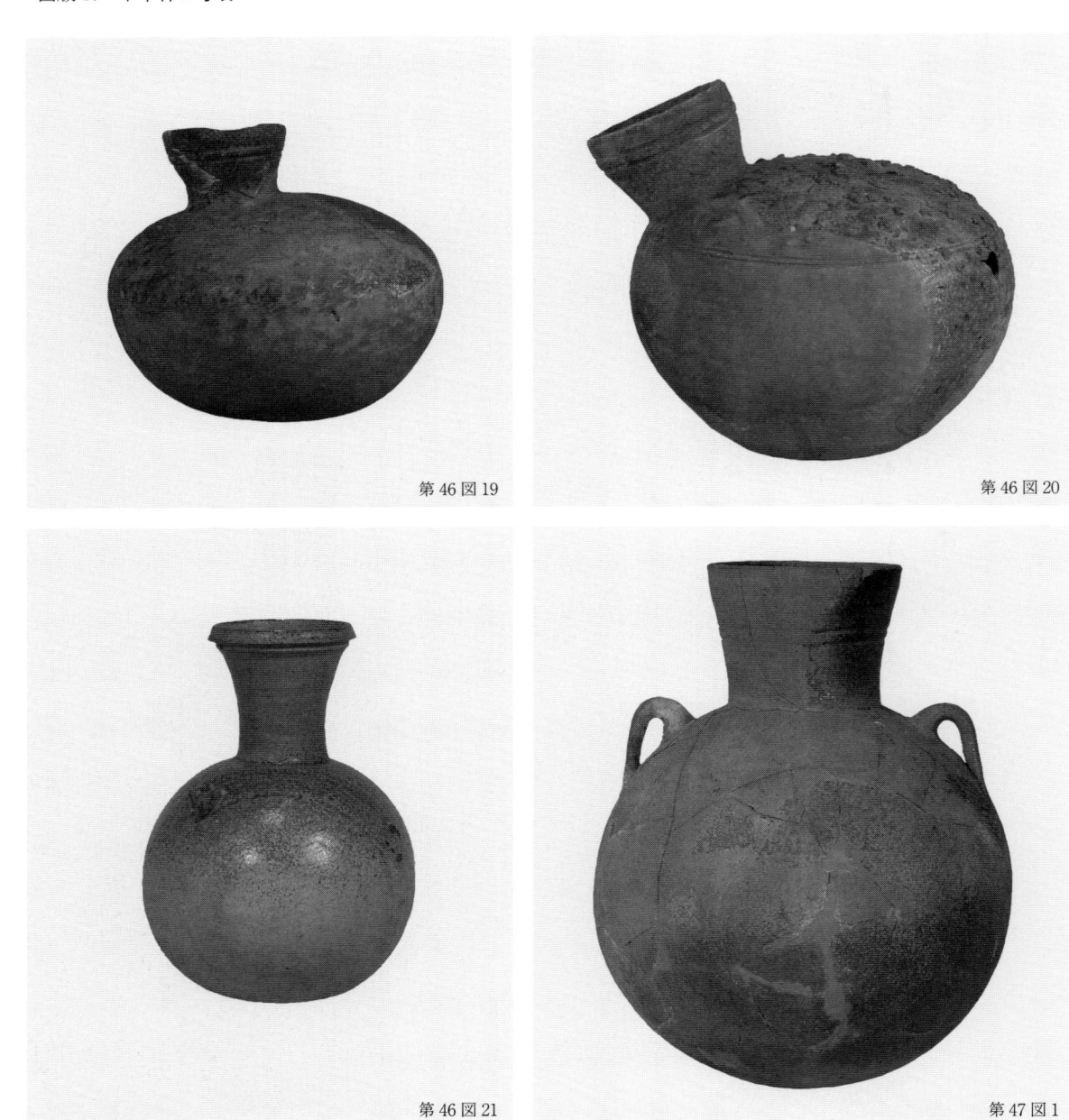

第 46 図 19

第 46 図 20

第 46 図 21

第 47 図 1

須恵器（3）

報告書抄録

ふりがな	うどさんろくにおけるこうきこふんのけんきゅういち							
書　名	有度山麓における後期古墳の研究Ⅰ							
副書名	(静岡大学人文学部研究叢書11)							
シリーズ名	静岡大学考古学研究報告							
シリーズ番号	第1冊							
編著者名	滝沢　誠（編者）、柴垣勇夫、篠原和大、菊池吉修、福島志野、村田　淳、前田　健							
編集機関	静岡大学人文学部考古学研究室							
所在地	〒422-8529　静岡市駿河区大谷836							
発行年月日	西暦　2007年3月31日							

所収遺跡	所在地	コード		北緯 °′″	東経 °′″	調査期間	調査面積	調査原因
		市町村	遺跡番号					
谷田古墳群 （やだこふんぐん）	静岡市駿河区谷田 （しずおかしするがくやだ）	22102	B-91	34°59′37″	138°26′31″	19580725〜19580801	180㎡	農地開墾
						19580920〜19581011		
						19620203〜19620213	110㎡	道路拡幅
						19620630〜19620714	23㎡	

所収遺跡名	種別	主な時代	主な遺構	主な遺物	特記事項
谷田古墳群	古墳	古墳時代後期	古墳4基	金山1号墳：鉄刀、鉄鏃、両頭金具、轡、鍬鋤先、刀子、釘、鎹、須恵器	4基の古墳を調査し、いずれも横穴式石室を検出。金山1号墳の石室は三河地方の影響を受けた擬似両袖式で、古墳群中最大規模。金山1号墳では羨道部から多数の須恵器が出土し、上中林古墳では貝製飾金具の一部とみられる破片、下中林2号墳では素文鏡、ガラス製勾玉などが出土。
				上中林古墳：耳環、玉類、鉄刀、刀装具、鉄鏃、両頭金具、轡、貝製品、鞍、刀子、須恵器、土師器	
				下中林1号墳：耳環、勾玉、鉄鏃、飾鋲、須恵器	
				下中林2号墳：鏡、耳環、玉類、鉄刀、鉄鏃、両頭金具、轡、飾金具、刀子、須恵器	

執筆者一覧

滝沢　誠（静岡大学人文学部）
　第Ⅰ章第1節、第Ⅱ～Ⅴ章第1節・第3節（武器、馬具、農工具、鎹・釘）、第Ⅶ章、付篇、図版

柴垣勇夫（静岡大学生涯学習教育研究センター）
　第Ⅵ章第1節

篠原和大（静岡大学人文学部）
　第Ⅰ章第2節、付篇

菊池吉修（財団法人静岡県埋蔵文化財調査研究所）
　第Ⅱ～Ⅴ章第2節、第Ⅵ章第2節

福島志野（財団法人静岡県埋蔵文化財調査研究所）
　第Ⅲ～Ⅴ章第3節（鏡・装身具）

村田　淳（財団法人岩手県文化振興事業団）
　第Ⅱ・Ⅲ・Ⅴ章第3節（両頭金具）

前田　健（静岡大学人文社会科学研究科大学院生）
　第Ⅱ～Ⅴ章第3節（須恵器・土師器）

静岡大学人文学部研究叢書11
有度山麓における後期古墳の研究Ⅰ　静岡大学考古学研究報告第1冊

2007年3月31日　初版発行

著編者　静岡大学人文学部考古学研究室
　　　　代表　滝沢　誠
発行者　八木環一
発行所　有限会社　六一書房　http://www.book61.co.jp/
　〒101-0064　東京都千代田区猿楽町1-7-1　高橋ビル1階
　電話 03-5281-6161　FAX 03-5281-6160　振替 00160-7-35346
印　刷　株式会社　三陽社

ISBN 978-4-947743-52-7　C3021　Printed in Japan